Ralph Sauer
All meine Quellen entspringen in dir

Ralph Sauer

All meine Quellen entspringen in dir

Eine Sammlung von Predigten

 bibelwerk

Meinen Predigthörerinnen und -hörern in Vechta und am Schliersee
in Dankbarkeit gewidmet

Für die Bezieherinnen und Bezieher der Zeitschrift »Gottes Volk«
ist dieser Band Bestandteil des Abonnements.
ISSN 0946-8943

www.bibelwerk.de

© 2019 Verlag Katholisches Bibelwerk, Stuttgart
Alle Rechte vorbehalten

Für die Texte der Einheitsübersetzung der Heiligen Schrift,
vollständig durchgesehene und überarbeitete Ausgabe
© 2016 Katholisches Bibelanstalt GmbH, Stuttgart
Alle Rechte vorbehalten.

Umschlaggestaltung: Finken & Bumiller, Stuttgart
Umschlagmotiv: © photocase.com
Satz: Rund ums Buch – Rudi Kern, Kirchheim/Teck
Druck und Bindung:
Finidr s.r.o., Lípová 1965, 737 01 Český Těšín, Czech Republic
Verlag: Verlag Katholisches Bibelwerk GmbH, Silberburgstraße 121,
70176 Stuttgart

ISBN 978-3-460-26789-3
Auch als E-Book erhältlich unter ISBN 978-3-460-51059-3

Inhalt

Vorwort.. 9

Gott und Jesus Christus 11
   Der barmherzige Vater 12
   Ist Gott allmächtig? 14
   Der verborgene Gott 16
   Gott – ein Fremder in unserem Land 19
   Gott – ein Freund des Lebens 22
   Gottesbilder 25
   Gott mehr gehorchen 27
   „Viele Wege führen zu Gott, einer über die Berge" .. 29
   Das unterscheidend Christliche 31
   Jesus Christus – das Bild des unsichtbaren Gottes .. 33
   „Ich bin der Weg, die Wahrheit und das Leben" 35
   Das Kreuz tragen 38
   Der gute Hirt 41
   Der lernwillige Jesus 43
   Treue zu Jesus Christus 46

Die Kirche 49
   Einheit in Vielfalt 50
   Das kirchliche Lehramt 52
   Die Universalkirche 55
   Weltmission 57
   „Vertraut den neuen Wegen" 60
   Kirche und Karneval 63
   Aufruf zur Reform der Kirche 65
   Option für eine arme Kirche 67
   Das Ringen um die Einheit der Christen 69
   Streit in der Kirche 72
   Das Gotteshaus 74

Inhalt

Das Kirchenjahr **77**
    Advent – Zeit der Besinnung und Umkehr. 78
    Johannes der Täufer 80
    Der weihnachtliche Friede. 83
    „Er ist in unserer Mitte" 85
    Weihnachten – Gott kommt als Kind 88
    Die heilige Familie 90
    Zum Jahresbeginn 93
    Die Erscheinung des Herrn 96
    Das Leidensgedächtnis am Karfreitag. 99
    Auferstehung mitten im Leben 101
    Pfingsten – der Geburtstag der Kirche 103
    Fest der leiblichen Aufnahme Mariä
    in den Himmel 105
    Erntedank 108
    Allerheiligen 111
    Der heilige Martin. 113
    Mutter Teresa – Heilige der Dunkelheit 115
    Die Lübecker Märtyrer 117

Christliche Existenz **121**
    Wer glaubt, sieht mehr 122
    Das Wagnis des Glaubens 123
    Das Abenteuer des Glaubens 126
    Der Weg zum Glauben 128
    Der Glaubenszweifel 131
    Das Ringen mit Gott. 133
    Hörer und Täter des Wortes 135
    „Du bist mein geliebter Sohn" 136
    Das Gesetz und das Gewissen des einzelnen 139
    Die Wozufrage. 141
    Die Seligpreisungen. 144
    Wer ist ein Geistlicher? 146
    Das Bittgebet 149
    Verfolgte Christen. 151

Inhalt

Das Unkraut im Weizen	153
Das Kind – das große Geheimnis	155
Barmherzigkeit triumphiert über das Gericht	158
„Der Welt verhaftet sein und doch Nachbar der Ewigkeit"	160
Authentischer Lebensstil	162
Be-gabungen	164
„O Seligkeit, getauft zu sein"	166
Das Wichtigste im Leben eines Christen	169
Die doppelte Treue	171
Der Kraftquell der Stille	174
Die Liebe ist stärker als der Tod	176
Jeder Mensch ist ein Würdenträger	177
Das Schöne als Vorschein der göttlichen Herrlichkeit	180
Die Wüste als Ort der Gottesnähe	182
„Ein Tag ohne Lachen ist ein verlorener Tag"	185
Der Himmel der Tiere	187
Die Umkehr der Werte	190
„Protest gegen den Tod"	191
Taborstunden	194
Der Christ und der Humor	197
Geistliche Berufungen	199
„Wir sind alle Flüchtlinge"	202
Vorbild oder Modell?	204
Aktives und beschauliches Leben	206

Vorwort

Der Titel dieser Predigtsammlung ist dem 87. Psalm, Vers 7 entnommen. Die hier vorliegenden Predigten sind die Frucht meiner langjährigen Predigttätigkeit in Vechta (Südoldenburg) und am Schliersee in Oberbayern, wo ich seit 18 Jahren meinen „Arbeitsurlaub" verbringen darf. Die folgenden Ausführungen sind ihnen gewidmet. Denn der Predigthörer ist keineswegs ein rein passiver Hörer, sondern nimmt indirekt auch Einfluss auf die Predigt. Er ist gewissermaßen Mitautor der Predigten. Ihn hat der Prediger bei seiner Verkündigung im Auge, oder sollte es zumindest. Sein Bemühen geht dahin, den biblischen Text oder das Thema in den Lebenshorizont seiner Hörer zu übersetzen. Das aber ist kein leichtes Unterfangen, trennen doch die Entstehung des biblischen Textes und die heutigen Hörer mehr als 2000 Jahre. Lessing spricht vom „garstigen Graben", den es zu überbrücken gilt, soll der heutige Adressat sich von diesem Text ansprechen lassen. Außerdem gibt es den Hörer nicht, vielmehr sind es viele unterschiedliche Menschen mit ihren spezifischen Erwartungen, denen der Prediger gerecht werden soll. Er kann immer nur eine bestimmte Gruppe von Predigthörern ansprechen. Allen kann er nicht gerecht werden. Hier liegt die Grenze einer jeglichen Verkündigung, sie muss sich damit begnügen. Schließlich hat jeder Prediger auch seine Vorlieben und theologischen Schwerpunkte, die in seiner Predigt immer wieder durchschimmern, mag er sich noch sehr um Objektivität bemühen. Mit diesem Vorbehalt übergebe ich diese Predigten dem Leser in der Hoffnung, dass er sich den einen oder anderen Gedanken aneignen kann. Möge er dadurch in seinem angefochtenen Glauben gestärkt und gefestigt werden.

Bei der Überarbeitung der Predigtvorlagen habe ich die biblischen Texte nach der neuen Einheitsübersetzung von 2016 zitiert, das gleiche gilt für die Lieder aus dem neuen Gotteslob von 2013.

Bei der Fertigstellung des Manuskriptes danke ich meinem religionspädagogischen Kollegen Karl Josef Lesch für seine kritische Durchsicht des Manuskriptes und Frau Gerda Büssing, die wie immer für die sorgfältige Endgestalt der Veröffentlichung gesorgt hat.

Vechta, im April 2018

Gott und Jesus Christus

Der barmherzige Vater

Eine der bekanntesten Erzählungen Jesu im Neuen Testament ist die Beispielgeschichte vom barmherzigen Vater. Sie liefert den Schlüssel zum Verständnis Gottes, der auf extravagante Weise seinen „verlorenen Sohn" in die Arme schließt. In der neuen Einheitsübersetzung wird sie traditionsgemäß betitelt mit: „Der verlorene Sohn". Aber damit wird der Akzent falsch gesetzt; denn nicht der jüngere Sohn steht hier im Mittelpunkt, auch nicht der ältere Sohn, sondern der Vater. Seine Bereitschaft zum Verzeihen übersteigt unsere gängigen Erwartungen. Daher müsste die richtige Überschrift lauten: Der barmherzige oder auch der gütige Vater.

In der früheren Erstbeichtkatechese wurde der verlorene Sohn in der Beispielerzählung immer als Muster eines Umkehrwilligen herausgestellt. An ihm sollten die Kinder in der Vorbereitung auf die erste heilige Beichte Maß nehmen. Aber eignet er sich dafür? Ist er ein Muster der Umkehrbereitschaft? Als er am Tiefpunkt seines Lebens fern der Heimat angekommen war, musste er die Schweine hüten, das war für den gläubigen Juden eine schwere Sünde. In dieser Situation erinnerte er sich an das Leben der Arbeiter bei seinem Vater daheim. Sie hatten ein Dach über dem Kopf und satt zu essen. Er aber musste sich von den Schweineschoten ernähren. So beschloss er, nach Hause heimzukehren, um als Knecht seinem Vater zu dienen. Er rechnete nicht damit, dass sein Vater ihn wieder in die alten Sohnesrechte einsetzen würde. Ein so großes Vertrauen in seinen Vater besaß er nicht mehr. Er überlegte, mit welch frommen Worten er seinem Vater gegenübertreten wollte. Als der Vater seinen verlorenen Sohn schon in der Ferne bemerkte, tat er etwas, was für einen Israeliten ungewöhnlich war: Er lief ihm entgegen. Der Sohn wollte seinen frommen Spruch aufsagen, aber der glückliche Vater ließ ihn gar nicht erst ausreden. Er nahm ihn in seine Arme und setzte ihn wieder in seine alten Sohnesrechte ein. So groß war seine Freude über den unerwartet Heimgekehrten. Sein älterer Bruder erwies sich als selbstgerecht und lässt sich von einem Anspruchsdenken leiten. Das Verhalten seines Vaters konnte er nicht nachvollziehen, er distanzierte sich von seinem

Bruder, den er nicht mehr als Bruder anerkannte. So spricht er von „deinem Sohn". Beide waren eigentlich, jeder auf seine Weise, „verlorene Söhne", ohne Verständnis für das überraschend barmherzige Verhalten ihres Vaters.

Als Kontrastbeispiel für einen echten Umkehrwilligen möge der Lebensweg eines Menschen dienen, der die Tiefen und Abgründe menschlichen Lebens durchlitten hatte. Sein bürgerlicher Name lautete: Gerhard Bauer, er stammte aus Bremen. Sein Künstlername war: Rocky, der Irokese. Er war Mitglied der Rockerband von Udo Lindenberg und der Beiname verwies auf seine Haartracht, er trug einen Irokesenhaarschnitt. An jedem Ohr trug er sieben Ringe, auch einen durch die Nase und war von Kopf bis zum Fuß tätowiert. Er war der Abgott der Rocker und Punker und lehrte jeden das Fürchten. Er war stolz darauf, gewalttätig zu sein. Wenn einer schon am Boden lag, trat er mit seinen Kampfstiefeln noch nach. Manche sind an den Folgen gestorben. Zehntausend Fans feierten in Köln mit Wunderkerzen den „Rocky". Er hatte sich dem Leibhaftigen verschrieben und feierte schwarze Messen. Aber eines Tages stieg er aus, als er den Leibhaftigen spielen sollte. Nach den Konzerten fiel er in ein tiefes Loch, wenn er in sein einsames Hotelzimmer zurückkehrte. Er ahnte, dass die Show nicht alles war. Er sucht nach einem festen Halt im Leben, nach Liebe, die ihm die Rockerszene nicht geben konnte. Als er aus dem ostdeutschen Gefängnis entlassen wurde, fand er seine langjährige Verlobte mit seinem besten Freund verheiratet. Das war ein harter Schlag für ihn.

Als er eines Tages, tief depressiv, über die Reeperbahn in Hamburg lief, begegnete er einer Gruppe christlicher Jugendlicher die einer evangelikalen Freikirche angehörten. Sie nahmen ihn ohne Vorurteile an, erzählten ihm von Jesus, der jeden bedingungslos, ohne Vorleistungen annimmt. Er bekennt sich zu ihm, so wie er ist, und verzeiht ihm sein Versagen. Er ergriff die Hand, die ihm auf diese Weise entgegengestreckt wurde, die ihn aus dem Sumpf gezogen hatte. Hier hatte er das gefunden, das er immer suchte: eine vorurteilslose Liebe, in der man sich geborgen fühlen durfte. Fortan verkündete er diesen Jesus, in dem ihm die barmherzige Liebe des göttlichen Vaters begegnet war. Damals war sein ganzer Körper schon voll von Krebs. Er ging in

Hamburger Schulen und erzählte den Heranwachsenden von seinem Lebenswandel und von seiner Bekehrung. Das imponierte den Jugendlichen, die im liberalen Hamburg aufwuchsen, wo der christliche Glaube keine Rolle mehr spielt. Seine letzten Worte auf dem Sterbebett lauteten: „Vater, ich gehe jetzt zu dir." Hier war einer verloren und wurde vom Gott Jesu Christi wiedergefunden, wie im Evangelium vom barmherzigen Vater.

„Lasst euch mit Gott versöhnen" (2 Kor 5,20), werden wir in der Heiligen Schrift aufgefordert. Gott will sich auch mit uns versöhnen, ergreifen wir seine ausgestreckte Hand, dann verlieren wir die Angst vor dem Tod, ja, sogar vor dem Sterben wie Rocky, der Irokese.

Ist Gott allmächtig?

Angesichts der vergasten sechs Millionen Juden in Auschwitz und an anderen Orten haben Menschen die Frage gestellt: Warum hat Gott nicht eingegriffen? Warum hat er das unsägliche Leid der Menschen nicht verhindert? Als der 18jährige Albert Camus, der spätere Literaturnobelpreisträger, Zeuge eines tödlichen Verkehrsunfalls in Algier geworden ist, stößt er seinen Freund neben ihm an und zeigt auf den Himmel und sagt: „Und der Himmel schweigt!" Das Schweigen Gottes in der Situation des Leidens bedrängt uns und bringt den Glauben in Erklärungsnot. Ist Gott vielleicht gar nicht allmächtig, wenn er stumm zuschaut, wie Menschen leiden müssen und er nicht eingreift? Ein amerikanischer Jude hat gesagt: „Entweder ist Gott allmächtig, dann ist er der Teufel, der diesen Massenmord zugelassen hat, oder er ist gerecht, dann fehlt ihm die Allmacht." Müssen wir uns also vom allmächtigen Gott verabschieden, wie wir ihn im Apostolischen Glaubensbekenntnis bezeugen? Einige christliche Theologen haben diesen Abschied bereits vollzogen. 1992 behauptete der „Spiegel": „An einen allmächtigen Gott glauben die meisten Deutschen angesichts der Leiden und Schäden in dieser Welt nicht mehr." Vielleicht müssen wir anders vom allmächtigen Gott sprechen.

Bei seiner Gefangennahme hat Jesus gesagt: „Oder glaubst du nicht, mein Vater würde mir sogleich mehr als zwölf Legionen Engel schicken, wenn ich ihn darum bitte?" (Mt 26,53). Eine Legion umfasste damals 6000 Männer. Aber Gott verzichtet darauf, er greift nicht ein, er überantwortet Jesus seinem Geschick. Und Jesus bittet Gott, seinen Vater, auch nicht um diese Hilfe, vielmehr geht er bewusst und entschieden den Weg des Leidens und Sterbens. Ist das nicht die Konsequenz der Menschwerdung? Wenn Gott einer von uns wird, dann nimmt er auch das menschliche Leid auf sich. Wir dürfen Gott Leiden und Schmerzen zuschreiben, sagte der ehemalige Papst Benedikt XVI. in einem Interview. Das hatten früher die Theologen abgestritten. Mit der Menschwerdung geht diese Welt und ihr Schicksal Gott selbst unmittelbar an, jetzt ist sie ein Stück von ihm selbst. Es ergeht ihm nicht besser als uns selbst. Für ihn gibt es auf Erden keine Sonderbehandlung. Aber warum nimmt Gott das alles auf sich? Für den Koran ist das undenkbar, daher lässt Mohammed ihn auch direkt zum Himmel auffahren. Am Kreuz sei statt seiner ein anderer gestorben, behauptet er gegen alle historischen Erkenntnisse.

Im Christushymnus des Philipperbriefes heißt es von Jesus: „Er war Gott gleich, hielt aber nicht daran fest, Gott gleich zu sein, sondern er entäußerte sich und wurde wie ein Sklave und den Menschen gleich. Sein Leben war das eines Menschen er erniedrigte sich und war gehorsam bis zum Tod, bis zum Tod am Kreuz" (Phil 2,6-8). Gott begibt sich aus freien Stücken seiner Macht aus Liebe zu den Menschen, weil er mit ihnen den Weg des Leidens und Sterbens gehen will. Im menschlichen Leben, Leiden und Sterben begibt sich Gott seiner göttlichen Macht aus Liebe zu uns Menschen. Nur so kann er ihnen auch in den äußersten Situationen ihres Lebens nahe sein. Er verzichtet auf die Ausübung seiner Macht, er beschränkt sich, vor allem achtet er auf die Freiheit des Menschen, auch wenn dies böse Folgen haben kann. Aber wenn Gott sich dem Leiden unterwirft, dann tut er dies auf göttliche Weise, er nimmt es freiwillig auf sich, was bei uns nicht der Fall ist. Uns widerfährt das Leid. Es befällt ihn nicht, sondern er lässt sich von ihm betreffen. Er kann leiden, muss es aber nicht. Nur wenn wir Liebe und Allmacht miteinander in

Verbindung bringen, erhalten wir einen Zugang zum Verständnis der Allmacht Gottes. Seine Allmacht ist die Macht seiner Liebe, die sich am Kreuz ganz für uns hingegeben hat. Und diese Liebe erweist sich am Ende stärker als der Tod, das wird in der Auferstehung von den Toten offenbar. Seine Allmacht verbirgt sich hinter der scheinbaren Ohnmacht des Kreuzes.

„Gott ist nicht gekommen, um das Leid zu beseitigen. Er ist nicht einmal gekommen, um es zu erklären. Aber er ist gekommen, um es mit seiner Gegenwart zu erfüllen", sagt der französische Schriftsteller und Diplomat Paul Claudel. Im Kreuzestod zeigt Gott seine Sympathie mit den leidenden Menschen, sein Mitleiden. Er nimmt am Leiden der Menschen Anteil, steht ihm nicht unbeteiligt gegenüber. Das konnten Menschen in den dunkelsten Stunden ihres Lebens erfahren, wo alle sie verlassen hatten, wo keiner ihnen mehr helfen konnte. Nur auf einen war da Verlass, der selbst diesen Weg bis ins Äußerste der Gottverlassenheit gegangen ist. Und dies gilt auch für die in Auschwitz Vergasten. Darum waren in den mittelalterlichen christlichen Hospizen die Betten der Kranken auf das Kreuz Jesu ausgerichtet. Daher können wir am Gründonnerstag zu Beginn der Eucharistiefeier beten:

„Wir rühmen uns des Kreuzes unseres Herrn Jesus Christus.
In ihm ist uns Heil geworden, Auferstehung und Leben.
Durch ihn sind wir erlöst und befreit."

Der verborgene Gott

Im Buch Exodus werden wir mit einem Schlüsseltext der Heiligen Schrift konfrontiert. Er stellt uns vor das abgrundtiefe Geheimnis des Gottes, der uns in Jesus Christus nahegekommen ist. Es handelt sich um die bekannte Szene des brennenden Dornbusches, der nicht verbrennt. Er ist immer wieder Gegenstand unterschiedlicher Auslegungen geworden (Ex 3,1-4,17). Diese beziehen sich vor allem auf die Namensoffenbarung des Herrn. Vertiefen wir uns einmal in diesen

Spitzentext der Bibel, der für unser Gottesverständnis von fundamentaler Bedeutung ist.

Mose befindet sich auf der Flucht vor dem Pharao, nachdem er einen ägyptischen Oberaufseher getötet hatte. Dabei gelangt er zu dem Priester Jitro auf der Sinaihalbinsel. Dieser ist auch Besitzer einer Viehherde. Mose heiratet dessen Tochter und wird so auch Viehhüter. Eines Tages weidet er die Ziegen und Schafe seines Schwiegervaters und gelangt zum Gottesberg Horeb. Dort wird er gewahr, dass ein Dornbusch zu brennen beginnt, ohne aber zu verbrennen. Aus Neugier will er näher treten; „denn der Ort, wo du stehst, ist heiliger Boden" (Ex 3,6). Er befindet sich im Machtbereich des Heiligen Israels, der alles verwandelt. Durch das Ausziehen der Sandalen bringt er zum Ausdruck, dass er auf jeglichen Rechts- und Besitzanspruch gegenüber Gott verzichtet. Der Sprechende offenbart sich als Gott der Erzväter Abraham, Isaak und Jakob, der mit dem Volk Israel einen Bund geschlossen hat. Er hat das Elend seines Volkes gesehen und sich seiner erbarmt. Mose beruft er zum Führer seines Volkes, er soll dieses aus dem Sklavenhaus Ägypten herausführen in das verheißene Land. Mose begnügt sich aber nicht mit dieser Selbstvorstellung Gottes, er bohrt weiter nach und fragt nach seinem Namen, um sich vor seinem Stamm legitimieren zu können. Bei dieser Frage geht es um mehr, als nur darum, seine Neugier zu befriedigen. Während für uns der Name nichts anderes als ein beliebig auswechselbares Etikett bedeutet, zielt im Orient zur damaligen Zeit der Name auf das innere Wesen des Namensträgers. Wer den Namen des anderen, vor allem des Fremden, kannte, besaß Macht und Gewalt über ihn, er konnte über ihn verfügen. Wenn also Mose nach dem Namen Gottes fragt, dann drückt sich darin das Verlangen aus, über diesen Gott verfügen zu wollen. Das ist eine Urversuchung des Menschen, der Gott in den Griff bekommen möchte, ihn vor den eigenen Karren spannen will, damit er ihm zu Willen ist. Wenn heute die Salafisten oder Islamisten ihre Terrorakte und Kriege rechtfertigen wollen, dann berufen sie sich auf ihren Gott Allah. In seinem Namen werden unzählige Unschuldige umgebracht oder zur Konversion gezwungen. Aber wir Christen müssen vor der eigenen Tür kehren und uns bewusst werden, dass auch wir immer wieder geneigt sind, über Gott verfügen zu wollen. Als im Mittelalter Papst Urban II. den Kreuzzug zur Wiedereroberung des Heiligen Landes verkündete, hat er ihn mit den Worten gerechtfertigt „Gott will es!" Woher wusste er das, war das nicht eine Anmaßung, Gott in den Dienst eigener Machtinteressen zu nehmen? Hier hat sich einer an die Stelle Gottes gesetzt. Es kann heute noch vorkommen, dass ein Bischof den Gehorsam seiner Priester und Gläubigen einfordert mit Berufung auf Gott.

Wie aber beantwortet Gott die bohrende Frage des Mose? Die Antwort besteht aus vier Konsonanten; denn das hebräische schriftliche Alphabet kennt nur Konsonanten, die vier lauten: J H W H gesprochen und mit Vokalen ergänzt: Jahwe. Die Übersetzung dieser vier Worte, auch Tetragramm genannt, lautet nach Meinung der meisten Exegeten: „Ich werde für euch da sein". Hat Gott damit aber seinen Namen dem Mose mitgeteilt? Keineswegs, denn er sagt lediglich darüber etwas aus, wie er zu seinem Volk steht. Aber sein eigentliches Wesen bleibt dem menschlichen Zugriff verborgen. So verwehrt er es dem Menschen, über ihn verfügen zu wollen. Er bleibt der ganz Andere, uns Entzogene, Unverfügbare.

Nun legt sich an dieser Stelle der Einwand nahe: Er hat sich uns doch in Jesus von Nazaret geoffenbart. Ist er damit nicht aus seiner Verborgenheit in unsere Sichtbarkeit getreten? Hat er nicht einen Namen und ein Angesicht angenommen? Offenbarung Gottes bedeutet keineswegs, dass damit Gott alles über sich ausgesagt hat, dass nichts mehr verborgen bleibt. Diesen Eindruck hinterlassen oft die gängigen Katechismen, die zu viel über Gott wissen und damit nicht mehr das Geheimnis Gottes wahren. Gott teilt sich uns mit als der verborgene und uns entzogene Gott. Das zeigt sich im anfänglichen Unverständnis der Jünger, erst nach der Auferstehung gehen ihnen die Augen auf. Und doch bleibt er weiterhin der ganz Andere, Fremde, den wir nicht in den Griff bekommen. Bezeichnenderweise erkennen die Jünger von Emmaus den Herrn beim Brotbrechen; aber im gleichen Augenblick, da ihnen die Augen aufgehen, entzieht er sich ihren Blicken. Auch als Offenbarer Gottes bleibt Gott für uns Menschen verborgen und geheimnisvoll, er wohnt „in unzugänglichem Licht", wie es im 1. Timotheusbrief heißt (1 Tim 6,16).

Wahren wir also das Geheimnis des verborgenen Gottes, verneigen wir uns vor ihm und beten es an.

Gott – ein Fremder in unserem Land

Vor einiger Zeit wurden im Fernsehen neu inszenierte Winnetou-Filme gezeigt. Als Winnetous Schwester die Gretchenfrage stellt: „An welche Götter Old Shatterhand glauben?" erhält sie zur Antwort: „Ich bin zwar getauft, aber ich glaube eigentlich nur an die menschliche Vernunft." Damit steht er in diametralem Widerspruch zum Old Shatterhand in der Originalfassung von Karl May. Dort bekannte er sich zu seinem christlichen Glauben und Winnetou sagte im Sterben: „Ich glaube an den Heiland, Winnetou ist ein Christ." Jetzt aber in der neuen Fassung ist an die Stelle des christlichen Glaubens ein bloßer Humanismus ohne Gott übrig geblieben. Der moderne westliche Mensch vertraut allein seinen eigenen Fähigkeiten und fühlt sich nicht mehr einer göttlichen Vernunft verbunden. Er kreist um sich selbst und begnügt sich mit dem bloßen Diesseits ohne die Verheißung eines Mehr.

Vor 500 Jahren rang der Augustinermönch Martin Luther noch mit der ihn bedrängenden Frage: „Wie kriege ich einen gnädigen Gott?" Diese Frage bedrängt heute nur noch wenige westliche Menschen. Der heutige Mensch fragt nicht mehr nach dem tragenden Grund der Wirklichkeit. Gott ist für ihn ein Fremder im eigenen Land geworden, er spielt in seinem Leben keine tragende Rolle mehr. Dies wird uns besonders anschaulich in den östlichen Ländern Deutschlands vor Augen geführt. Die überwiegende Mehrheit der Menschen in diesen Landstrichen kann der Frage nach Gott keine Bedeutung mehr beimessen, er ist für sie zu einem Fremdwort geworden. Sie dürsten nicht mehr nach Gott, wie die Sänger der alttestamentlichen Psalmen. Kürzlich hat ein katholischer Junge, der mit seinen Eltern in

Berlin wohnt, seine Mutter gefragt: „Mama, das ist doch normal, dass wir beten?" Offensichtlich stieß er mit seinem Bekenntnis zum Gebet bei seinen Altersgenossen auf Befremden und Ablehnung. Für sie war das Gebet etwas völlig Anormales, für ihn auf Grund seiner katholischen Erziehung etwas Selbstverständliches. Bei einer Befragung der Süddeutschen Zeitung zur Frage „Was ist Gott?" gab ein Schriftsteller zur Antwort: „Gott ist ein tragischer Hokuspokus! Nee, ich buckle und winsle vor keinem, auch nicht vor einem Weltenhöchsten, den man als Angstmaschine in die Welt gezerrt hat."

Die Gottesfinsternis ist zum Markenzeichen des modernen westlichen Menschen geworden, im Unterschied zu Afrika und Asien. Vor dieser bedrückenden Tatsache dürfen wir nicht unsere Augen verschließen. Wir müssen uns dieser Herausforderung stellen. Wir müssen uns fragen, wie können wir in der Gegenwart das Gottesgerücht aufrechterhalten? Wir können nicht mehr so selbstverständlich von Gott sprechen wie in den Katechismen und vielen anderen frommen Schriften. Es ist nicht leicht, auf diese so existentielle Frage eine Antwort zu geben. Meine Antwort ist nur ein behutsamer Antwortversuch:

1. Im Umgang mit dem Wort Gottes sollten wir sehr zurückhaltend sein. Es darf uns nicht so leicht über die Lippen kommen. Wie unbedacht sagen wir gelegentlich: „O Gott, o Gott." Die Juden wagen es nicht, direkt von Gott zu sprechen, an seine Stelle setzen sie andere, ihn umschreibende Worte wie: Herr der Heerscharen. In unserem Reden von Gott muss eine heilige Scheu zu spüren sein, dass wir hier das größte Geheimnis unseres Lebens auszusprechen wagen. Heinrich Böll, ein nach dem Krieg bekannter deutscher Literaturnobelpreisträger, hat in einer Erzählung unser gedankenloses Sprechen von Gott karikiert. Sie trägt den Titel „Doktor Murkes gesammeltes Schweigen". Darin schneidet ein Redakteur des Kirchenfunks aus einem Manuskript das Wort Gottes heraus und sammelt auf diese Weise 27 Schnitzel. Dabei kommt er auf 3 Minuten Schweigen. Wir sollten dieses geheiligte Wort mit anderen Worten umschreiben, um seiner Abnutzung entgegenzutreten. Zum Beispiel: Das absolute Geheimnis, der Grund aller Wirklichkeit, das ewige Du.

2. Es fällt auf, dass wir eigentlich nur das von Gott sagen können, was er nicht ist. So sagen wir: Er ist unendlich, er ist keiner Zeit und keinem Raum unterworfen, er ist nicht begrenzt, er ist nicht sichtbar usw. Dagegen fällt es uns schwer, von Gott positive Aussagen zu machen. Auch in dieser Weise von Gott zu sprechen, drückt sich eine tiefe Ehrfurcht vor dem heiligsten Geheimnis aus. Diese „negative Theologie" ist vornehmlich die Sprache der Mystiker.

3. Der heutige Mensch möchte mit diesem Urgrund persönliche Erfahrungen machen, er möchte den Spuren Gottes in unserer Welt nachgehen können. Und davon gibt es eine Vielzahl. Allerdings müssen wir dafür aufgeschlossen sein. Welche Spuren könnten es sein? In der zwischenmenschlichen Liebe erfahren die Liebenden, dass sich dahinter eine größere Liebe verbirgt, der sie sich verdanken. Und wenn ihnen dann ein Kind geschenkt wird, stehen sie staunend vor dem Geheimnis des Lebens, das sie dankbar entgegennehmen. Selbst hartgesottene Männer, die bislang Gott nicht beachtet haben, werden in diesem Augenblick empfänglich für eine Spur Gottes in ihrem Leben. Viele Menschen finden heute den Weg zu Gott über die Kunst, ganz besonders über die Musik, welche die Nabelschnur ist, die uns mit der Welt der Transzendenz verbindet. Ein bekannter Komponist von christlichen Kinderliedern fand bei einer Tournee mit einem religiösen Musical den Weg zum Glauben. Er war in einer glaubensfernen Familie aufgewachsen. Für uns ist Jesus Christus die entscheidende Spur Gottes, die Gott auf unserer Erde hinterlassen hat. In ihm hat Gott sich zu erkennen gegeben, hat er ein Gesicht, einen Namen erhalten, der über allen Namen ist. Er versichert uns die bleibende Nähe Gottes zu uns Menschen.

4. Jesus hat zu uns gesagt: „Ihr seid das Licht der Welt. Eine Stadt, die auf einem Berg liegt, kann nicht verborgen bleiben ... So soll euer Licht vor den Menschen leuchten, damit sie eure guten Taten sehen und euren Vater im Himmel preisen" (Mt 5,14-16). Wie dies geschehen kann, zeigt uns ein Beispiel aus der ehemaligen DDR: An einem Sonntagmorgen wollte ein im staatlich verordneten Atheismus aufgewachsener Mann am Sonntag einmal erleben, wie „die Sonntagsleute", damit waren die Christen gemeint, ihren Tag verbringen.

Er ging in der Frühe auf die Straße und begegnete zwei jungen Männern, die zielstrebig einem Ort entgegeneilten. Er schloss sich ihnen an und landete in einer kleinen katholischen Kapelle, wo die heilige Messe gefeiert wurde. Er war von dem Glaubenszeugnis dieser beiden Katholiken und der gesammelten Andacht der Gläubigen während des Gottesdienstes so beeindruckt, dass er beschloss, sich auf den Weg des Glaubens zu begeben. Auch wir sollten durch unseren gelebten Glauben in der Öffentlichkeit für Gott in Jesus Christus Zeugnis ablegen. Junge Muslime können uns in der Bereitschaft zum Zeugnis für den eigenen Glauben oft beschämen. Sie haben keine Scheu, auf den Fluren der Schulen und Hochschulen ihren Gebetsteppich auszubreiten für das vorgeschriebene Gebet. Hätten wir auch einen ähnlichen Mut, unseren Glauben in der Öffentlichkeit zu leben und zu bezeugen? So könnten wir Salz der Erde und Licht der Welt sein.

Lassen wir das Licht unseres Glaubens weithin leuchten, haben wir keine Scheu, den zu bekennen, dessen Name über allen Namen erhaben ist, dann werden unsere Zeitgenossen auch unseren Vater im Himmel preisen.

Gott – ein Freund des Lebens

Es sind wunderschöne, zu Herzen gehende Worte, die wir aus dem Munde des alttestamentlichen Weisheitslehrers vernehmen: „Du liebst alles, was ist und verabscheust nichts von dem, was du gemacht hast ... Herr, du Freund des Lebens" (Weish 11,24 und 26). Aber verraten sie nicht eine Blauäugigkeit, eine Naivität, die den Blick versperrt für die dunklen Seiten des Lebens? Sind diese Worte nicht zu schön, um wahr zu sein? Können wir ihnen trauen? Der französische Philosoph Jean Paul Sartre spricht in einem Theaterstück eine Frau an, die sich ein Kind wünscht: „Weib, dieses Kind, das du gebären willst, es ist gleichsam eine Neuauflage der Welt. Seinetwegen werden die Wolken und das Wasser und die Sonne und die Häuser und die Qual der Menschen einmal mehr existieren. Du wirst die Welt neu erschaffen, die sich wie eine dicke schwarze Kruste schließen wird, um ein kleines empörtes Gewissen, das hierbleiben wird, als Gefangener mitten in dieser Kruste wie eine Träne ... Ein Kind erschaffen heißt, die Schöpfung aus tiefstem Herzen bejahen, heißt, dem Gott, der uns quält, sagen: ‚Herr, alles ist gut und ich sage dir Dank, dass du das Weltall gemacht hast'. Willst du wirklich ein solches Lied singen?" Aus diesen Worten spricht ein Hass auf das Leben, das einem Gefängnis gleicht, in dem der Mensch von Gott gequält wird. Machen wir nicht alle ähnliche Erfahrungen, dass das Leben alles andere als lebens- und liebenswert ist? Es gibt Menschen, die so sehr unter ihrem Leben leiden, dass sie es nicht mehr aushalten und ihrem Leben vorzeitig ein Ende bereiten. Leben ist Leiden, behauptet der Philosoph Arthur Schopenhauer (1788-1860) im Gefolge des Buddhismus. Wir brauchen uns doch nur die Nachrichten im Fernsehen oder in der Tageszeitung anzuschauen, dann erfahren wir, wie es um das Leben in der Welt steht. Wir schauen in den Abgrund menschlicher Bosheit, wenn wir beispielsweise Zeugen der Grausamkeiten des sog. Islamistischen Gottesstaates werden, der sich nur des Namens Gottes bedient, um seinen mörderischen Absichten ein frommes Gesicht zu geben. Kann man angesichts dieser Grausamkeiten noch an einen Gott glauben, der von sich behauptet, er sei ein Liebhaber des Lebens? Er hat am Ende des ersten Schöpfungsberichtes seiner Schöpfung das Prädikat gut bis sehr gut erteilt. Viele würden ihr eher das Prädikat mangelhaft erteilen.

Unser Urteil über die Blauäugigkeit des biblischen Verfassers müssen wir revidieren, wenn wir uns die Zeit der Abfassung dieser Schrift vor Augen halten: Sie entstand, als Israel am Tiefpunkt seiner Geschichte angelangt war, als es in der babylonischen Gefangenschaft fern der Heimat lebte und sich voll Sehnsucht nach dem Verlorenen verzehrte. In dieser desolaten Situation findet der Verfasser den Mut, von Gott als dem Liebhaber des Lebens zu sprechen und ihn zu preisen, der alles ins Dasein gerufen hat und es im Dasein erhält. Er liebt alles, was ist, weil es sein Eigentum ist. Der Gläubige weiß um die Schattenseiten des Lebens, um die abgrundtiefe Bosheit des menschlichen Herzens, er leugnet sie nicht. Auch er leidet darunter. Aber wer das Leben mit den Augen des Glaubens betrachtet, der bleibt nicht an den negativen Erscheinungen hängen, der entdeckt auch die Lichtseiten, wo Gott am Werk ist. Auch er hat keine befriedigenden Antworten auf die Warumfrage angesichts des Leids in der Welt. Es bleibt für ihn ein Geheimnis schlechthin. Und dennoch kapituliert er nicht vor dem Leid, er kann wie ein afrikanischer Christ sagen: „Lepra ist ein Besuch Gottes." Auch im Leid spürt er die Nähe des Gottes, der in seinem Sohn selbst das menschliche Leid aufs Äußerste erfahren hat. So kann für ihn das Leid nicht der „Fels des Atheismus" (G. Büchner), sondern der Fels des Glaubens sein. 60 Millionen Menschen befinden sich gegenwärtig auf der Flucht, sei es vor den Grausamkeiten der islamistischen Fanatiker, sei es, weil Naturkatastrophen ihr Bleiben in der Heimat unmöglich gemacht haben. Angesichts dieser weltweiten Katastrophe haben fast sämtliche politische Parteien in der Bundesrepublik die Grenzen nicht geschlossen, sondern sie hochherzig geöffnet und die Schutzsuchenden gastfreundlich aufgenommen. Dabei hat sich gezeigt, wie hochherzig ein Großteil unserer Bevölkerung auf die Fremden zugegangen ist und sich um ihre schwierige Integration bemüht. Unter ihnen ragen die Christen besonders hervor. Dieses ehrenamtliche Engagement hat weltweit Bewunderung hervorgerufen und die anderen europäischen Nationen beschämt, die sich abgeschottet und ihre Grenzen dicht gemacht haben. Die äußerste Not hat Kräfte entbunden, von denen wir vorher nichts geahnt haben. So können wir dem Leid noch eine gute Seite abgewinnen und dem blinden, rückwärtsgewandten Nationalismus die Stirn bieten. Es gibt uns die Chance, alle unsere Kräfte zu mobilisieren, um das Chaos zu bändigen.

Wer mit den Augen des Glaubens die Welt betrachtet, kann dem Leben bei all seinen Abgründen auch positive Seiten abgewinnen. Wer dem Liebhaber des Lebens vertraut, kann auch dem Tod ins Angesicht schauen, weil er überzeugt ist, dass dieser nicht das letzte Wort haben wird, sondern nur ein Durchgangsstadium zum verheißenen Leben in Fülle ist.

Ich möchte mit einem kurzen Gebetsvers schließen: „Herr Jesus, in unser armes Leben, das wir so oft verachten, hast du dich ganz gegeben und hast es wert gemacht."

Gottesbilder

Viele Menschen beklagen sich, Gott sei so unanschaulich, so abstrakt. Man könne ihn nicht fassen. Daher entwickeln sie Bilder von Gott, anschauliche Vorstellungen von ihm. Auf diese Weise hoffen sie, ihm näher zu kommen. Alle Religionen haben Bilder von Gott entworfen und sie der Nachwelt überliefert. Dies gilt auch für die Bibel und ihre Rede von Gott. Eine Vielfalt unterschiedlicher Gottesbilder tritt uns aus ihr entgegen. Gott wird vorgestellt als der Schöpfer, als der Weltenherrscher, als Kriegsherr, als König, als Bundespartner, ja auch als Liebhaber. Jesus hat uns Gott als seinen und unseren Vater nahegebracht, zu dem wir Du sagen dürfen. Jede Zeit entwickelt eine bestimmte Vorliebe für ein besonderes Gottesbild, das uns einen Aspekt seines geheimnisvollen Wesens erschließt. So erfreut sich heute das Bild von Gott als einem Freund besonderer Beliebtheit. Die heilige Edith Stein hat sich bei ihrem Ordenseintritt den Namen „Benedicta vom Kreuz" zugelegt. Damit hat sie das Bild des mitleidenden, solidarischen Gottes heraufbeschworen, der sich am Kreuz für uns hingegeben hat. Angesichts der Erinnerung an die Shoa ist das ein heute naheliegendes Bild und sehr aussagekräftig.

Beim alttestamentlichen Propheten Elija stoßen wir auf ein anderes, zunächst ein wenig fremdartig anmutendes Bild von Gott. Elija befand sich auf der Flucht vor dem König und wanderte 40 Tage und Nächte, bis er zum Gottesberg Horeb gelangte. In der Erzählung heißt es von Gott: „Da zog der Herr vorüber. Ein starker, heftiger Sturm, der die Berge zerriss und die Felsen zerbrach, ging dem Herrn voraus." Hier erscheint Gott zunächst im Gewitter. „Aber Gott war nicht im Sturm. Nach dem Sturm kam ein Erdbeben. Aber Gott war nicht im Erdbeben. Nach dem Erdbeben kam ein Feuer. Doch der Herr war nicht im Feuer. Nach dem Feuer kam eine Stimme verschwebenden Schweigens. Da tritt Elija aus der Höhle heraus und stellt sich an den Eingang der Höhle" (1 Kön 19,11-13). (Die Übersetzung stammt von Martin Buber.) Das war für den Propheten eine völlig neue Erfahrung mit Gott. Der starke Gott hat es nicht nötig, laut und protzig aufzutreten. Er lässt sich in der Stille und im Schweigen finden. Selbst der große Gottesleugner Nietzsche hatte Ähnliches erkannt, wenn auch nicht auf Gott bezogen, wenn er sagt. „Alle großen Gedanken kommen auf leisen Füßen."

Dies ist eine Lerngeschichte. Elija musste die ihm vertrauten Bilder von Gott hinter sich lassen und bereit sein, sich auf ein ungewohntes Bild von Gott einzulassen. Denn immer sind wir in Gefahr, die alten Bilder festzuschreiben, sie zu versteinern, Gott gewissermaßen darin gefangen zu nehmen. Wir müssen bereit sein, uns für neue Perspektiven zu öffnen, für Sichtweisen, die unserer Zeit und unserem Lebensgefühl angemessener sind. Bilder für Gott sind aber nicht ungefährlich, wenn wir sie absolut setzen und uns darauf versteifen. Ja, wir können in diese Bilder unsere Wunschvorstellungen hineinprojizieren. Hier setzt die moderne Religionskritik an, die uns vorwirft, dass wir in diese Bilder unsere geheimen Wünsche hineinprojizieren und ihnen dann Wirklichkeit zusprechen. Aus dem Gefühl der Ohnmacht und Begrenztheit entwerfen wir das Bild eines Allmächtigen und Unendlichen und merken nicht, dass es lediglich ein Wunschgebilde der menschlichen Phantasie ist. Dieser Gefahr können wir entgehen, indem wir kein Bild von Gott absolut setzen, sondern es immer wieder durch andere ergänzen bzw. relativieren. Ja, die Mystiker wie Meister Eckhard raten uns sogar, auf jedes Bild von Gott zu verzichten. Weil Gott in kein Bild von ihm einzufangen ist, können wir auch nicht über ihn verfügen. Er entzieht sich jedem Versuch, seiner habhaft werden zu wollen. Aber können wir darauf ganz verzichten, ihn uns bildlich vorzustellen? Wir müssen uns ihn bildlich vorstellen und zugleich davon wieder Abschied nehmen. Wir können daher nur auf gegensätzliche Weise vom geheimnisvollen Gott sprechen, der „in unzugänglichem Licht wohnt" (1 Tim 6,26).

Denn Gott ist ganz anders, als wir ihn uns vorstellen, er ist das absolute Geheimnis, vor dem wir uns nur verneigen, und das wir anbeten können. Er ist größer als wir und kein menschliches Gebilde. Dieses hilflose Gefühl hat ein zeitgenössischer Theologe und Dichter feinfühlig zur Sprache gebracht. Es findet sich im Neuen Gotteslob unter der Nummer 422 und lautet:

„Ich steh vor dir mit leeren Händen, Herr; fremd wie dein Name sind mir deine Wege. Seit Menschen leben, rufen sie nach Gott; mein Los ist Tod, hast du nicht andern Segen? Bist du der Gott, der Zukunft mir verheißt? Ich möchte glauben, komm mir doch entgegen. Nimmst du mich auf in dein gelobtes Land? Werd ich dich noch mit neuen Augen sehen?

Sprich du das Wort, das tröstet und befreit, und das mich führt in deinen großen Frieden. Schließ auf das Land, das keine Grenzen kennt, und lass mich unter deinen Kindern leben. Sei du mein täglich Brot, so wahr du lebst. Du bist mein Atem, wenn ich zu dir bete." (Huub Osterhuis, 1966)

Gott mehr gehorchen

Im Matthäusevangelium stellen die Pharisäer Jesus eine Fangfrage, um ihn aus dem Weg zu räumen. Sie lautet: „Ist es erlaubt, dem Kaiser Steuern zu zahlen oder nicht?" (Mt 22,15-21). Jesus durchschaut sogleich ihre Absicht. Wenn er die Frage bejaht, macht er sich bei den Juden unbeliebt. Für sie war der Kaiser eine fremde Besatzungsmacht, die sie bekämpften. Würde er diese Frage aber verneinen, dann hätte man einen Vorwand, um ihn beim Statthalter des Kaisers anzuzeigen. Seine Antwort ist für die Juden unerwartet: „Gebt dem Kaiser, was dem Kaiser gehört". Er fügt jedoch bezeichnenderweise hinzu: „und Gott, was Gott gehört" (Vers 21). Nun kann man diese salomonische Antwort falsch verstehen, so als ob man zu 50% dem Kaiser gehorsam ein soll und zu 50% Gott gegenüber. Das aber würde bedeuten, dass es Bereiche gibt, für die Gott ohne Bedeutung ist, für die seine Weisungen keine Gültigkeit besitzen. Demnach hätten die Bereiche der Wirtschaft, Kultur und Politik nichts mit Gott zu sein. Es sind gewissermaßen gottfreie Räume. Dieser Ansicht huldigen bei uns die Liberalen, sie wollen die Kirche in die Sakristei verbannen und verweigern ihr ein Mitspracherecht in anderen Fragen. Die Bereiche der Wirtschaft, Kultur und Politik unterliegen ihrer Ansicht rein menschlichen Gesetzen und Willensbekundungen. Damit wäre der Wirkungsbereich der Kirche auf die Frömmigkeit und den Gottesdienst beschränkt. Hier wird übersehen, dass alles Gott gehört, der alles erschaffen hat. „Die Welt ist Gottes so voll", notierte der schon zum Tode verurteilte Jesuitenpater Alfred Delp mit gefesselten Händen im Gefängnis. Andernfalls müssten wir zwischen einem Sonntagschristentum und einem Werktagsheidentum unterscheiden. Das aber ist für Jesus unmöglich.

Das Schwergewicht der Antwort Jesu liegt auf dem zweiten Teil des Satzes. Man darf Gott nicht aus dem alltäglichen Leben ausklammern und für ihn nur einige Stunden am Sonntag reservieren. Alles übrige aber bleibt weltlichen Gesetzen überlassen. In Frankreich hat man seit Anfang des vorigen Jahrhunderts durch die Einführung der sog. Laicité (weltlicher Charakter) eine solche Aufteilung vorgenommen. Sie verbannt die Kirche aus dem öffentlichen Leben und verweigert ihr ein weltliches Engagement, z.B. im staatlichen Schulwesen. Eine strenge Trennung von Staat und Kirche ist die Folge. Bei uns herrscht das Modell der Kooperation von Staat, Gesellschaft und Kirche vor, das sich im politischen Alltag bewährt hat.

Gibt man im gesellschaftlichen und politischen Leben Gott den Vorrang, dann ergeben sich daraus unvermeidlich Konflikte. Überall, wo irdische Mächte sich im Widerspruch zu göttlichen Weisungen befinden, entsteht für den Gläubigen ein Gewissenskonflikt. Diese Erfahrungen mussten die christlichen Widerstandskämpfer im sog. Dritten Reich machen. Hier setzte sich ein heidnischer, gottloser Staat an die Stelle Gottes und verlangte von seinen Bürgern strikten Gehorsam. Im Unterschied zu seinen Mitbrüdern im bischöflichen Amt hat Clemens August Kardinal von Galen seine Stimme lautstark für die behinderten Menschen erhoben, die von den Nazis als lebensunwertes Leben umgebracht wurden. Unerschrocken ist er für Gottes Weisung: „Du sollst nicht töten" eingetreten und hat die Machthaber angeklagt. In diesem Sinne haben auch die christlichen Widerstandskämpfer gehandelt und dabei das eigene Leben aufs Spiel gesetzt. Sie fühlten sich Gott mehr verantwortlich als dem Staat, der sich an die Stelle Gottes gesetzt hatte. Schon die ersten Christen wurden wegen ihrer Treue zu Christus vom heidnischen Kaiser verfolgt und umgebracht. Sie handelten nach der Devise: „Man muss Gott mehr gehorchen als den Menschen" (Apg 5,29).

Auch heute stehen Christen vor der Frage, wem gehorche ich mehr, dem Staat oder Christus? Dies erfahren christliche Ärzte in den USA, wo in einzelnen Staaten die Abtreibung freigegeben worden ist und christliche Ärzte gezwungen werden, in staatlichen Krankenhäusern eine Abtreibung vorzunehmen. Von ihnen ist eine gehörige Zivilcourage gefordert.

Wie ein solch mutiger Widerstand im Krieg aussehen kann, zeigt das Beispiel eines Soldaten, der bei Düren im Einsatz war. Er berichtet davon: „Da kamen die Amerikaner. Ich lag mit meinem Maschinengewehr etwas abseits der Straße und hatte sie im Visier. Sie gingen alle auf einem Haufen. Ich hätte sie mit einem Feuerstoß alle umlegen können. Sie waren allesamt Kinder des Todes, wenn ich abdrückte. Und als mir das klar wurde, da bin ich aufgestanden und habe mich ergeben." Das war ein eindrucksvolles Zeugnis eines Widerstandes gegen staatliche Gewalt, die sich an die Stelle der göttlichen Gewalt gesetzt hatte. Nicht jeder von uns bringt diesen unerschrockenen Mut auf. Dazu bedarf es schon eines starken Glaubens, dass Gott, der Herr über Leben und Tod ist, und dass der Mensch sich dieses Recht nicht anmaßen darf. Er muss Gott mehr gehorchen als den Menschen.

„Viele Wege führen zu Gott, einer über die Berge"

Berge üben zu allen Zeiten eine große Anziehungskraft auf Menschen aus, das zeigt die große Zahl der Bergwanderer, die es in die Berge zieht. Von weither reisen sie an, um sich die wundervolle Bergwelt zu erwandern. Sie nehmen oft große Strapazen auf sich, um endlich am Ziel, am Gipfelkreuz, anzukommen. Welch einzigartiger Blick bietet sich ihnen dar! Gegenwärtig erfreuen sich Berggottesdienste einer großen Beliebtheit. Allein über 350 Berggottesdienste werden alljährlich im Erzbistum München-Freising gefeiert. Ein Zeichen, wie beliebt diese Art von Gottesdiensten sind. Auch der Kirche Fernstehende nehmen gerne an diesen Feiern teil, die sonst unseren normalen Gottesdiensten fernbleiben. Unsere evangelischen Schwestern und Brüder veranstalten auch gerne in den Bergen Gottesdienste und können dabei viele Gläubige ansprechen.

Worin besteht nun das Besondere einer Bergwanderung? Der berühmte und nicht unumstrittene Bergsteiger und Filmregisseur Luis Trenker (1892-1990) hat darauf geantwortet: „Aus einer völlig mechanisierten Umwelt von Terminen gehetzt, von Computern bestimmt, findet der Mensch in den Bergen wieder, was ihm seine selbst geschaffene Umwelt genommen hat: Einkehr, Beschaulichkeit und Selbstbestimmung." Wenn wir oben am Gipfel angekommen sind und einen Blick nach unten werfen, dann erscheint die uns so vertraute Welt sehr klein und unbedeutend. Ganz andere Dimensionen eröffnen sich uns. Dabei wird der Mensch immer kleiner und unwichtiger. Sein Blick weitet sich, er fühlt sich dem Himmel näher. Wie von selbst überkommen ihn religiöse Gefühle der Demut und Dankbarkeit.

Der verstorbene Bischof von Innsbruck, Reinhold Stecher, selbst ein großer Liebhaber der Berge, hat einmal gesagt: „Viele Wege führen zu Gott, einer über die Berge." In der Menschheitsgeschichte waren die Berge immer der Ort, wo Himmel und Erde sich berührten. Sie waren der Wohnsitz der Götter. Nicht ohne Grund haben Mönche ihre Klöster gerne in den Bergen errichtet, so zum Beispiel in Nordspanien das Benediktinerkloster Montserrat, das Nationalheiligtum der Katalanen. Das berühmteste Bergkloster ist das orthodoxe Athoskloster in Griechenland, das eigentlich eine Ansammlung von kleineren Klöstern ist. Es zieht alljährlich Tausende von Besuchern an. Dort wollen die Mönche Gott näher kommen und Abstand von der Welt gewinnen.

Auch in der Geschichte Gottes mit seinem Bundesvolk Israel spielt der Berg eine große Rolle. Israels Bundesgeschichte beginnt auf dem Berg Horeb im Sinai. Hier schließt der Herr einen Bund mit seinem Volk. Im Neuen Bund hält Jesus seine berühmte Predigt auf einem Berg, die Bergpredigt. Er selbst hat die Berge geliebt. Ganze Nächte verbrachte er betend in der Einsamkeit der Berge. Vom Ölberg ist er als Auferstandener zum Vater heimgekehrt. Er hat in seinen Predigten Berge als Bilder verwendet und dabei ihre Höhe und Festigkeit verglichen mit der Treue Gottes zu seinen Verheißungen. Von einem Mann, der aus dem Glauben lebt, sagt er, er sei wie einer, der sein Haus auf einem Fels gebaut habe. Und Petrus wird als Felsenmann eingesetzt, er hat ihn zum Felsen seiner Kirche gemacht und verheißen, dass die Pforten des Totenreiches sie nicht überwältigen werden.

Wir haben allen Grund zur Dankbarkeit, wenn wir auf einem Berg in der Höhe stehen und Gottes wunderbare Schöpfung staunend erleben. Hier wird der Mensch bescheiden und demütig; denn ihm geht auf, dass dies alles das Werk eines Höheren und Größeren ist, dass er diesem Höheren sich anvertrauen darf. Auf einem Bergkreuz steht: „Überall in der Natur findest des großen Gottes Spur. Doch willst du ihn noch größer sehn, so bleib bei seinem Kreuze stehn."

Das unterscheidend Christliche

Wenn das Gespräch auf den Gottesglauben kommt, wird oft die Behauptung vertreten, wir glauben doch alle an denselben Gott. Dann ist es doch gleichgültig, ob ich Jude, Christ oder Muslim bin. Oder ist es doch nicht gleichgültig, ob wir Juden, Christen oder Muslime sind? Das, was uns voneinander unterscheidet, ist die Art und Weise, wie wir von Gott sprechen, welche Vorstellungen wir von Gott haben. Denn das hat auch Auswirkungen auf unser Menschenbild, also auf unser Selbstbewusstsein.

Was ist das unterscheidend Christliche, das Unverwechselbare, das uns zu Christen macht? Das ist nicht wie im Judentum das mosaische Gesetz, auch nicht ein Buch wie im Islam der Koran. Im Mittelpunkt unseres Glaubens als Christen steht eine Person, die Person des Gottmenschen Jesus Christus. Aus diesem Grunde nennen wir uns auch Christen, weil Jesus Christus die Mitte unseres Glaubens ist. Von diesem Jesus Christus hat der Evangelist Johannes tiefgründige Aussagen gemacht. Ihr Verständnis ist nicht ganz einfach, wie überhaupt seine Theologie sehr anspruchsvoll ist. Zu Beginn seines Evangeliums sagt er: „Im Anfang war das Wort und das Wort war bei Gott und das Wort war Gott ... Alles ist durch das Wort geworden ..." (Joh 1,1f.). Und in der Schöpfungserzählung heißt es, dass Gott, indem er spricht, alles ins Dasein gerufen hat und, können wir ergänzen, im Dasein erhält. Dieses Wort nennt die Bibel Logos. Dieser Logos ist kein Geschöpf Gottes, sondern war vor aller Zeit, er ist sein einziges Abbild, sein Mittler und Werkzeug. Durch und mit ihm hat Gott die Welt gemacht. So gesehen, ist sie logisch, von Gottes Weisheit durchwaltet. Der Logos ist aber niemand anderes als Gottes Sohn, der in unser Erdenleben eingetreten ist. Aber er betrat die Welt nicht als etwas ihm Fremdes, sondern, wie Johannes betont, „er kam in sein Eigentum", in die von ihm geschaffene Welt. Damit steht Jesus Christus bereits am Anfang der Schöpfung, als ihr schöpferisches Wort und nicht erst in der Mitte der Zeit, wie wir Christen oft annehmen. Solche Aussagen über Jesus von Nazaret, den wir oft auf seine Menschennatur beschränken, sind für einen gesetzestreuen Juden, der immer noch auf den Messias wartet und für den gläubigen Muslim Gotteslästerung. Daher wurden auch die ersten Christen von den Juden als Gotteslästerer angeklagt. Und im Koran wird Jesus Christus lediglich als Prophet verstanden, der dem Rang nach aber hinter Mohammed, dem Kriegsherrn, rangiert. Aber hier ist er nicht Gottes Sohn. Das ist für ihn undenkbar.

Schon an diesen biblischen Aussagen können wir erkennen, dass es keineswegs gleichgültig ist, wie wir über Gott denken, welche Möglichkeiten wir ihm einräumen, wie wir sein Verhältnis zur Schöpfung betrachten. Auf diese Weise erhält Jesus Christus, der paradoxerweise als Kind zu uns gekommen ist, eine zentrale Rolle im Heilsgeschehen, er ist der von den Juden ersehnte Messias, aber auch der am Ende der Zeiten erscheinende Weltenrichter. Daher bekennen wir: Jesus Christus, gestern, heute und in Ewigkeit. Ihm erweisen wir göttliche Ehren, wie sie in den Weihnachtsliedern immer wieder anklingen, zum Beispiel: „Der Abglanz des Vaters, Herr der Herren alle, ist heute erschienen in unserm Fleisch. Gott ist geboren als ein Kind im Stalle. Kommt, lasset uns anbeten" (GL 241,3). Und in einem anderen Weihnachtslied singen wir: „Jauchzet ihr Himmel, frohlocket, ihr Enden der Erden! Gott und der Sünder, die sollen zu Freunden nun werden" (GL 251,2). So würde nie ein Muslim es wagen, von Allah und seinen Geschöpfen zu sprechen. Hier kann der Mensch nie Freund oder gar Kind Gottes werden. Gott wird auch nie als Vater angesprochen.

Der Mensch ist kein Zufallsprodukt, kein Zigeuner am Rande des Universums, sondern ein Kind Gottes. Dann, wenn er bereit ist, ihn bei sich aufzunehmen, wenn er sich dem Licht von oben öffnet. Denn Jesus Christus ist das wahre Licht, das jeden Menschen erleuchten will. Dazu ist er in die Welt gekommen, in sein Eigentum, damit die Menschen in Gottes Lebensfülle hineingenommen werden. Wir sind Gott gegenüber keine willenlosen Sklaven wie im Islam. Vor ihm müssen wir uns nicht in den Staub werfen, weil wir seiner nicht wert sind. Wir dürfen aufrecht vor Gott als seine Söhne und Töchter stehen, darin liegt unser Adel, den uns keiner nehmen kann. Diesen Adel verdanken wir dem, der am Anfang der Welt alles mit Sein und Leben erfüllt hat, der in sein Eigentum, in diese Welt, kam, um sie mit seinem Lichtglanz zu erhellen. Ist das nicht Grund genug, ihn für dieses große Geschenk zu loben und zu preisen? „Jauchzet, ihr Himmel, frohlocket ihr Engel in Chören, singet dem Herren, dem Heiland der Menschen zu Ehren" (GL 251,1).

Jesus Christus – das Bild des unsichtbaren Gottes

Ein Berufsschüler schrieb an seinen Religionslehrer einen Brief, darin klagte er, dass er zwar an Gott glaube, aber er möchte ihn auch erfahren können. Ob er ihm dabei helfen könnte? Wo wohnt Gott, wie sollen wir uns ihn vorstellen? Wo können wir ihn erfahren? Das sind uralte Fragen, die sich uns immer wieder aufdrängen. Woher wissen wir von Gott, wer gibt uns darüber Auskunft, wo doch keiner ihn gesehen hat? Denn zu seinem Wesen gehört die Unsichtbarkeit. Und gerade die bedrängt uns und verunsichert uns. Für uns Christen gibt es nur eine Antwort: Im Blick auf Jesus von Nazaret erschließt sich uns das Geheimnis Gottes. Er hat uns in seiner Person gezeigt, wer oder besser wie Gott ist. Als einer seiner Jünger ihn bat, er möge ihm den Vater zeigen, erhielt er zur Antwort: „Wer mich gesehen hat, hat den Vater gesehen" (Joh 14,8). So ist Jesus das Bild des unsichtbaren Gottes. In ihm ist er uns nahegetreten. Er ist gewissermaßen der Bildschirm Gottes. Wer mit ihm zu tun hat, hat es mit Gott zu tun. Seinen Worten und Taten können wir entnehmen, wie Gott zu uns steht, dass Gott die Liebe ist. „Niemand hat Gott je gesehen. Der Einzige, der Gott ist und am Herzen des Vaters ruht, er hat Kunde gebracht" (Joh 1,18). So lesen wir es im Johannesevangelium. Daher müssen wir uns in die Evangelien vertiefen, sie vermitteln uns ein lebendiges Bild von Jesus, dem Sohn Gottes. Wie eng er mit dem Vater verbunden ist, zeigt uns die Szene bei der Taufe Jesu am Jordan durch Johannes den Täufer. „Als Jesus getauft war, stieg er sogleich aus dem Wasser herauf. Und siehe, da öffnete sich der Himmel und er sah den Geist Gottes wie eine Taube auf sich herabkommen. Und siehe eine Stimme aus dem Himmel sprach: Dieser ist mein geliebter Sohn, an dem ich Wohlgefallen gefunden habe" (Mt 3,16f.). Der Himmel hatte sich über Jesus geöffnet, ist durch ihn aufgerissen worden. Wo Jesus ist, da ist der Himmel geöffnet. Wenn der Himmel geöffnet ist, kann Gottes Geist auf Jesus herabkommen. Er ist die lebendige Verbindung zwischen Gott und den Menschen, zwischen Himmel und Erde. Die „Stimme aus dem Himmel" ist eine Umschreibung für Gott selber.

So sehr auch Jesus das Bild Gottes ist, so sehr er uns auch den Vater nahegebracht hat, so bleibt er immer auch ein Geheimnis, bleibt uns letztlich entzogen. Wir werden ihn nie durchschauen. Das hatten schon seine Jünger leidvoll erfahren müssen, die täglich mit ihm umherzogen. Er blieb ihnen ein Geheimnis. Bis zu seiner Auferstehung hatten sie ihn nicht verstanden. Im Markusevangelium werden sie wegen ihres Unglaubens immer wieder hart getadelt. Seine physische Nähe bedeutete noch nicht, dass er wie ein Buch offen vor ihnen lag. Eine geheimnisvolle Aura umgab ihn. Er ist nicht greifbar, er bleibt für uns ein Geheimnis, er entzieht sich immer wieder unserem denkerischen Zugriff. „Unwahrscheinlicher als Jesus Christus ist nichts", hat zutreffend ein Gegenwartsschriftsteller einmal gesagt.

Was bei der Taufe Jesu am Jordan durch Johannes geschah, hat auch für uns Bedeutung. In der Taufe hat sich auch für uns der Himmel geöffnet, und der Geist Gottes hat sich auf uns niedergelassen. Auch über uns ließ sich eine Stimme von oben vernehmen: „Du bist mein geliebter Sohn, an dir habe ich Gefallen gefunden." In der Taufe bekennt sich Gott zu uns, zeigt er sein Wohlgefallen an uns. Wir sind seine geliebten Kinder. Diese Stimme macht uns Mut; denn Gott steht hinter uns, mit ihm können wir aufbrechen zu neuen Ufern. Gerade in der gegenwärtigen Aufbruchsstimmung in unserer Kirche, angestoßen durch Papst Franziskus, werden wir ermutigt, neue unbekannte Wege zu beschreiten. Wir dürfen uns nicht einfach auf das Überkommene, immer schon Dagewesene verlassen, sondern müssen uns vom Gottesgeist führen und leiten lassen, wohin wir nicht wollen. Dazu benötigen wir einen langen Atem, dürfen nicht gleich bei der ersten Sackgasse aufgeben. Wir dürfen im Heilsgeschehen nicht bloße Zuschauer, sondern müssen Nachfolger sein.

„Ich bin der Weg, die Wahrheit und das Leben"

Die Frage nach der Wahrheit ist heute verpönt, man darf sie nicht stellen, wenn man gesellschaftsfähig sein will. Die meisten Philosophen haben angesichts des Pluralismus sich von ihr verabschiedet. Das Bekenntnis zur Toleranz zwingt die Menschen, alle Sinnentwürfe als gleichberechtigt anzusehen. Wenn alles gleich gültig ist, dann ist alles letztlich auch gleichgültig. Anything goes (alles geht) ist das Schlagwort der Postmoderne. Es lohnt sich nicht, eine feste Position zu beziehen und diese zu verteidigen. Aber schon Goethe sah zu Recht im Wort Toleranz eine Beleidigung, weil diese der Frage nach der Wahrheit ausweicht und keinem Sinnentwurf den Vorzug gibt. Wenn einer eine klare Position bezieht, muss er sich den Vorwurf gefallen lassen, er sei intolerant, er grenze andere aus. Und wer möchte das schon? Also gibt er klein bei und verwässert sein Glaubensbekenntnis. Dies geschieht alles um des lieben Friedens willen.

Wenn heute junge Menschen sich noch Gedanken machen über den Sinn des Lebens, was alles im Innersten letztlich zusammenhält, dann orientieren sie sich nicht mehr an überlieferten Sinnentwürfen, an der Religion ihrer Herkunft. Sie suchen sich aus den unterschiedlichsten Sinnentwürfen, die heute auf dem Markt angeboten werden, das heraus, was zu ihnen passt, was nicht allzu sperrig ist, was ihnen behagt und zusagt. Das alles vermengen sie zu einem Einheitsbrei. Man nennt das Patchworkreligiosität: Hier ein Stück Buddhismus, dort einige Elemente des Christentums, und dann noch eine Prise Esoterik, und schon ist das religiöse Menü zusammengestellt. Dabei stellt sich die Frage überhaupt nicht mehr, ob dies auch wahr sei. Eine solche von Menschen zusammengestellte Religiosität ist letztlich unverbindlich. Sie stellt keine Forderungen an den Menschen. Sie kann aber auch dem Menschen in seiner Sinnsuche keine Orientierung gewähren, sie ist kein Weg zu einem gelingenden Leben, der sich auch in Krisenzeiten bewährt.

Wie provozierend müssen daher die Worte Jesu klingen, wenn er von sich sagt: „Ich bin der Weg und die Wahrheit und das Leben; niemand kommt zum Vater außer durch mich" (Joh 14,5). Aus diesen Worten spricht ein einmaliges Selbstbewusstsein, das Bewusstsein des von Gott Gesandten, der im Namen Gottes spricht und handelt. Wer diese Worte hört, ist schnell mit dem Vorwurf der Intoleranz bei der Hand. Menschen, die sich dem Anspruch Jesu verschließen, werden zu Ungläubigen und sind dazu verurteilt, den Weg nicht zu kennen, der zum ersehnten Ziel, zum Glück führt. Allerdings hat das II. Vatikanische Konzil diese rigorose Deutung abgemildert, indem es auch den Nicht- oder Andersgläubigen Heilsmöglichkeiten eröffnet. Dabei hat es aber die zentrale Heilsmittlerstellung Jesu nicht in Frage gestellt. Denn auch die anderen Heilswege stehen im Zusammenhang mit Jesus, dem universalen Heilsmittler.

Im interreligiösen Gespräch, vor allem mit Muslimen, versuchen christliche Gesprächsteilnehmer diesen Totalanspruch Jesu zu entschärfen, um dialogfähig zu bleiben. Sie schwächen den Anspruch Jesu, das Heil der Welt für alle Menschen zu sein, ab und behaupten, Jesus sei nur ein Prophet gewesen so wie Abraham, Mose und Mohammed. So wird er ja auch im Koran dargestellt, als ein Prophet in der Reihe unzählig anderer Propheten. Am Ende dieser Aufzählung steht dann Mohammed, der als das „Siegel der Propheten" über alle anderen Propheten gestellt wird. Damit ist er Jesus überlegen. Die muslimischen Teilnehmer sind bei einer solchen abschwächenden Darstellung Jesu von Seiten der Christen enttäuscht, weil sie hier ihre eigene Identität verleugnen, sie erwarten von uns, dass wir zu dem stehen, was unser Ureigenes ausmacht, was unser Alleinstellungsmerkmal ist. Das macht sicherlich den Dialog nicht einfacher, aber ehrlicher. Denn hier stehen zwei Weltreligionen sich gegenüber, die beide den Anspruch auf Wahrheit erheben. Der Muslim ist der Ansicht, dass der Islam die wahre Religion sei, neben ihr kann es keine zweite mit demselben Wahrheitsanspruch geben. Daher wurden schon zu Zeiten des Propheten Andersgläubige mit Gewalt zur Konversion zum Islam gezwungen. Ein Dialog unter diesen Umständen macht ihn so schwierig, ja letztlich unmöglich, wie die Erfahrung lehrt. Man weicht daher lieber auf ethische und spirituelle Fragen aus, weil es hier mehr Übereinstimmungen zwischen Christentum und Islam gibt.

Umso mehr muss uns die Tatsache beeindrucken, dass unsere unter Verfolgung leidenden Glaubensgeschwister in ihrer Mehrheit sich dem Druck der Islamisten oder Hinduisten widersetzen. Sie sind eher bereit, Nachteile, auch wirtschaftlicher Art, in Kauf zu nehmen bis hin zur Bereitschaft zum Todesopfer. Sie halten Christus die Treue, weil sie daran glauben, dass er der Weg, die Wahrheit und das Leben ist. Muss dieses Beispiel uns nicht beschämen, die wir so leicht zu Kompromissen in der Wahrheitsfrage bereit sind? Wir sind aufgefordert, uns neu mit der Frage konfrontieren zu lassen: Wer ist Jesus Christus für mich? Ist er für mich die Tür, die zum Leben in Fülle führt? Bin ich bereit, dafür Opfer zu bringen und alles in die Waagschale zu werfen?

Gott und Jesus Christus

Das Kreuz tragen

Wer ist dieser Jesus von Nazaret? Diese Frage stellten sich die Menschen zu allen Zeiten. Dabei kamen sie zu unterschiedlichen Antworten. Für die einen war er ein Mensch, der den Menschen viel Gutes getan hat: Er hat sich der Armen und Kranken angenommen. Für andere war er ein Volksaufwiegler, ein politischer Rebell, der die römische Herrschaft in Frage stellte. Weil er aber jede Gewalt ablehnte, wandte sich Judas von ihm ab und verriet ihn. Andere erblickten in ihm einen tief religiösen Menschen, der sich immer wieder in die Einsamkeit zum Gebet zurückzog. Er lebte ganz vertraut mit Gott, seinem Vater. Heute sehen viele in ihm einen Freund, dem man sich vorbehaltlos anvertrauen kann. Seine Treue ist unerschütterlich.

Jesus stellte an seine Jünger die Frage: „Für wen halten mich die Leute?" Er erhielt zur Antwort: Die einen für Johannes den Täufer, andere für den alttestamentlichen Propheten Elija, wieder andere für einen der alten Propheten. Wir sehen, schon damals gingen die Meinungen über ihn weit auseinander. Petrus liefert die Spitzenaussage: „Du bist der Messias Gottes". Messias meinte den Gesalbten Gottes. Das Wort Christus als der Gesalbte ist dann zu einem Teil seines Eigennamens geworden: Jesus Christus.

Jesus kommentiert diese Meinungen nicht, sondern lenkt unseren Blick auf das Kreuz und auf die Auferstehung. „Der Menschensohn muss vieles erleiden und von den Ältesten, den Hohepriestern und den Schriftgelehrten verworfen werden; er wird getötet werden und nach drei Tagen auferstehen" (Mt 8,31). Mit dem Kreuz verbinden wir Leid, Schmerz und Trauer, ja alles Negative in unserem Leben. Und das steht heute quer zu unserem modernen Lebensgefühl. Dazu gehören: Erfolg, Fitsein, gutes Leben und Selbstverwirklichung. In diesem Lebenskonzept ist kein Platz für das Kreuz, das daher auch abgelehnt wird. Es dient höchstens noch als Schmuckstück, dem alles Sperrige und Düstere genommen ist. Insofern stört der Gekreuzigte unser Verständnis von einem glücklichen Leben, es erweist sich als nicht erstrebenswert. Aber können wir einfach all das, was auch zum

Leben gehört, so einfach aus unserem Blickfeld verbannen und darüber schweigen? Auf diese Weise können wir das Dunkle, Nichtgelungene, Negative nicht bestehen. Wir müssen uns ihm stellen, es annehmen und ertragen. Jesus hat sich all dem nicht entzogen. Für ihn begann das Kreuz schon mit seiner Geburt. In der Schrift heißt es: Sie hatten keine Herberge für ihn und mussten ihn in einem Futtertrog außerhalb der Stadt zur Welt bringen. Schon bald musste er mit seinen Eltern die Heimat verlassen und nach Ägypten fliehen, weil Herodes ihm nach dem Leben trachtete. Als Wanderprediger stieß er auf viel Ablehnung, weil seine Forderungen in den Augen seiner Zuhörer zu radikal klangen. Schon früh trachteten die Verantwortlichen in Israel nach seinem Leben. Selbst seine Familienangehörigen trennten sich von ihm, in ihren Augen war er nicht von Sinnen, zu Deutsch: er war nicht ganz dicht. Sie schämten sich wegen seiner enthaltsamen Lebensführung. Und auch die Jünger verstanden ihn anfangs nicht. Immer wieder lösten sich Anhänger von ihm, weil seine Botschaft so radikal anders als üblich war. Am Ende harrten nur seine Mutter, Johannes und Maria Magdalena unter dem Kreuz aus. Alle anderen waren geflohen, weil ihre Hoffnung am Kreuz gestorben war. So dürfen wir das Kreuz nicht auf die letzten Stunden seines Lebens am Marterholz beschränken, sondern müssen seine Spuren in seinem ganzen Leben entdecken. Dann kann uns aufgehen, wie sehr er uns geliebt, wie sehr er all das auf sich genommen hat, um uns zu befreien. Aber sein Leben endete nicht schmählich am Kreuz. Gott hat seinem Leben und Sterben das Siegel der Wahrhaftigkeit aufgedrückt, hat es bestätigt. So ist der Gekreuzigte immer auch der Auferstandene. Das vergessen wir so leicht. Das zeigt sich schon an den Grabsteinen. Schauen Sie sich diese einmal auf dem Friedhof an. Fast immer fehlt ein Symbol der Auferstehung, dies gilt auch für die Kreuzesdarstellungen aus Oberammergau, diese stellen das Kreuz zentral in die Mitte. Die berühmte Vertonung der Matthäuspassion durch Johann Sebastian Bach steht ganz im Zeichen der Trauer über den Gekreuzigten. Sie endet mit dem Chorgesang. „Wir setzen uns mit Tränen nieder und rufen dir im Grabe zu: Ruhe sanfte, sanfte ruh." Dagegen setzt die Johannespassion vom gleichen Komponisten durchaus österliche Akzente, sie endet mit dem Chorgesang: „Herr Jesus Christ, wir wollen dich preisen ewiglich."

Das Kreuz Jesu steht aber nicht nur für Leiden und Sterben, es symbolisiert auch die Ganzhingabe dessen, der gekommen ist, um uns Menschen das Heil zu bringen. Das Kreuz fasst am Ende sein ganzes Leben zusammen, das im Zeichen der Lebenshingabe gestanden hat. Er sagt selbst: „Es gibt keine größere Liebe, als wenn einer sein Leben für seine Freunde hingibt" (Joh 15,13). Und das hat er sein ganzes Leben getan. Er wird arm, um uns reich zu machen. Er hat eine Vorliebe für die Schwachen und Zukurzgekommenen, er weint beim Grab seines Freundes Lazarus. Er hat auf Erden den letzten Platz eingenommen, um uns zu dienen wie ein Sklave seinem Herrn. Das alles hat er aus Liebe zu uns getan im Gehorsam gegenüber dem Willen seines Vaters.

Eine solch grenzenlose Liebe hat aber Konsequenzen für uns, sie fordert unsere Gegenliebe. So ruft er uns zu: „Wenn einer hinter mit hergehen will, verleugne er sich selbst, nehme sein Kreuz auf sich und folge mir nach" (Lk 9,24). Ein berühmter deutscher Philosoph des vorigen Jahrhunderts, Karl Jaspers, hat ein Buch veröffentlicht, dem er den Titel gegeben hat: „Maßgebliche Menschen". In diesem Buch hat er Menschen vorgestellt, die in seinen Augen maßgeblich sind. An ihnen können wir Maß nehmen, wenn es darum geht, wie menschliches Leben gelingen kann. Zu diesen maßgeblichen Menschen zählte für ihn, der kein gläubiger Christ war, Jesus Christus. Denn er hat uns gezeigt, wie Leben gelingen kann, wenn man bereit ist, sich zu verlieren; denn gerade dadurch werden wir gerettet.

Ein alter Spruch lautet: „Wenn man dich zum Friedhof trägt, kümmert dich nicht mehr das, was du hast; mitnehmen kannst du nur das, was du gegeben hast."

Der gute Hirt

In den vierziger Jahren des letzten Jahrhunderts lebte in Warschau ein bekannter Kinderarzt und Pädagoge, Janusz Korczak. Er ist durch Rundfunkansprachen an die Kinder landesweit bekannt geworden. Er gab seine einträgliche Arztpraxis auf und übernahm ein Kinderheim für jüdische Waisenkinder. Später leitete er auch noch ein christliches Kinderheim. Für ihn waren Kinder vollwertige Menschen wie die Erwachsenen, denen er mit großer Achtung entgegentrat. Korczak war ein assimilierter Jude, das heißt ein angepasster Jude, der seine angestammte Religion nicht mehr praktizierte. Er hatte aber eine große Achtung vor der Religion. So wurde in seinen Heimen mit den Kinder gebetet. Er hat sogar ein Buch mit Gebeten herausgegeben, das eindrucksvolle Texte enthält. Das jüdische Kinderheim war den Nazis ein Dorn im Auge. Sie beschlossen daher, die Kinder ins KZ einzuliefern, um sie dort zu vergasen. Den Leiter des Kinderheimes wollten sie davon verschonen und versprachen ihm die Freiheit. Doch er entschied sich für die Kinder. Er konnte sie nicht im Stich lassen. Janusz Korczak ging mit ihnen ins KZ. Er ging vor den Kindern her, das kleinste Kind trug er auf seinem Arm, und ein anderes hielt er an der Hand. 64 Jungen und Mädchen folgten ihm so voller Vertrauen. Sie alle starben in den Gaskammern von Treblinka.

Dieser jüdische Arzt und Pädagoge war ein moderner guter Hirt, der sein Leben für die Seinen eingesetzt hat, so wie Jesus es getan hat, der sich für die Seinen hingegeben hat, damit sie das Leben in Fülle haben (Joh 10,10). Wie Korczak sollen auch wir ein guter Hirt für andere sein, für Menschen, die in Not geraten sind, oder denen Ungerechtigkeit widerfahren ist. Dafür bieten sich viele Möglichkeiten an, wenn wir unseren Blick nicht vor den Nöten unserer Mitmenschen verschließen. Mir steht da ein beeindruckendes Beispiel vor Augen, das sich vor nicht allzu langer Zeit abgespielt hat: Eine Mutter klopfte mit ihren drei minderjährigen Kindern eines Tages an die Tür eines bayrischen Pfarrhauses an, wo ein Pallottinerpater wohnte. Sie war von ihrem Mann und dem Vater der Kinder verlassen, buchstäblich auf die Straße gesetzt worden. Was tat der Pater?

Er nahm die vier in sein Pfarrhaus vorübergehend auf und überließ ihnen einige Räume im Keller. Später hat sich dann die Wohnsituation für die obdachlose Familie normalisiert. Aber diese gastfreundliche Geste haben die Mutter und ihre drei Kinder bis heute fest in ihrer Erinnerung bewahrt. Dieser Pater hat sich als echter guter Hirt erwiesen, der die Seinen beim Namen nennt und sie ins Weite führt, wie es im Evangelium vom guten Hirten (Joh 10,1-18) heißt.

Zu diesen Hilfsbedürftigen zählen heute auch die vielen Flüchtlinge und Asylanten, die bei uns Schutz und Hilfe erwarten. Die Kirchen sehen sich angesichts der himmelschreienden Not vor die Frage gestellt, wieweit sie ihre Einrichtungen bis hin zu den Kirchenräumen ihnen zur Verfügung stellen können. Wir nennen das Kirchenasyl. Dabei ist ein Konflikt zwischen kirchlichem Handeln aus Nächstenliebe und staatlichen Gesetzen unausweichlich, die ein Kirchenasyl verbieten. Die Kirchen haben sich hier auf die Seite der Asylanten gestellt und den Konflikt mit dem Staat nicht gescheut. Die Zahl der kirchlichen Asyle wächst in jüngster Zeit beträchtlich. Diese kirchlichen Hilfsmaßnahmen sind ein Beispiel, wie heute Christen Christus, dem guten Hirten, nachfolgen können.

So stellt das Beispiel des guten Hirten an uns die Frage, wieweit wir uns an der Hirtensorge Jesu für bedrängte Menschen orientieren. Der gute Hirt braucht die vielen kleinen guten Hirten. Er hat sie berufen, an seiner Hirtensorge Anteil zu nehmen.

Ein solches Engagement im Dienst der bedrängten und verfolgten Menschen kann aber auch zu Missverständnissen führen und uns in ein Zwielicht rücken. Papst Franziskus unterscheidet daher zwischen „ausgebeulten Hirten" und „aseptischen Hirten". Die ersten gehen bis an die äußersten Ränder der Gesellschaft, wo Menschen in erdrückender Armut leben, und sind bereit, ihr Los zu teilen. Sie setzen sich daher der Gefahr aus, dass ihr Einsatz falsch verstanden wird und sie in eine falsche Ecke gedrängt werden. So wurden die südamerikanischen Befreiungstheologen, unter denen sich auch Bischöfe befanden, als Kommunisten beschimpft, weil sie sich mit den Armen und Notleidenden solidarisierten und gegen ihre Unterdrücker aufbegehrten.

Sie erblickten in diesen Menschen den göttlichen Meister. In Rom stießen sie auf Ablehnung und wurden offiziell verurteilt. Ähnlichen Verdächtigungen sahen sich die deutschen Bischöfe ausgesetzt, als sie bereit waren, bei der gesetzlich vorgeschriebenen Schwangerschaftskonfliktberatung mitzuwirken, um auf die in Bedrängnis geratenen Frauen einzuwirken, das werdende Leben auszutragen. Papst Johannes Paul II. hat ihnen widersprochen und sie zum Ausstieg aus dieser Beratung verpflichtet. Nur ein Bischof hat sich diesem „aseptischen" Befehl widersetzt, es war der damalige Bischof von Limburg, Franz Kamphaus. Unsere Bischöfe traten dagegen am Ende gezwungenermaßen für eine „aseptische" Hirtensorge ein. Ein Zeichen für die hier in Misskredit geratene Hirtensorge ist die Vereinigung „Donum Vitae", die heute noch Frauen berät und auf sie einwirkt, ihr Kind im Mutterschoß auszutragen. Dieses Beispiel zeigt uns, wozu eine Hirtensorge im Sinne des göttlichen Meisters bereit sein muss, sich auch Missverständnissen auszusetzen und so in ein Zwielicht zu geraten. Wünschen wir unserer Kirche im Sinne des Papstes viele „verbeulte" Hirten, und möge uns der Herr vor einer „aseptischen" Kirche bewahren.

Der lernwillige Jesus

Im Matthäusevangelium (15,21-28) wird eine Szene beschrieben, die uns befremden muss. Hier wird auf eine Weise von Jesus gesprochen, die unser überkommenes Jesusbild in Frage stellt. Wir stellen uns die Menschwerdung Gottes in Jesus Christus so vor: Er kommt von Gott, mit dem er eins ist, auf unsere Erde. Dabei hört er nicht auf, Gott gleich zu sein. Zum Wesen Gottes gehört es aber, dass er alles weiß, dass er keiner Belehrung bedarf. Genau das aber ereignet sich in der Begegnung Jesu mit der kanaanäischen Frau, die in den Augen der Juden eine Heidin war. Auf ihre Bitte, ihr besessenes Kind zu heilen, weigert sich anfangs Jesus. Ja, er vergleicht die Nichtjuden mit den Hunden, denen das Brot nicht gereicht werden darf. Erst auf das inständige Bitten der Frau, aus der ein tiefer Glaube spricht, ist er bereit, ihre Bitte zu erfüllen. Er heilt ihre Tochter.

In dieser Begegnung mit einer fremden, nichtjüdischen Frau zeigt Jesus eine ganz andere, uns unbekannte Seite: er lässt sich umstimmen und belehren. Jetzt erkennt er, dass seine Sendung nicht an den Grenzen Israels Halt machen darf, dass er zu allen Menschen gesandt ist, um ihnen die Frohbotschaft vom angebrochenen Reich zu verkünden. Er ist bereit zu lernen und willens, einmal getroffene Entscheidungen zu revidieren. Wir haben es hier mit einem lernfähigen und lernwilligen Jesus zu tun. Vom 12jährigen Jesus heißt es daher in der Schrift: „Jesus aber wuchs heran und seine Weisheit nahm zu und er fand Gefallen bei Gott und den Menschen" (Lk 2,52).

Ein amerikanischer Bischof hat einmal gesagt: „Das eingefrorene Bild Christi erweist sich als eines der größten Götzenbilder der Geschichte". Gott in Jesus Christus durchkreuzt unser menschliches Denken, das sich nicht vorstellen kann, dass Jesus uns in allem gleich sein wollte, außer der Sünde. Und dazu gehört auch die Bereitschaft zu lernen, einmal getroffene Entscheidungen zu revidieren. Auch Jesus musste lernen, dass seine Sendung universal ist, bis an die Grenzen der Erde reicht.

Was hier von Jesus gesagt worden ist, gilt auch für die junge Kirche. Sie lehnte anfangs auch die Heidenmission ab, sie wollte sich mit der Verkündigung von Jesus, dem Messias, an die Juden begnügen. Es bedurfte erst eines heftigen Streites zwischen Petrus und Paulus, ehe sich die Überzeugung durchsetzte, das Wort Gottes auch den Heiden zu verkünden. Und dies geschah mit Berufung auf den Heiligen Geist, der das Lebensprinzip der Kirche ist. Paulus, der in dieser Angelegenheit dem Petrus ins Angesicht widerstand, hatte sich am Ende durchsetzen können. So konnte aus der kleinen, unbedeutenden jüdischen Sekte eine Weltkirche werden, die überall präsent ist.

Lange Zeit verstanden die Verantwortlichen in der Kirche sich im Besitz der Wahrheit in Glaubens- und Sittenfragen. In ihren Augen war die Kirche die Mutter und Lehrerin der Menschheit. Was sie verkündete, mussten die Gläubigen hören und annehmen, ein Widerspruch war nicht zugelassen. Er wurde hart geahndet bis zum

Ausschluss aus der Kirche. Eine eigene Stimme hatten sie nicht. Erst auf dem II. Vatikanischen Konzil hat sich die Kirche zur Welt hin geöffnet, sie war nun bereit, von der Welt zu lernen. Sie trat in einen Dialog mit der Welt. Der vor einigen Jahren zu Ende gegangene Dialogprozess der deutschen Bischöfe mit den Gläubigen hat diese Bereitschaft zum Dialog sichtbar zum Ausdruck gebracht. Er wurde ausgelöst durch den Missbrauchsskandal in der katholischen Kirche, der zu einem großen Vertrauensbruch und zu massiven Kirchenaustritten geführt hatte. Hier begegneten sich Bischöfe, Priester und einfache Gläubige auf Augenhöhe. Stuhlkreise wurden gebildet, und die Tagungsleitung des Dialogs lag in den Händen von zwei nichtkirchlichen Experten. Zur Sprache kamen aktuelle Fragen in der Kirche. Die Bischöfe zeigten sich hier als unvoreingenommene Gesprächspartner, die lernbereit waren.

Heute ist die Kirche bereit, auch von den Nichtgläubigen zu lernen. Wir bezeichnen sie als Fremdpropheten, die nicht den eigenen Reihen angehören. Papst Benedikt XVI. hat ein eigenes Forum eingerichtet für die Begegnung von Kirchenvertretern und Nichtgläubigen. Inzwischen sind Dialoge zwischen Kardinälen und Atheisten bzw. Agnostikern keine Seltenheit mehr. Und auch der gegenwärtige Papst beteiligt sich an diesen Gesprächen. Er scheut sich nicht, mit Atheisten zu diskutieren und diese Interviews in Zeitungen abdrucken zu lassen. Die Kirche gibt zu, das sie die Wahrheit nur in „rätselhaften Umrissen" (1 Kor 13,12) besitzt. Die Wahrheit ist ihr nur in Fragmenten zugänglich. Die Kirche versteht sich heute als eine große Lerngemeinschaft, die mit ihrem Lernen an kein Ende gelangt. Denken wir doch nur daran, wie lange die Kirche gebraucht hat, bis sie die universalen Menschenrechte und die Religionsfreiheit anerkannt hat, die sie bisher verurteilt hatte. Früher hieß es: Rom hat gesprochen, die Sache ist entschieden. Heute lautet der Slogan: Rom hat gesprochen, die Diskussion ist eröffnet. In dem Maße, wie die Kirche demütiger und bescheidener wird, wächst auch ihre Glaubwürdigkeit. Nehmen wir uns ein Beispiel an Jesus, der sich als lernwillig und lernbereit erwiesen hat.

Treue zu Jesus Christus

Im alttestamentlichen Buch Hosea verkündet der Prophet im Namen Gottes: „Ich verlobe dich mir auf ewig; ich verlobe dich mir um den Brautpreis von Gerechtigkeit und Recht, von Liebe und Erbarmen" (Hos 2,21). Mit diesen Worten drückt der Herr seine leidenschaftliche Liebe zum Menschen, zu seinem auserwählten Volk aus. Er bietet ihm seine dauernde Freundschaft an. Was ist das für ein Gott, der so großes Verlangen nach der Nähe des Menschen hat, um dessen Treue er wirbt? Auch an anderen Stellen der Heiligen Schrift bekundet Gott seine Treue auf ewig. Er schließt mit Abraham einen Bund, und später erneuert er ihn mit Mose auf dem Berg Sinai: „Jetzt aber, wenn ihr auf meine Stimme hört und meinen Bund haltet, werdet ihr unter allen Völkern mein besonderes Eigentum sein. Mir gehört die ganze Erde, ihr aber sollt mir als ein Königreich von Priestern und als ein heiliges Volk gehören" (Ex 19,5f.) Damit bindet sich Gott an sein auserwähltes Volk, verheißt ihm seine dauernde Nähe und Treue. Diese Verheißung hat er in der Menschwerdung seines Sohnes, Jesus Christus, überreich in Erfüllung gehen lassen. Er ist gewissermaßen die Inkarnation der göttlichen Treue, näher kann Gott uns nicht kommen. Und diesen neuen Bund hat er mit dem Blut des Gekreuzigten besiegelt.

Von uns den so reich Beschenkten erwartet er, dass auch wir ihm die Treue halten, seine Weisungen, die zehn Gebote, die Bergpredigt und das Dreifachgebot der Liebe beherzigen, unser Leben danach ausrichten. Aber schon das Volk Israel ist immer wieder vertragsbrüchig geworden, so dass der Prophet Hosea es mit einer Dirne vergleicht, die ihr Herz nicht an die Gebote Gottes hängt, sondern an vergängliche Güter, die auf die Dauer nicht zufriedenstellen können. Sie ist vernarrt in Liebschaften jeglicher Art. All das gilt aber nicht nur für die Israeliten, das Gleiche kann auch vom neuen Volk Gottes gesagt werden, mit dem Gott in Jesus Christus einen neuen Bund geschlossen hat. Auch die Christen haben den Herrn immer wieder verraten und den verschiedenen Götzen gedient. Was ist aus dem Jawort der Eheleute geworden, die im Angesicht Gottes ihren Ehebund haben segnen lassen? Jede dritte Ehe landet bei uns beim Scheidungsrichter. Die versprochene Treue „bis der Tod uns scheidet" erweist sich als leeres Versprechen, das nicht so ernst gemeint war. Die im Sakrament gewährte Nähe Gottes zu den Liebenden wird aufgegeben zugunsten einer neuen Verbindung. Unser ehemaliger Bundeskanzler, Gerhard Schröder, hat es uns vorgemacht, der mittlerweile die fünfte Frau geehelicht hat. Welch ein Vorbild! Die eigentlich Leidtragenden dieser gescheiterten Beziehungen sind dabei die eigenen Kinder, die unter der Trennung am meisten leiden müssen. Allerdings gilt dies nicht für jede gescheiterte Ehe. Nicht jeder davon betroffene Ehepartner hat freiwillig das gemeinsame Band der Liebe zerschnitten. Manchmal haben sich die Eheleute auch so voneinander entfernt, dass sie sich nichts mehr zu sagen hatten. Dann ist eine Trennung für beide Teile besser, das hat auch Papst Franziskus eingeräumt. Für die orthodoxe Kirche ist dann die Ehe gestorben, so dass der Weg frei ist für eine neue Verbindung. So weit geht der Papst nicht, er hält an der Unauflöslichkeit der Ehe fest. Selbst nicht alle Priester, die andere zur Treue in der Ehe aufgefordert hatten, bleiben ihrem Treueversprechen gegenüber dem Bischof, auf Ehe und Familie zu verzichten, treu, sondern binden sich an eine Frau. Auch im politischen Bereich wird zuweilen die Treueverpflichtung für einen Christen auf eine harte Probe gestellt. Das erfuhren die christlichen Widerstandskämpfer im sog. Dritten Reich. Sie hatten dem obersten Kriegsherrn, der auf legitime Weise das höchste politische Amt erlangt hatte, Treue und Gehorsam geschworen. Und nach dem Völkerapostel Paulus muss sich der Christ „den Trägern der staatlichen Gewalt" unterordnen. „Denn es gibt keine staatliche Gewalt außer von Gott; die jetzt bestehen, sind von Gott eingesetzt. Wer sich daher der staatlichen Gewalt widersetzt, stellt sich gegen die Ordnung Gottes" (Röm 13,1f.). Durften sie dem Tyrannen Hitler den schuldigen Gehorsam verweigern, weil er unsägliches Leid dem eigenen Volk und fremden Völkern zugefügt hatte? Sie entschieden sich zum sog. Tyrannenmord, um größeres Unheil abzuwehren. Der evangelische Theologe und Widerstandskämpfer Dietrich Bonhoeffer empfand seine Mitwirkung bei der Beseitigung Hitlers als Sünde. Wir sehen, in welche Gewissenskonflikte

Menschen gelangen können, wenn sie gegen die legitime Staatsgewalt Widerstand leisten wollen. Sie haben mit ihrem Gewissen gerungen und die Treue zum eigenen Volk über die Treue zum Diktator gesetzt.

Im 2. Timotheusbrief heißt es: „Wenn wir standhaft bleiben, werden wir auch mit ihm herrschen; wenn wir ihn verleugnen, wird auch er uns verleugnen. Wenn wir untreu sind, bleibt er doch treu, denn er kann sich selbst nicht verleugnen" (2 Tim 2,12f).

Wie steht es um unsere Treue zu Jesus Christus, unserem Herrn und Meister? Die Mehrzahl der Christen im Westen glaubt nicht mehr an die Auferstehung von den Toten und begnügt sich mit dem diesseitigen Leben. Für sie ist auch Gott keine Person, kein ewiges Du, das ansprechbar ist. Sie nehmen am kirchlichen Leben nicht mehr teil. Das Christentum in unserem Land droht zu verdunsten, es stößt immer mehr auf Ablehnung, während der Atheismus anwächst. Das Gleiche gilt aber auch für südamerikanische Länder. Mit anderen Worten: Sie sind nicht mehr standhaft, haben die Treue gegenüber Gott und Jesus Christus aufgekündigt.

Ganz anders dagegen die in aller Welt verfolgten Christen. Sie sind die am meisten um ihres Glaubens willen verfolgten Menschen in der Gegenwart. 80 Prozent zählen dazu. Aber die überwiegende Mehrheit bleibt dort ungeachtet aller Verfolgungen und Demütigungen ihrem Glauben treu, wenn sie mit dem Tod bedroht und zum Übertritt zum Islam oder Hinduglauben gezwungen werden. Sie können uns mit ihrer Glaubenstreue beschämen.

Christus hat uns verheißen: „Sei treu bis in den Tod; dann werde ich dir den Kranz des Lebens geben" (Offb 2,10).

Die Kirche

Die Kirche

Einheit in Vielfalt

In einer Beilage zur FAZ hat ein evangelischer Pastor ein leidenschaftliches Plädoyer für einen religiösen und weltanschaulichen Pluralismus abgelegt. Es lautet: „Das Wort Einheit lässt mich kalt. Vielleicht liegt es daran, dass ich so protestantisch bin. Denn Protestantismus ist erkämpfte und genossene Vielfalt. Sinn und Geschmack für die fast unendlichen religiösen Möglichkeiten heute zu entwickeln reizt mich." Er erwärmt sich für die Vielfalt der Religionen und Weltanschauungen, der wir in jeder Großstadt auf Schritt und Tritt begegnen können. Dieser „aufgeklärte Protestant" steht mit dieser Ansicht nicht allein, er drückt vielmehr ein Grundgefühl religiöser Toleranz aus, das bei vielen Protestanten weit verbreitet ist. Auch die frühere evangelische Ratspräsidentin Margot Käßmann stimmt ihm zu.

Für einen katholischen Christen sind derartige Ansichten schwer nachvollziehbar. Und doch kann sich der evangelische Theologe dabei auf den ersten Blick auf biblische Aussagen stützen. Ihr begegnen wir in der Erzählung vom Turmbau zu Babel (Gen 11,1-9). Der Turm ist Sinnbild für die Konzentration der Herde, die sich in der Masse geborgen fühlt. Eine Sprache zu besitzen, ist Ausdruck eines extremen Zentralismus. Die Menschen wollten ihre Einheitlichkeit in einem Monumentalbau zum Ausdruck bringen. Alles sollte gleichgeschaltet werden, eigenes kritisches Denken begegnete man mit Argwohn. Dem Fremden, Anderen, Ungewohnten stand man ablehnend gegenüber. Dagegen ist die Vielfalt der Sprachen kein Fluch und nicht die göttliche Strafe für die Vermessenheit der Menschen. Sie ist vielmehr eine Frucht des göttlichen Segens, der die Menschen beauftragt hat, zu wachsen und sich zu vermehren. Die Zerstreuung der Menschen über die Erde war eine unausbleibliche Erfüllung des göttlichen Segens.

Das Pfingstwunder bestand nicht darin, dass alle nur eine Sprache gesprochen haben, sondern dass jeder die anderen in ihrer Sprache verstanden hat, wie es der Geist ihm eingab. Also hier wurde kein Esperanto gesprochen. Das Entscheidende war, dass alle die eine pfingstliche Botschaft in ihrer Sprache verstanden. „Eins in der Verschiedenheit, das ist Jesu Weg", sagt Papst Franziskus knapp und bündig, wie es seine Art ist.

Beim Pfingstereignis trat Petrus zusammen mit den Elf auf und deutete den Umstehenden, was sich hier ereignet hatte. Dabei beruft er sich auf den Propheten Joel. Der Auferstandene hat den Heiligen Geist gesandt und über die Menschen ausgegossen. Petrus hat der Herr zum Felsenmann erwählt, er soll seine Herde weiden, seine Brüder und Schwestern stärken und aufrichten. Auf diesen Felsen will er seine Kirche aufbauen, damit sie Bestand hat. Petrus und seine Nachfolger bilden das Einheit stiftende Band, das die vielen zusammenhält. Andernfalls würde alles auseinanderfallen und die Einheit zerbrechen. Es kann eben nicht jeder auf seine Fasson selig werden, wie es Friedrich der Große vorgeschlagen hatte, und wie es auch dem oben genannten evangelischen Pastor vorschwebt. Christus wollte seine Herde daher dem Petrus anvertrauen, ungeachtet seiner menschlichen Schwächen. Eine solche starke Führungsmacht ist aber immer in der Gefahr, alles an sich zu reißen, es im Alleingang zu entscheiden und die verschiedenen Geistesgaben nicht zum Zuge kommen zu lassen. Wir haben in den letzten 200 Jahren in unserer katholischen Kirche einen Zentralismus erlebt, der alle Initiativen an der Basis von vornherein unterbunden hat. Alles sollte vereinheitlicht werden, es gab nur eine theologische Schule, die für alle verpflichtend war, das war der sog. Thomismus, der auf Thomas von Aqino zurückgeführt wurde. Die Ernennung der Bischöfe lag in der Hand der römischen Kurie, über die Berufung von Theologieprofessoren wurde in Rom entschieden. Jüngstes Beispiel war das Ansinnen der römische Kurie, dass bei der Neuausgabe des römischen Messbuches der lateinische Text wortwörtlich ins Deutsche übersetzt werden sollte. Die deutsche Bischofskonferenz hat zu Recht dieses Anliegen zurückgewiesen und das Projekt erst einmal auf Eis gelegt. Inzwischen hat Papst Franziskus interveniert und den einzelnen Bischofskonferenzen in dieser Angelegenheit eine Vollmacht erteilt. Das war ein ermutigendes Zeichen.

Unser Papst hat in seiner Zeit als Erzbischof von Buenes Aires diesen römischen Zentralismus leidvoll erlebt und plädiert daher für eine stärkere Dezentralisierung der Kirche. Den nationalen Bischofskonferenzen sollen mehr Befugnisse erteilt werden. Er begünstigt das synodale Element in der Kirche, wie es in der Ostkirche vorherrscht. Wortwörtlich sagt er: „Wir müssen die Synode der Bischöfe mit dem Primat des Papstes entwickeln, wir müssen in Synodalität wachsen." In einem Gespräch mit dem österreichischen Bischof Erwin Kräutler, der einem der größten Bistümer Brasiliens vorstand, hat er gesagt: „Ich kann nicht alles allein entscheiden." Die örtlichen Bischofskonferenzen sollten ihm Vorschläge unterbreiten, die ihm eine Hilfe bei seinen Entscheidungen sein könnten. Papst Franziskus ist bekannt dafür, dass er häufig zum Telefonhörer greift und andere um Rat fragt. Ein solches Vorgehen des Papstes ist ungewohnt, es wurde von seinen Vorgängern nicht praktiziert. Es lässt uns aufhorchen, weil hier die Einheit in der Vielfalt Beachtung findet. Einheit bedeutet in seinen Augen nicht Einförmigkeit. Denn diese erstickt das Leben an der Basis. Der Heilige Geist als Garant der Einigkeit ist zugleich der Garant der Lebendigkeit und Vielfältigkeit der Kirche. Wir brauchen eine Balance zwischen der notwendigen Einheit und der Vielförmigkeit kirchlichen Lebens. Nur so können die vielfältigen Gnadengaben, die der Gottesgeist verleiht, sich entfalten und zum Wachsen des Gottesreiches beitragen.

Öffnen wir uns dem Wehen des göttlichen Geistes, damit er das Angesicht der Erde und der Kirche erneuere und der Vielfalt bei aller Beachtung der Zusammengehörigkeit Raum gewähre. Einheit in der Vielfalt ist das Gebot der Stunde.

Das kirchliche Lehramt

Im Galaterbrief (Gal 1,1-2,6-10) drückt der Völkerapostel Paulus sein Erstaunen darüber aus, dass es in seiner Gemeinde in Galatien Menschen gibt, die sich einem anderen Evangelium zugewandt und das Evangelium Jesu Christi verfälscht haben. Es dürfe kein anderes Evangelium verkündet werden, als es Paulus verkündet habe. Doch diese Gefahr hat von Anfang an bestanden. Wir kann man das verhindern?

Das kirchliche Lehramt

Jede Gemeinschaft hat ein Kontrollgremium, das darüber wacht, dass die Satzung eingehalten und notfalls mit Ausschluss darauf reagiert wird, wenn einer die Satzung willkürlich ändern will. Und dies gilt auch für die Kirche, auch wenn sie keine Gemeinschaft wie jede andere ist. Sie besteht aus Menschen, die der Gefahr der Verfälschung der ursprünglichen apostolischen Tradition erliegen können. Und dieses Gremium ist das kirchliche Lehramt, das es in dieser ausgeprägten Form in der evangelischen Kirche nicht gibt. Die Folge ist, dass es heute weltweit über 300 verschiedene evangelische Glaubensgemeinschaften gibt, die sich alle auf die Bibel berufen. Dafür ist das Lehramt am ausgeprägtesten in der katholischen Kirche vorhanden, das auf diese Weise die Einheit wahren will. In der orthodoxen Kirche wacht die Synode über die Bewahrung der Einheit.

Es gibt nicht *das* kirchliche Lehramt, sondern verschiedene Formen der Ausübung:

1. Der einzelne Bischof übt das kirchliche Lehramt aus, was nicht ausschließt, dass er sich dabei irren kann. Das hat sich im sog. Dritten Reich gezeigt, wo die große Mehrheit der Bischöfe vor dem Unrechtsregime in die Knie gegangen ist.

2. Die kollegiale Gesamtheit der Bischöfe, sie üben das allgemeine Lehramt aus. Auch dieses Gremium ist nicht in seinen Verlautbarungen irrtumsfrei.

3. Die auf einem Konzil mit dem Papst versammelten Bischöfe, wie unlängst auf dem II. Vatikanischen Konzil. Sie üben das außerordentliche allgemeine Lehramt aus, das in einigen Fällen irrtumsfrei handeln kann. Aber in diesem Fall muss dies ausdrücklich erklärt werden. Das hinter uns liegende Konzil hat beispielsweise keine irrtumsfreie Stellungnahme verabschiedet.

4. Der Papst kann sein Lehramt auf zweierlei Weise ausüben:

4.1 auf ordentliche Weise, hier können seine Verlautbarungen möglicherweise irrig sein. So zum Beispiel, als Papst Urban II. im Blick auf die mittelalterlichen Kreuzzüge behauptete: „Gott will es!" Oder als Papst Gregor XVI. in einer Enzyklika die allgemeinen Menschenrechte und das darin enthaltene Recht auf Religionsfreiheit zurückgewiesen hat. Erst das letzte Konzil hat diesen Irrtum korrigiert und sich öffentlich zu den allgemeinen Menschenrechten und zum Recht auf Religionsfreiheit bekannt.

4.2 Der Papst übt sein Lehramt auf außerordentliche Weise aus und verkündet ex cathedra, das heißt von seiner Lehrkanzel aus, eine Glaubenswahrheit als verbindlich zu glauben. Hier macht er von der ihm verliehenen Unfehlbarkeit Gebrauch. Dies ist aber nur in wenigen Fällen erfolgt, alle anderen Äußerungen von ihm sind fehlbar, das heißt, sie sind der Irrtumsmöglichkeit des Menschen unterworfen. Wenn der Papst von seiner obersten Lehrautorität Gebrauch macht, und dies in klaren Worten zum Ausdruck bringt, dann bewahrt ihn der Heilige Geist, der das Lebensprinzip der Kirche ist, davor, dass er einem Irrtum erliegt. Diese unfehlbare Aussage des Papstes bezieht sich auf Fragen des Glaubens und der Moral. Dabei handelt es sich immer um die Auslegung des schon vorhandenen Glaubensgutes, er kann von sich aus nicht etwas gänzlich Neues als unfehlbar erklären. Dabei interpretiert er den gesamtkirchlichen Glauben, der oft in einem speziellen Fall in Frage gestellt worden ist. Der Papst ist also nicht Stifter, sondern authentischer Interpret des Glaubens der Gesamtkirche. Alle anderen Aussagen eines Papstes sind fehlbar und dürfen daher auch Anlass zur innerkirchlichen Diskussion sein.

Wenn also die meisten Stellungnahmen des kirchlichen Lehramtes nicht irrtumsfrei sind, dann bedürfen sie auch der kritischen Stellungnahme der Theologen, die Gegenargumente vortragen können. Aber auch das gläubige Volk kann eine solche kritische Instanz darstellen. Dazu ein Beispiel aus der Kirchengeschichte: Als im vierten Jahrhundert nach Christus ein Priester mit Namen Arius aus Alexandrien die Behauptung aufgestellt hatte, Jesu sei nur ein von Gott besonders begnadeter Mensch gewesen, aber nicht Gottes Sohn, folgten ihm viele Bischöfe und Priester. Während die meisten katholischen Bischöfe diese Vorstellung sich zu eigen gemacht hatten, blieb das Gottesvolk der überkommenen Lehre von der Gottessohnschaft Jesu Christi treu. Erst später hat die Gesamtkirche auf einem Konzil die Lehre des Arius verurteilt und ihn aus der Kirche ausgeschlossen. Wir sehen, auch das gläubige Volk Gottes kann einen Beitrag dazu leisten, dass kein anderes Evangelium verkündet wird.

Immer wieder ist das eine Evangelium der Gefahr ausgesetzt, dass es durch Irrlehrer verfälscht und uminterpretiert wird. Machen wir daher von unserem Widerspruchsrecht Gebrauch, auch wenn das in Rom nicht immer gern gesehen wird. Uns muss es um das eine Evangelium und um die Treue zur kirchlichen Tradition gehen, um die Einheit in der Wahrheit. Und dafür tragen alle Getauften Verantwortung.

Die Universalkirche

Wir nennen uns Katholiken und sind Glieder der Katholischen Kirche. Was aber verstehen wir darunter? Dazu müssen wir uns auf den Wortstamm des Fremdwortes katholisch besinnen. Dieser lautet aus dem Griechischen übersetzt: die bewohnte Erde umfassend. Katholisch sein bedeutet also: Glied der Welt- oder Universalkirche zu sein. Nicht von Anfang an war dieses Bewusstsein unter den ersten Christen verbreitet. Dieses universale Verständnis von Kirche verdanken wir einem Mann: dem Völkerapostel Paulus.

Schauen wir uns daraufhin einmal seine Biographie an, die nicht gradlinig verlaufen ist. Er hat sie kurz im Galaterbrief geschildert. Er kam in Tarsus, das in der heutigen Türkei gelegen ist, zur Welt und gehörte damit zum Diasporajudentum. Dort waren die Juden in der Minderheit. Er wurde in zwei Kulturen erzogen, daher erhielt er den Doppelnamen: griechisch Paulus und jüdisch Saulus. Er erhielt seine religiöse Erziehung von einem bekannten Rabbiner und wurde zu einem überzeugten Pharisäer. Als solcher war ihm die junge Jesusgemeinde ein Dorn im Auge. Er fragte sich, wie kann ein Messias, und als solcher verstand sich Jesus von Nazaret, so elendig am Kreuz wie ein Verbrecher enden? Er verfolgte in seinem Fanatismus die Jünger Jesu. Doch dann wurde ihm eine außerordentliche, umwerfende Erfahrung zuteil. Er sagt: Gott hat mir seinen Sohn geoffenbart, „damit ich ihn unter den Völkern verkünde" (Gal 1,16). In der Apostelgeschichte wird der Vorgang seiner Bekehrung auf dramatische Weise

Die Kirche

geschildert, hier begnügt er sich mit dem einen nüchternen Satz. Mit dem gleichen Eifer, wie er zuvor die Christen verfolgt hatte, setzte er sich jetzt für die Verkündigung des Evangeliums ein. Entscheidend war, dass er sich berufen fühlte, den Heiden Christus zu bezeugen. Das war neu; denn bisher beschränkte sich die junge Kirche auf die Mission unter den Juden. Bis dahin gab es nur Judenchristen. Im Streit mit Petrus setzte sich Paulus auf dem sog. Apostelkonzil durch. Fortan betrieb Paulus erfolgreich eine Mission unter den Heiden. Im Zuge dieser Mission hat er Gemeinden in Thessalonich, Philippi, in Korinth und Galatien gegründet. Ohne ihn gäbe es heute keine katholische Kirche als Universalkirche. Die Öffnung der Jüngergemeinde auf die Welt der Heiden ist das Verdienst des Paulus. Gegner des Christentum erblicken in ihm den eigentlichen Begründer der Kirche und nicht Jesus Christus, wie wir glauben.

Darin liegt der Unterschied zwischen der katholischen Kirche und den Kirchen, die aus der Reformation hervorgegangen sind, und auch den orthodoxen Kirchen. Sie alle sind mehr oder weniger Nationalkirchen und nur lose auf Weltebene untereinander verbunden. Das führt immer wieder zu Spannungen und gegenseitigen Verwerfungen. Ein Beispiel ist der Konflikt zwischen der russisch-orthodoxen Kirche und den orthodoxen Kirchen in der Ukraine. Eine solche, die Einheit gefährdende oder gar aufhebende Spannung wird in der katholischen Kirche durch die Existenz des Petrusamtes oder besser des Petrusdienstes verhindert oder zumindest vermindert. Der Papst ist der Garant der Einheit unter den in der Welt verstreut lebenden Katholiken, er ist die Klammer, die das Ganze zusammenhält. Allerdings übt er dieses Amt nach dem Verständnis des II. Vatikanischen Konzis in der Kollegialität der Bischöfe aus. So ist die katholische Kirche neben dem Islam der einzige global player auf religiösem Gebiet. Sinnenfällig kam dies zum ersten Mal auf dem II. Vatikanischen Konzil in Rom zum Ausdruck. Hier versammelten sich über 3.000 Konzilsväter aus 116 verschiedenen Ländern. Sie fassten weitgehend einstimmig Beschlüsse zu 16 Vorlagen. So wurde dieses Konzil „zum ersten amtlichen Selbstvollzug der Kirche auf Weltebene" (Karl Rahner). Dieses Gefühl, der Weltkirche anzugehören, teilt sich einem mit, wenn man im

Ausland an einem katholischen Gottesdienst teilnimmt. Auch wenn er dort in unterschiedlichen Riten – es gibt 22 – und in einer fremden Sprache vollzogen wird, alle verbindet das eine Geheimnis, das in der Eucharistie gefeiert wird, dessen Aufbau weitgehend der gleiche ist.

Allerdings ist diese Konzentration der ganzen Macht auf eine Person und auf eine Institution wie die römische Kurie, mit der Gefahr des Zentralismus erkauft, unter denen die Lokalkirchen leiden. Dieser Zentralismus hat sich erst in der Neuzeit mit dem Erstarken des Petrusdienstes herauskristallisiert. Das Pontifikat der letzten Päpste hat diesen Zentralismus auf die Spitze getrieben. Das Pontifikat von Papst Franziskus hat dagegen hier eine Wende eingeleitet. Er hat sich zum Ziel gesetzt, die Bedeutung der Lokal- oder Nationalkirchen zu stärken. Franziskus will ihnen mehr Entscheidungsmöglichkeiten einräumen. Auf diese Weise will er der Uniformität in der Kirche entgegentreten. Sie soll bunter und vielfältiger werden. Das gelingt aber nur, wenn die Macht der römischen Kurie eingeschränkt wird. Die Folge ist, dass gegenwärtig in Rom ein Machtkampf tobt, dessen Ausgang noch ungewiss ist. Beten wir für Papst Franziskus, dass es ihm gelingt, das synodale Element in der Kirche wie in früheren Zeiten wieder stärker zu verankern. Als Vorbild schwebt ihm die synodal verfasste orthodoxe Kirche vor. Keineswegs soll dadurch der Primat des Papstes in Frage gestellt werden, dieser soll aber zusammen mit den Bischöfen der Weltkirche ausgeübt werden, wie es das letzte Konzil gefordert hat. Einheit in der Vielfalt ist die Zielvorstellung, die den Konzilsvätern und dem Papst vor Augen steht.

Weltmission

Das Wort Mission ist heute in Misskredit geraten. Wir erinnern uns dabei an die Zwangsbekehrung der Sachsen durch Karl den Großen und der südamerikanischen Ureinwohner durch die Missionare im Gefolge der spanischen Eroberer. Für sie waren die Indianer Barbaren, denen man erstmals Kultur beibringen musste. Folgerichtig haben die Missionare versucht, die einheimische Kultur zu vernichten. Sie haben ihnen die eigene übergestülpt, weil sie von der Überlegenheit der weißen Rasse gegenüber der schwarzen oder braunen Rasse überzeugt waren. Für das Unrecht, das die Missionare der einheimischen Bevölkerung damals zugefügt haben, hat sich Papst Johannes Paul II. ausdrücklich entschuldigt. Selbst ein so sozial engagierter Missionar wie Albert Schweitzer, der Doktor von Lambarene, war ein entschiedener Anhänger der Apartheid, der strikten Trennung von weißen und schwarzen Menschen. Für ihn war die weiße Rasse der schwarzen überlegen. Als ein junger Schwarzer ihm gegenüber den Wunsch äußerte, er wolle Arzt werden, entgegnete Schweitzer, der dort auch als Katechet tätig war: „Was, Arzt willst du werden, du kannst im Höchstfall Arzthelfer werden." Inzwischen praktizieren schwarze Ärzte in seinem Hospital.

Wegen dieser Belastung des Missionsbegriffes sprechen wir heute lieber von Evangelisierung. Wir wollen Menschen mit dem Evangelium von der Liebe Gottes bekannt machen, die in Jesus Christus unter uns offenbar geworden ist. Wie diese Evangelisierung aussehen kann, zeigt uns das Beispiel des ostafrikanischen Landes Tansania. Dieser Staat ist 1964 selbstständig geworden und hat die Fläche von zweieinhalbfacher Größe von Deutschland bei einer Bevölkerung von 45 Millionen Menschen. Mehr als die Hälfte der Bewohner sind unter 15 Jahren. Wir kennen dieses Land durch den Berg Kilimandscharo und der dazugehörenden Insel Sansibar. Politisch gesehen, ist das Land eines der stabilsten Regionen des afrikanischen Kontinents. Es ist aber auch eines der ärmsten Länder der Welt. Ein Drittel der Bevölkerung sind Muslime, ein Drittel Christen. Bis vor kurzem herrschte zwischen den Angehörigen beider Religionen ein freundschaftliches Nebeneinander. Das ist jetzt gefährdet durch das Vordringen der Salafisten von Sansibar aus. Die katholische Kirche ist in einem starken Wachstum begriffen. In den letzten sieben Jahren mussten fünf neue Diözesen errichtet werden.

Wie sieht nun konkret die Evangelisierung hier aus?

1. Zunächst beginnt man nicht mit der Katechese, wie in früheren Zeiten, sondern hilft der Bevölkerung, ihre ökonomische Situation

zu verbessern. Dies geschieht zum Beispiel durch die Errichtung von Brunnen, in denen das lebensnotwendige Wasser gespeichert werden kann. Man zeigt ihnen Wege zur Bebauung des Landes auf und sorgt für die Hygiene, die bei dem dort herrschenden Klima stark gefährdet ist.

2. Schulen und andere Bildungseinrichtungen werden errichtet; denn Bildung bedeutet sozialen Aufstieg und das Ende der weit verbreiteten Arbeitslosigkeit. Vor allem junge Frauen profitieren davon, sie werden unabhängiger von den Ehemännern und können ein relativ eigenständiges Leben führen. Sie werden als Schneiderinnen und Weberinnen ausgebildet. In speziellen Computerkursen erwerben sie grundlegende Kenntnisse, um später als Bürokräfte eingesetzt zu werden.

3. Ein Hauptaugenmerk gilt der katechetischen Bildung. Dafür stehen den hauptamtlichen Verantwortlichen für die Evangelisierung viele Katecheten zur Verfügung, die in mehrjährigen Kursen dafür ausgebildet werden. Sie können vor Ort das Wort Gottes verkünden; denn sie kennen am besten die Lebenssituation und Bedürfnisse der Bevölkerung. Sie können auch die Bewohner für die soziale Not der Nachbarn sensibilisieren. Wo ein Priestermangel herrscht, übernehmen sie weitgehend die Leitung der Gemeinden. Anstelle der sonntäglichen Eucharistiefeier stehen sie einem Wortgottesdienst vor. Ohne ihren Einsatz würde das Glaubensleben der Gemeinden vom Verfall bedroht sein. Wären diese gut ausgebildeten und im Leben bewährten Katecheten nicht geeignet, die Priesterweihe zu empfangen?

4. Zur Evangelisierung gehört auch eine politische Dimension. Oft wird den Einheimischen durch große Konzerne der Anspruch auf das eigene Land streitig gemacht oder ihre Fischgründe sind gefährdet. Nicht selten unterstützt die eigene Regierung das Vorgehen der großen internationalen Konzerne, weil dadurch die finanzielle Situation des Landes verbessert wird. In dieser Situation wächst der Kirche die Aufgabe zu, den Unterdrückten beizustehen. Sie muss sich zum Sprecher der Wehrlosen machen, und diese für ihre prekäre Situation sensibilisieren. Sie muss für die Enteigneten eintreten und sie, wo es notwendig ist, zum gewaltfreien Widerstand ermutigen.

So erweist sich das Feld der Evangelisierung als ein weites Feld, und dazu bedarf es des Einsatzes aller Gemeindemitglieder. So ist Evangelisierung nicht nur ein Aufgabenfeld der sog. Profis, die dafür besonders ausgebildet werden müssen. Alle müssen sich nach ihren Möglichkeiten an der Evangelisierung beteiligen. Evangelisierung beginnt heute oft in der eigenen Familie, am Arbeitsplatz und im Freundeskreis. Dort sollen wir die Saat des Evangeliums ausstreuen. Dabei steht hier am Anfang das Zeugnis ohne Worte. An unserem Verhalten und Lebensstil sollen die anderen erkennen können, dass wir aus einer geheimen Quelle Kraft schöpfen. Dann wird auch der Augenblick kommen, dass sie uns fragen, warum wir so anders leben, woher wir die Kraft zu dieser Lebensführung nehmen. Dann ist der Zeitpunkt gekommen, wo wir aus unserem Herzen keine Mördergrube machen sollen. Jetzt sollten wir von dem sprechen, der uns Gott nahegebracht hat, von Jesus Christus und dem mit ihm angebrochenen Reich Gottes. Das ist das Zeugnis mit Worten. So können wir alle Evangelisten sein; denn uns ist ein kostbarer Schatz anvertraut, den wir hüten und mit anderen teilen sollen.

„Vertraut den neuen Wegen"

Wenn man einen Blick in die wechselvolle, zweitausend Jahre alte Geschichte der Kirche wirft, dann begegnen wir vielen lichtvollen Zeiten der Kirche, aber wir dürfen unsere Augen auch nicht vor den dunklen Seiten der Christentumsgeschichte verschließen. Sie gehören auch zum Gesamtbild, das keineswegs so glorios erscheint, wie es manche von uns darstellen. Daher bereitet es uns ein Unbehagen, wenn wir auch im Neuen Gotteslob weiter singen sollen: „Ein Haus voll Glorie schauet weit über alle Land. Aus ewgem Stein erbauet von Gottes Meisterhand" (GL 478,1).

Betrachtet man die Kirche mit den Augen eines Profanhistorikers oder eines Soziologen, dann ist sie eine Institution wie jede andere, gehorcht sie den Gesetzen einer weltlichen Gemeinschaft. Dann drängt sich aber die Frage auf, warum die Kirche auf Grund ihres mannigfachen Versagens nicht schon längst der Vergangenheit angehört und von der Bühne der Weltgeschichte abgetreten ist? Stattdessen hat sie sich immer wieder, wenn sie am Boden lag, wie ein Phönix aus der Asche erhoben und zu einem neuen Aufbruch angesetzt. Die Älteren unter uns waren ja selbst Zeuge, wie die katholische Kirche nach anderthalb Jahrhunderten das selbst errichtete Getto verlassen und sich der Welt zugewandt hat. Ihre Gegner hatten ihr das nicht zugetraut, hatten sie bereits abgeschrieben. Ein neuer Frühling brach für die Kirche an. Sie wurde wieder als Gesprächspartner ernst genommen.

Wie sollen wir dieses Phänomen erklären, wie diesen Neuaufbruch einer Glaubensgemeinschaft verstehen, die auf eine 2000-jährige Tradition zurückblicken kann. Wobei diese sich manchmal auch als Ballast erweist, der abzuwerfen schwer erscheint. Der Profanhistoriker hat dafür keine Erklärung. Papst Johannes Paul II. hat das zurückliegende Konzil treffend als den „Durchgang des Heiligen Geistes durch die Kirche" bezeichnet. Er lenkt unseren Blick damit auf den Gottesgeist, der auf sie herabgekommen ist. Daher wurde vor jeder Sitzung der Vollversammlung in Rom der Heilige Geist zur Erleuchtung der Konzilsväter herabgerufen. Denn dieser von Gott ausgehende Geist ist die Seele der Kirche, ihr innerstes Lebensprinzip. Ohne seine Anmutungen wäre die Kirche längst ein historisches Relikt, eine Mumie, die man in einem Museum betrachten und bewundern kann. Aber er verleiht ihr immer wieder Flügel, so dass sie zu neuen Ufern aufbrechen kann. In einem Lied aus dem neuen Gotteslob heißt es daher: „Vertraut den neuen Wegen, auf die der Herr uns weist, weil Leben heißt: sich regen, weil Leben wandern heißt" (GL 813). Hier wird eine Eigenart des göttlichen Geistes besungen, die erklärt, warum die Kirche immer noch existiert und immer wieder zu einer neuen Gestalt heranwächst. Gott lässt seine Kirche, seine Braut, nicht allein, hat er ihr doch seine bleibende Nähe verheißen. In der dritten Strophe des Liedes heißt es dann: „Vertraut den neuen Wegen, auf die Gott uns gesandt. Er selbst kommt uns entgegen. Die Zukunft ist sein Land. Wer aufbricht, der kann hoffen in Zeit und Ewigkeit. Die Tore stehen offen. Das Land ist hell und weit." Dieses Vertrauen in die Führung durch den Gottes Geist, der in uns wohnt, wird auch von uns verlangt. Durch diesen Geist sind wir mit Gott verbunden. Auch Papst Franziskus ermuntert uns, den schützenden Hafen zu verlassen und auf das offene Meer hinauszufahren. „Das Neue macht uns immer ein wenig Angst; denn wir fühlen uns sicherer, wenn wir alles unter Kontrolle haben ... Wir haben Angst, Gott könne uns neue Wege gehen lassen, uns herausführen aus unserem oft begrenzten, geschlossenen, egoistischen Horizont, um uns für seine Horizonte zu öffnen ... Wenn Gott sich offenbart, bringt er Neues. – Gott bringt immer Neues – verwandelt und verlangt, dass man ihm völlig vertraut." Das sind erstaunliche Worte aus dem Munde eines Papstes, wo doch die letzten Päpste eher vor Neuerungen gewarnt haben und Verteidiger des Alten, Überkommenen gewesen sind. Auch das ist ein neuer Ton im Vatikan, der uns hoffen lässt.

Jede Pfarrgemeinde ist eine Wohnstatt des Gottesgeistes. Wenn sie sich ihm öffnet, dann kann auch sie sich neuen Wegen anvertrauen, auf die der Herr uns weist. Man kann ablesen, ob eine Gemeinde sich ihm öffnet oder von Gottes Geist verlassen ist, dann nämlich wenn sie keine Angst hat, neue Wege einzuschlagen. Daher sollten wir täglich beten: „Sende aus deinen Geist und du wirst das Antlitz der Kirche erneuern."

Was wir heute brauchen, ist eine Neubesinnung auf den Heiligen Geist, ohne dessen Beistand die Kirche eine menschliche Gemeinschaft wie jede andere darstellt, die keine Zukunftsgarantie besitzt. Er ist der größte Unruhestifter in der Kirche, aber auch der große Unbekannte. Ohne ihn gibt es keinen Neuanfang und Aufbruch in die unbekannte Zukunft. Schauen wir nicht immer zurück nach den Fleischtöpfen Ägyptens, dem Sklavenland. Brechen wir aus dem Getto aus, das wir für uns eingerichtet haben, weil uns Angst vor der Zukunft beschleicht. Halten wir Ausschau nach einer neuen Gestalt der Kirche, die ihren Platz in der Welt von heute hat und dem kommenden Herrn voller Sehnsucht und Hoffnung entgegengeht.

Kirche und Karneval

„Heute fällt die Predigt aus; denn ich habe ihnen etwas zu sagen", sagte ein Pfarrer am Karnevalssonntag zu seiner Gemeinde. „Und was habe ich ihnen zu sagen: einen Aufruf zur Freude. Der Apostel Paulus ermuntert uns: ‚Freut euch im Herrn zu jeder Zeit'" (Phil 4,4). Dieser Freude, die ihren letzten Grund in Gott hat, wollen wir in den Karnevalstagen Ausdruck verleihen. Was wäre das für eine Kirche, wenn sie nicht die Freude in ihren Mittelpunkt rückt? „Eine Kirche, die nicht genießt, ist ungenießbar." Daher wollen wir in diesen Tagen ganz besonders fröhlich sein und andere mit unserer guten Laune anstecken. Darf der Gottesdienst davon verschont bleiben? Die Karnevalsstimmung muss auch den Gottesdienst erfassen.

Die meisten, die heute am Karnevalsvergnügen teilnehmen, wissen nicht mehr, dass Karneval oder Fasching, wie er in Süddeutschland heißt, etwas typisch Katholisches ist. So ist in Köln, der Hochburg des Karnevals, diese Verbindung zur Kirche noch gut erkennbar. Zum sog. Dreigestirn gehören Prinz, Bettelmann und die Jungfrau. Mancher wird sich fragen, wie kommt die Jungfrau in dieses Dreigestirn? Damit wird Bezug genommen auf die heilige Jungfrau Ursula, die Schutzpatronin der Stadt, die zusammen mit ihren Gefährtinnen per Schiff von England an den Rhein gekommen war und gemeinsam mit ihnen hier das Martyrium erlitten hat. So berichtet es die Legende. Darüber hinaus ist es ein guter Brauch, dass das Kölner Karnevalsdreigestirn zu Beginn der Karnevalszeit den Kölner Erzbischof aufsucht und ihm ein Geschenk für die Diaspora oder die Mission überreicht. Ja, in früheren Zeiten führte sogar der Kirchenschweizer des Kölner Doms den Karnevalszug an. So erhält der Karneval auch Platz im Gottesdienst. Dies ist eine gute katholische Tradition, an der wir festhalten sollten.

Im Mittelpunkt der kirchlichen Verkündigung steht keine Droh- sondern eine Freudenbotschaft, das Evangelium, wie es auf Griechisch heißt. Wir haben guten Grund zur Freude als Christen, weil Gott in seinem Sohn einer von uns geworden ist und unser Leben und Leiden geteilt hat. Er hat uns das Leben in Fülle verheißen. Die

Juden haben ihn als Fresser und Säufer beschimpft, weil er auch an einer Hochzeit teilgenommen hatte, damals in Kana. Er hat uns die befreiende Botschaft verkündet, dass wir Töchter und Söhne Gottes sind. Das ist uns allen vertraut, aber für einen Afrikaner, der sich immer noch im Bann des Dämonenglaubens befindet, bedeutet die Begegnung mit der christlichen Botschaft eine große Befreiung, er empfindet darüber große Freude.

Leider spüren wir von dieser Freude oft so wenig in unseren Gottesdiensten, man hat eher den Eindruck, als wohne man einer Trauerfeier bei. Schon vor mehr als 120 Jahren hatte Nietzsche, der große Gegner des Christentums, dies erkannt und gefordert: „Erlöster müssten die Erlösten aussehen!" Es muss für uns eine große Freude sein, mit Gleichgesinnten zusammenzukommen, um Gott zu loben und zu preisen und zwar mit allen Sinnen, nicht nur mit dem Kopf, auch unsere Hände und Beine wollen in das Gotteslob einbezogen werden. Und diese freudige Stimmung darf auch nicht am Aschermittwoch in der Fastenzeit verschwinden. Was wäre das für ein Fasten, wenn wir mit griesgrämigem Gesicht durch die Welt gingen nach dem Motto „Trauer muss Elektra tragen." Paulus fordert uns dagegen auf, „allezeit im Herrn uns zu freuen."

Jedem Christen müsste der „Orden wider den tierischen Ernst" verliehen werden. Wir alle sollten Freudenträger sein, weil wir wissen, wir sind nicht allein, der Herr ist mitten unter uns und bei uns, er ist der Emmanuel, der Gott mit uns. Diese Freude unterscheidet sich allerdings von der oberflächlichen Lustigkeit, die heute in den Medien verbreitet wird. Sie hinterlässt einen schalen Nachgeschmack und hält auch nicht lange an. Sie erreicht nicht unser Herz und hat auch keine verwandelnde Kraft wie die Freude am Herrn.

So dürfen wir mit gutem Herzen Karneval feiern, dürfen der Freude in uns Raum geben. Die Freude muss das Markenzeichen des Christen sein. Darin darf uns keiner übertreffen.

Aufruf zur Reform der Kirche

Mit der Veröffentlichung des Apostolischen Schreibens von Papst Franziskus mit dem Titel „Die Freude des Evangeliums" hat er gewissermaßen seine „Regierungserklärung" abgegeben. Darin entwickelt er ein umfassendes Reformprogramm der Kirche, das diese von Grund auf verändern wird. Nichts mehr wird so bleiben, wie es gegenwärtig ist. Die FAZ veröffentlichte das Dokument ausführlich auf der ersten Seite. Und die Süddeutsche Zeitung titulierte ihren Bericht von der Enzyklika mit den Worten: „Revolution im Vatikan". Hier ruft der Papst zu einer Reform der Kirche an Haupt und Gliedern auf und nimmt davon sein eigenes Petrusamt nicht aus. 50 Jahre lang mussten wir auf einen Reformpapst warten, nachdem seine beiden Vorgänger jeden Ruf nach Reformen der Kirche unterbunden und bereits bestehende Reformen verwässert hatten. Damit ist der Papst aus dem Schatten seiner Vorgänger getreten. Er kritisiert die Traditionalisten, indem er fordert: Man solle nebensächliche Traditionen, die heute nichtssagend geworden sind, und die kein Zeitgenosse mehr versteht, abschaffen. (Dazu gehört zum Beispiel die Praxis des Ablasses, das sagt zwar der Papst nicht wortwörtlich, aber es legt sich nahe.) Er will die Kirche reformieren. Da müssen so manche immer noch selbstherrlich regierende Bischöfe und Pfarrer sich warm anziehen. Der Papst träumt von einer missionarischen Kirche, die nicht mehr um sich selbst kreist. Er schreibt: „Mir ist eine verbeulte Kirche lieber, die verletzt und schmutzig ist, als eine Kirche, die sich an ihre eigenen Sicherheiten klammert." Diese ist in seinen Augen krank.

Was fordert nun der Papst im Einzelnen?

Die Kirche solle an die äußersten Ränder der Gesellschaft gehen und dort die Frohe Botschaft verkündigen. Das schließt eine Option für die Armen ein. Das Amtspriestertum ist zum Dienst am Volk Gottes eingesetzt und kein Herrschaftsinstrument. Die Frauen sollen künftig in der Kirche eine größere Rolle spielen. Dabei schließt er aber ein Priestertum der Frau aus und erwähnt nicht einmal das Diakonat der Frauen. Das hat er später nachgeholt und eine Kommission eingesetzt, die den historischen Wurzeln des Frauendiakonats nachgehen soll. Die Kirche müsse die Frauen, die durch eine Schwangerschaft in Not geraten sind, begleiten und unterstützen. (Das geschieht in Deutschland durch die Initiative von „Donum Vitae", die lange Zeit von der Kirche ins Abseits gedrängt worden ist. Inzwischen hat sich die Deutsche Bischofskonferenz aber wohlwollend über diese Laieninitiative geäußert.) Er wendet sich ferner auch gegen einen übertriebenen Klerikalismus und betont statt dessen die Berufung der Laien, die wichtige Verantwortungen übernehmen sollen. Die Strukturen der Kirche müssten daraufhin untersucht werden, inwieweit sie dem Grundauftrag der Kirche noch dienen. Er will die römische Kirche dezentralisieren und den Bischöfen vor Ort mehr Vollmachten übertragen. Sie könnten oft besser ermessen, was für ihre Diözese hilfreich und zukunftsträchtig ist. Dies gilt zum Beispiel für die Ernennung von Professoren der Theologie an universitären Einrichtungen. Er plädiert für mehr synodale Elemente in der Kirche, so wie sie in den östlichen Kirchen bereits bestehen. So müssten die nationalen und regionalen Bischofskonferenzen mit mehr Vollmacht ausgestattet werden. Schließlich macht die Reform der Kirche auch nicht Halt vor dem Petrusdienst. Er fragt sich, wie das Petrusamt so ausgeübt werden kann, dass es den Anforderungen der Gegenwart Genüge tut. Schließlich kritisiert der Papst den Globalisierungsprozess, der zu Lasten der Armen geht. Dafür musste er sich von der liberalen FAZ eine geharnischte Kritik gefallen lassen. Insgesamt plädiert der Papst für eine Kirche, die glaubhaft die Frohe Botschaft verkündet und weniger Normen einschärft, statt Hilfen für ein gelingendes Leben anzubieten. Ihn befällt die Sorge, dass aus der Kirche ein großes Museum wird, dessen Gegenstände man bestaunt, ohne hier Anstöße für das eigene Leben zu empfangen.

Diese Forderungen des Papstes müssten auch Auswirkungen auf unsere Gemeinden haben, die weitgehend nur um sich selbst kreisen und nicht über den eigenen Tellerrand schauen. Sie müssten sich kritisch fragen: gehen wir an die Ränder der Gesellschaft, wenden wir uns den am Rande Stehenden zu? Sind wir bereit, zu neuen Ufern aufzubrechen?

Für dieses anspruchsvolle Reformprogramm des Papstes sollten wir dankbar sein und ihn unterstützen bei seinen Bemühungen, der Kirche ein neues Gesicht zu geben, das anziehend und begeisternd wirkt.

Option für eine arme Kirche

Von dem deutschen Schriftsteller Ernst Wiechert stammt die Aussage „Die Armen haben keine Flügel, einige sind wie der Rauch, der aus dem Meiler steigt. Die Menschen sehen ihnen nach, aber der Wind verweht sie." Die Armen haben keine Lobby, keine Stimme, sie fühlen sich unerwünscht. Sie haben den Eindruck, sie werden nicht gebraucht. Schlimmeres kann einem Menschen nicht passieren.

Im Lukasevangelium steht die Beispielerzählung vom armen Lazarus (Lk 15,19-31). Sie zeigt uns, dass das Leben des armen Menschen von der Großmut und den Almosen der Reichen abhängt. Aber gerade diese Haltung den Armen gegenüber entwürdigt sie, beraubt sie ihrer Würde als Ebenbilder Gottes. Dagegen preist Jesus in seinen Seligpreisungen die Armen; denn ihnen gehört das Himmelreich. Er hatte eine Vorliebe für die Armen, Schwachen und Kleinen. Ihnen gehörte seine ganze Liebe und Fürsorge. Gott hat eine Option für die Armen getroffen. In der Rede vom Weltgericht bei Matthäus (Mt 25,31-46) führt Jesus Arme als Sakrament seiner Gegenwart an. Aber es ist leicht, über Arme und Armut zu sprechen, wenn man diese nicht aus eigener Erfahrung kennengelernt hat. Das gilt auch für die kirchliche Verkündigung. Der frühere Generalobere der Jesuiten, Pater Arube, hatte in einem Brief darauf hingewiesen, dass man nicht über Armut sprechen kann, wenn man nicht die Erfahrung mit einem direkten Eintauchen in die Orte macht, wo man die Armut lebt. An diese Worte hat unlängst Papst Franziskus, ein Ordensbruder von Pater Arupe, in einem Interview erinnert. Für ihn ist das Thema Armut ein Zentralthema seiner Verkündigung und Pastoral.

Das hier angesprochene Dilemma wird noch größer, wenn man einer Kirche angehört, die zu den reichsten der Welt zählt, und die deshalb auch satt und reformfeindlich ist. Unser Appell an die Hilfsbereitschaft für die Ärmsten der Armen wird unglaubwürdig, wenn man dank großer Vermögen und der Kirchensteuern über einen großen Reichtum verfügt. Das verführt dazu, dass man mit diesem Geld großzügig umgeht und nicht die himmelschreiende Not der Armen, auch in unserem Lande, bedenkt. Wenn ein Bischof, so geschehen im Bistum Limburg, für 30 Millionen eine bischöfliche Residenz bauen lässt und das neueste und teuerste BMW-Modell anschafft, so ist das ein Skandal. Er begründete die Anschaffung damit, dass er im Jahr 80.000 Kilometer fahre. Dafür hätte auch ein Mittelklassewagen genügt, wie ihn der Papst benutzt. Aber der Faszination des Geldes sind nicht nur einige Bischöfe und Kardinäle erlegen, auch unsere Priester verfügen über ein sehr gutes Einkommen. Das wird noch deutlicher, wenn man es mit dem Einkommen der französischen Priester vergleicht. Ihnen stehen im Monat maximal 1.000 Euro zur Verfügung und auch die Bischöfe sind nicht besser gestellt. Und das Ruhegehalt ist noch dürftiger. Während bei uns so mancher Pfarrer bei seiner Emeritierung in ein neu errichtetes Domizil einziehen kann, müssen in Frankreich die älteren Priester in ein Altersheim für Priester ziehen, wo sie über einen kleinen Raum verfügen und gemeinsam verpflegt werden. Einen Alterssitz kann sich auch kein Bischof dort leisten. Das macht das Sprechen von Armut bei uns in Deutschland so schwierig, ja oft unglaubwürdig. Die deutsche Kirche müsste viel verantwortlicher mit ihrem Geld umgehen und die Not der Priester in anderen Ländern nicht aus dem Auge verlieren.

Für Papst Johannes XXIII. waren drei Themen für die Zukunft der Kirche richtungweisend: die Öffnung der Kirche zur heutigen Welt, die Einheit der Christen und die Kirche der Armen. Mit allen drei Themen ist die Kirche nach dem Konzil noch nicht vorangekommen. Das gilt besonders für das letztgenannte Thema. Dabei gehört die Solidarität zum eigentlichen Erkenntnismerkmal der Kirche. Diese war für die ersten Christen etwas Selbstverständliches. Gerade durch ihren vorbildlichen Einsatz für die Armen machten sie die Menschen auf sich aufmerksam. Dieses Beispiel führte viele Heiden zum christlichen Glauben. Im Mittelalter entstanden die sog. Armutsbewegungen, Orden, die sich ganz in den Dienst an den Armen stellten. Allen voran Franz von Assisi, der durch sein Beispiel eine reiche Kirche zurechtwies. Heute sind es die Schwestern der Mutter Teresa, die dieses Ordensideal vorleben. Entsprechend groß ist auch die Zahl der Frauen, die ihrem Orden beitreten.

Am Ende unseres Lebens werden wir nicht gefragt, über welches Bankkonto hast du verfügt, welchen akademischen Abschluss hast du vorzuweisen, auch nicht, wie lang die Liste deiner religiösen Übungen gewesen ist, sondern einzig und allein danach, ob und wie du einem der Geringsten deiner Schwestern und Brüder zur Seite gestanden hast.

Das Ringen um die Einheit der Christen

Am 31.10.2016 wurde im schwedischen Lund das offizielle Jubiläumsjahr der Reformation eröffnet. In diesem Rahmen fand ein feierlicher ökumenischer Gottesdienst statt, an dem zum ersten Mal ein Papst teilgenommen hat. Das war sensationell; denn der Mann, dessen man am 31.10. vor allem gedenkt, Martin Luther, hat in seiner maßlosen Art den Papst als Antichristen bezeichnet und im Papsttum eine Erfindung des Teufels erblickt. Und nun reiht sich der Papst in die Schar derer ein, die der Reformation gedenken. Welch eine Entwicklung hat doch die ökumenische Bewegung genommen!

Am 31.10. 2017 ist mit einem Festgottesdienst und Festakt das zehnjährige Gedenken an die Reformation in der Lutherstadt Wittenberg, wo alles seinen Anfang genommen hatte, zu Ende gegangen. Am Festgottesdienst nahm der Vorsitzende der Deutschen Bischofskonferenz, Kardinal Marx, teil. Es war das erste Mal, dass ein hoher Repräsentant der Katholischen Kirche in Deutschland bei dieser Feier zugegen war. Bisher trug das protestantische Reformationsgedenken gezielt antikatholische Züge. Mit Inbrunst sang man das auf Luther zurückgehende Bekenntnislied „Ein feste Burg ist unser Gott." Darin heißt es u.a.: „Der altböse Feind mit Ernst es jetzt meint; groß Macht und viel List sein grausam Rüstzeug ist, auf Erd ist nicht seinsgleichen." Gemeint war damit die katholische Kirche, von der sich Luther 1517 bzw. 1520 gelöst hatte, obwohl das damals nicht von ihm angestrebt war.

Was bleibt nun von diesem auf zehn Jahre verteilten Reformationsjubiläum? Worin liegt sein Ertrag, auch für katholische Christen? Man muss hier zwei Ebenen unterscheiden; die gemeindliche und die Ebene der Theologen und Verantwortlichen in beiden Kirchen.

Zunächst betrachten wir die Ebene der Gemeinden: Der Osnabrücker Bischof Franz Josef Bode stellte bei einem gemeinsamen Gottesdienst in der evangelischen Marienkirche in Osnabrück, zu dem er als Prediger eingeladen war, fest: „Die Vertiefung unseres gemeinsamen Glaubens an Jesus Christus, dem menschgewordenen und doch immer größeren Gott und den Heiligen Geist ... hat im vergangenen Jahr den Grundwasserspiegel der Ökumene deutlich erhöht." Das zeigte sich in den vielen gemeinsamen Veranstaltungen, nicht zuletzt am Reformationsfest dieses Jahres. Die Gemeinden sind ein Stück näher gerückt und haben einander Gastfreundschaft gewährt. Viele Gemeindemitglieder beider großen Kirchen, die nicht über ein großes theologisches Wissen verfügen, fragen sich: Was trennt uns eigentlich noch, sind wir nicht schon längst vereint? Das was die Theologen als Streitthemen miteinander verhandeln, ist in ihren Augen nichts anderes als Theologengezänk, dem sie keine weitere Beachtung schenken. Sie nehmen die Einheit der Christen vor Ort schon vorweg. Nur beim gemeinsamen Abendmahl hapert es noch. Sie spüren den Druck der nichtchristlichen Welt tagtäglich, er zwingt sie zum gemeinsamen Handeln. Der große schwedische Führer der ökumenischen Bewegung, Erzbischof Nathan Söderblom, der von 1866 bis 1931 gelebt hat, warnte schon damals: „Die moderne Welt ist zu stark für eine gespaltene Christenheit!" Das bekommen heute die Christen beider großen Kirchen tagtäglich hautnah zu spüren. Sie können sich die Spaltung eigentlich überhaupt nicht mehr leisten. Sie müssten mit einer Stimme sprechen und gemeinsam handeln, wollten sie ihre Glaubwürdigkeit nicht aufs Spiel setzen. Dies gilt besonders für die Evangelisierung in der nichtchristlichen Welt. Das beklagen Missionare, die sich bemühen, die Frohbotschaft Nichtchristen zu vermitteln.

Ganz anders der Ertrag des Reformationsgedenkens auf der theologischen Ebene. Hier hat sich in den zurückliegenden zehn Jahren nicht viel geändert. Man ist sich hier nicht nähergekommen. Die alten Differenzen im Glaubensverständnis sind geblieben. Vor allem betreffen sie das unterschiedliche Verständnis von der Kirche, und hier speziell vom Petrusdienst. Auch die noch fehlende Eucharistiegemeinschaft belastet das gegenseitige Verhältnis.

Auf dem Gebiet der Sozialethik haben die Differenzen zwischen den beiden großen Kirchen sogar noch zugenommen. Bei Fragen wie Abtreibung, Ehe für alle, Embryonenschutz usw. klaffen die Meinungen weit auseinander. Viele evangelische Theologen begrüßen sogar die Vielfalt an kirchlichen Gemeinschaften im Raum der evangelischen Kirchen. Die ehemalige evangelische Landesbischöfin von Hannover und Ratsvorsitzende Margot Käßmann sagte ausdrücklich: „Ich mag die evangelische Vielfalt … Gleichzeitig finde ich die bleibenden Differenzen gut." Wie will sie ihre Ansicht rechtfertigen, wo doch Jesus Christus ausdrücklich in seinem Hohepriesterlichen Gebet darum gebetet hat: „Alle sollen eins sein: Wie du, Vater, in mir bist und ich in dir bin, sollen auch sie in uns sein, damit die Welt glaubt, dass du mich gesandt hast" (Joh 17,21)? Wer so wie Margot Käßmann denkt, für den erübrigen sich ökumenische Bemühungen, der leidet nicht unter der anhaltenden Spaltung, ja der begrüßt sie sogar. Wie können wir aber Jesus Christus glaubwürdig verkündigen angesichts der unterschiedlichen Bekenntnisse und Formen von Kirche? Nehmen wir das Testament Jesu ernst, der uns beschworen hat, die Einheit zu wahren bzw. zu erstreben. Andernfalls verdunkelt sich sein Bild und verliert an Anziehungskraft. Wirken wir mit an der sichtbaren Einheit aller Getauften und finden wir uns nicht mit dem Ärgernis der Spaltung ab.

Streit in der Kirche

Streit hat es zu allen Zeiten des Christentums gegeben. Schon in der Urgemeinde begegnen uns Konflikte innerhalb der Gemeinden. Hier musste sich der heilige Paulus als Streitschlichter in seinen Briefen bewähren. Nachdem das Christentum zur Staatsreligion erklärt wurde, entbrannte der Streit über die Frage, wer dieser Jesus Christus sei. Ist er Gottes Sohn und kann damit Maria als Gottesgebärerin angerufen werden? Oder ist er nur ein von Gott besonders begnadeter Religionsstifter? Auf Konzilien wurde dann dieser Streit, der an die Wurzel ging, beigelegt. Aber die bei diesen Konflikten Unterlegenen gaben nicht klein bei, sondern spalteten sich ab und gründeten eigene Kirchen. Einige von ihnen existieren heute noch. Vor einigen Jahren fanden in Rom zwei Bischofssynoden zum Thema Ehe und Familie statt. Hier standen sich zwei Lager unversöhnlich gegenüber. Auf der einen Seite standen die Traditionalisten, die in der Frage der Zulassung von wiederverheirateten Geschiedenen zur Kommunion eine harte Linie verfochten. Sie wollten diesen den Zugang zur Kommunion generell verweigern. Auf der anderen Seite standen die Reformfreudigen, die für ein barmherziges Vorgehen plädierten. Es sollte jeder Einzelfall sorgfältig geprüft werden. Der Papst hat in einem nachsynodalen Schreiben mit dem Titel „Die Freude der Liebe" sich für diesen barmherzigen Weg in einer Fußnote entschieden. Daraufhin wurde er von den Verfechtern des unbarmherzigen Weges als nicht mehr katholisch bezeichnet, ja als Schismatiker beschimpft. Ein Schismatiker ist einer, der gegen die Einheit der Kirche verstoßen hat. Dieser Vorwurf wurde u. a. von einem deutschen Kurienkardinal erhoben, der dem Papst Gehorsam gelobt hatte. Was für ein schlechtes Beispiel von Glaubenstreue und kirchlichem Ungehorsam! Die Vertreter der gemäßigten Linie gebärdeten sich aber nicht weniger aggressiv. Bis heute ist dieser Konflikt nicht beigelegt worden. Immer wieder melden sich die Hardliner kritisch zu Wort und wollen den Papst zur Rede stellen.

Darf man in der Kirche Jesu Christi überhaupt streiten? Widerspricht das nicht dem Gebot der Nächstenliebe? Die Kirche muss doch Einheit und Geschlossenheit demonstrieren. Aber der Streit ist an sich nichts Schlechtes, wenn er auf faire Weise ausgetragen wird, wenn beide Seiten miteinander ins Gespräch kommen und sich um eine gedeihliche Lösung bemühen. Am Ende darf keiner als Geschädigter aus diesem Konflikt hervorgehen und sich in den Schmollwinkel zurückziehen.

In der Apostelgeschichte wird von einem Streit in der jungen Kirche berichtet, und wie er beigelegt wurde (Apg 15,1-35). Es ging hier um die Frage, ob die Heiden, die getauft werden wollten, den Umweg über das mosaische Gesetz wählen müssten. Konkret ging es um die Vorschrift der Beschneidung und die Speisevorschriften im Judentum. Hier widersprach der heilige Paulus dem heiligen Petrus „ins Angesicht". Paulus trat dafür ein, den Heiden keine weiteren Lasten aufzuerlegen. Daraufhin wurde ein Apostelkonzil in Antiochia einberufen. Die ausgewählten Vertreter legten den Streit bei. Die Kompromissformel lautete: „Denn der Heilige Geist und wir haben beschlossen, euch (gemeint sind die Heiden) keine weiteren Lasten aufzuerlegen als diese notwendigen Dinge: Götzenfleisch, Blut, Ersticktes und Unzucht zu meiden" (Apg 15,29). Petrus schloss sich dieser Lösung an. Auf diese Weise war der Weg geöffnet von der anfänglichen jüdischen Sekte zur Weltkirche. Nun strömten die Heiden scharenweise in die Kirche, während die Judenmission zum Erliegen kam. Dies war ein Musterbeispiel, wie man Streitigkeiten bei gutem Willen offen und ehrlich austragen kann. Von der Konfliktforschung wissen wir um die Bedeutung und das Potential von Konflikten. Sie haben eine wichtige Funktion in Systemen, sie treiben Veränderungen voran, wenn sie auf faire Weise ausgetragen werden. Gehen wir also den anstehenden Konflikten nicht aus dem Weg, kehren wir sie nicht unter den Teppich, sie melden sich später wieder zu Wort. Setzen wir uns mit den Andersdenkenden an einen Tisch, tauschen wir unsere Argumente aus und suchen wir gemeinsam nach einem tragfähigen Kompromiss. Auf den letzten Bischofssynoden über Ehe und Familie wurden wir Zeuge, wie hilfreich ein solches Vorgehen sein kann. Die Synodalen wurden in Sprachgruppen aufgeteilt. So gab es eine deutschsprachige Sektion. Dieser gehörten Vertreter gegensätzlicher Positionen an. Es gelang dem klugen Moderator, dem Wiener Erzbischof Schönborn, dass die Teilnehmer einstimmig einer Resolution zustimmten, die später auch Aufnahme in das nachsynodale Schreiben des Papstes gefunden hat. Was keiner erwartet hatte, war möglich geworden, weil alle Teilnehmer an einem offenen, fairen Meinungsaustausch interessiert waren. So kann man einen schwelenden Konflikt lösen, ohne dass es Sieger und Verlierer gegeben hat.

Nehmen wir Maß an diesen Beispielen, wenn in unseren Gemeinden Konflikte auftauchen, die unvermeidlich sind. Nutzen wir die produktive Kraft des Konflikts, damit wir zu hilfreichen Lösungen gelangen, die dem Ansehen der Kirche in der Öffentlichkeit dienen.

Das Gotteshaus

Einmal im Jahr am 9.11. begehen wir den Weihetag der Lateranbasilika, der „Mutter und dem Haupt aller Kirchen des Erdkreises". Sie war als römische Bischofskirche der erste offizielle Kultbau von Kaiser Konstantin. Gerade 11 Jahre waren es her, dass Kaiser Konstantin das Christentum zur Staatsreligion erklärt hatte. Lange Zeit war sie die Papstkirche, erst 1377 siedelte der Papst in den Vatikan über. Mit dem Bau dieser Basilika begann eine neue Ära der Geschichte des Christentums. Jetzt konnten die Christen ihren Glauben an den auferstandenen Herrn in aller Öffentlichkeit bekennen und mussten nicht mehr wie bisher heimlich in Privathäusern oder Katakomben zusammenkommen.

Seitdem werden überall auf der Erde Kirchen gebaut, wo immer Christen zusammenkommen, um Gott zu loben und zu ehren. Dabei sind prachtvolle und ästhetisch gelungene Gotteshäuser entstanden, die heute noch viele Besucher anziehen, die sie aber eher als Museum und nicht als Tempel Gottes betrachten. Sie verhalten sich auch dementsprechend. Denken wir an die herrlichen gotischen Kathedralen in Frankreich und Deutschland und an die noch älteren romanischen Kirchenbauten. Bei uns ragt unter den alten Gotteshäuser der Kölner Dom hervor, den Millionen Besucher im Jahr aufsuchen. 600 Jahre

Das Gotteshaus

hat man zur Errichtung dieses sakralen Bauwerkes gebraucht. Zu den architektonischen Kunstwerken gehören auch die manchmal überladenen Barockkirchen, vor allem im Süden unseres Landes, etwa die Wieskirche oder die Kirche Vierzehnheiligen. Ihre barocke Pracht schlägt die Besucher in ihren Bann, sie kann uns aber manchmal auch vom Eigentlichen ablenken, so dass wir nicht zur Tiefe der Gottesverehrung vorstoßen.

Heute bevorzugen wir eher schlichte und einfache Kirchbauten, die mehr durch Lichteinfälle und Gesteinsformationen überzeugen. Als Beispiel dafür dient die Kirche Ronchamp in den Vogesen. Ihr Baumeister war der Schweizer Architekt Le Corbusier. Auch in der Gegenwart kommt es gelegentlich zu kirchlichen Neubauten, vor allem in der skandinavischen Diaspora, wo die katholische Kirche sich im Aufbruch befindet. In Ostfriesland (Bistum Münster) entstand vor einigen Jahren eine Kirche in Schillig am Meer, die unter künstlerischen Gesichtspunkten hervorragend gelungen ist. Ihre Errichtung war erforderlich, da hier im Sommer eine Million Touristen ihren Urlaub verbringen. Sie sind in dieser Zeit besonders ansprechbar für geistliche Angebote.

Von besonderer Bedeutung ist ein Kirchenbauprojekt, das in Leipzig entstanden ist: die katholische Propsteikirche im Zentrum der Stadt. In einer Stadt, in der die Zahl der Christen verschwindend gering ist, besonders die Zahl der Katholiken. Dazu gehörte Mut und Gottvertrauen. Aber dieses Gotteshaus ist ein Schmuckstück der Stadt und findet auch besondere Aufmerksamkeit, zumal die Kirchengemeinde durch Zuzug aus dem Westen in starkem Wachstum begriffen ist.

Generell muss aber festgestellt werden, dass der Bau neuer Kirchen eine Seltenheit geworden ist. Das Gegenteil ist eher der Fall. Kirchen, für die auf Grund des Gläubigenmangels kein Bedarf mehr vorhanden ist, werden umgewidmet oder abgerissen. Im Norddeutschland sind in der letzten Zeit 500 katholische Kirchen ihrer ursprünglichen Bestimmung entzogen worden. Das betrifft vornehmlich den Norden, in Süddeutschland ist diese Entwicklung noch nicht zu bemerken. Für viele Gemeindemitglieder ist der Abschied von einem Kirchengebäude, mit dem so viele persönliche Erinnerungen verbunden waren, Anlass zu Trauer und Klage. Ein Stück Heimat ist ihnen damit verloren gegangen. Auch wenn dieser Prozess nicht aufzuhalten ist, so müssen wir Verständnis für diese Reaktionen haben. Nach dem Krieg wurden zu viele Kirchen für die Heimatvertriebenen errichtet, für die heute kein Bedarf mehr vorhanden ist.

Jesus lenkt mit der symbolischen Handlung der Tempelaustreibung (Joh 2,13-22) unseren Blick darauf, dass er selbst der eigentliche Tempel ist, in dem Gott unter uns gegenwärtig wird. Er ist der Ort der heilenden Gegenwart Gottes unter uns. Bei aller Begeisterung für Kirchbauten dürfen wir das nicht übersehen: Jesus Christus ist der Grund, den Gott gelegt hat, und einen anderen Grund kann niemand legen (1 Kor 3,11).

Das Kirchenjahr

Das Kirchenjahr

Advent – Zeit der Besinnung und Umkehr

Viele von Ihnen dürften das weltberühmte Musical „Hair" kennen, das auch bei uns viele Zuschauer in seinen Bann gezogen hat. Es verbreitet die Ideen der sog. New-Age-Bewegung, die für ein neues Zeitalter plädiert und aus Amerika stammt. Eine Strophe dieses Musicals lautet:
„Harmonie und Recht und Klarheit,
Sympathie und Licht und Wahrheit!
Niemand wird die Freiheit knebeln,
niemand mehr den Geist umnebeln,
Mystik wird uns Einsicht schenken,
und der Mensch lernt wieder denken,
dank dem Wassermann, Wassermann!"

Dieser Text passt gut zum Advent, in den wir mit diesem Gottesdienst eingetreten sind. Denn er beschreibt Sehnsüchte der Menschen. Wer sehnt sich nicht nach Recht, nach Freiheit, nach einer glücklichen Zeit. Worin kann aber die Hoffnung gründen? „Dank dem Wassermann", hieß es in dem Text. Für die Anhänger des New Age beginnt gegenwärtig ein neues Zeitalter, das im Sternzeichen des Wassermanns steht. Es soll das christliche Zeitalter ablösen, das im Zeichen des Fisches gestanden hat. In den ersten christlichen Jahrhunderten wurde Christus unter dem Zeichen des Fisches dargestellt. Für die Anhänger dieser neuen Sekte hat das Christentum abgewirtschaftet, jetzt beginnt etwas Neues: die Phase des Glücks. Das klingt alles schön und verheißungsvoll, doch sehr konkret ist es nicht, vielmehr sehr vage und phantastisch. Hier traut der Mensch sich sehr viel zu, hat er dazu aber die Kraft? Die Geschichte der Menschheit spricht dagegen, auch wenn ein Sprichwort lautet: Der Mensch ist seines eigenen Glückes Schmied. Aber wohin das geführt hat, wird uns gegenwärtig auf schmerzliche Weise vor Augen geführt, wenn Menschen ihr Schicksal selbst in die Hand nehmen und das noch im Namen Gottes! Ich denke hier an die Islamisten, besonders unter ihnen an die Salafisten, aber auch an gewaltbereite Hinduisten in Indien.

Im Lukasevangelium werden Menschen beschrieben, die in der „Erwartung der Dinge (sind), die über den Erdkreis kommen" (Lk 21,26). Die Bibel setzt ihre Hoffnung aber nicht vermessen auf das von den Astrologen verkündete Sternzeichen des Wassermanns, sondern auf den kommenden Herrn. Es heißt dort: „Dann wird man den Menschensohn in einer Wolke kommen sehen, mit großer Kraft und Herrlichkeit" (Lk 21,27). Mit diesem Kommen wird die Endzeit eingeläutet, sie bringt den so sehr ersehnten Frieden und die Harmonie unter den Menschen und Völkern. Dann wird Frieden und Gerechtigkeit unter den Menschen herrschen, dann dürfen wir unser Haupt erheben; denn unsere Erlösung ist uns nahe.

Auf dieses Ende will die Adventszeit vor allem unseren Blick richten. Sie ruft uns zur Buße und Umkehr auf. „Wachet und betet!" werden wir aufgefordert. Unser Blick auf das kommende Weihnachtsfest ist nur ein Vorschein der ewigen Weihnacht am Ende der Tage. Der Blick auf die Vollendung der Welt wird uns aber verstellt, wenn wir den ganzen vorweihnachtlichen Rummel auf den Weihnachtsmärkten betrachten. Er lenkt vom Eigentlichen ab. Er nimmt die weihnachtliche Freude bereits vorweg. Dabei sollte diese Zeit eigentlich eine Zeit der Besinnung und Umkehr sein. Auf diese Weise können wir uns auf das endgültige Kommen des Herrn vorbereiten. Der Jesuit und Widerstandskämpfer Alfred Delp hat dazu gesagt: „Der Advent ist eine Zeit der Erschütterung, in der der Mensch wach werden soll zu sich selbst." Nehmen wir uns die Zeit, halten wir inne und kehren bei uns selbst ein. Besinnen wir uns auf uns selbst und fragen wir uns, wo stehe ich, wo habe ich mich verrannt, wo bin ich um mich selbst gekreist? Nehmen wir uns ein Buch zu Hand, zum Beispiel die Heilige Schrift, und vertiefen uns in das Buch der Bücher. Früher war die Adventszeit eine Zeit des strengen Fastens. Man hat auf das verzichtet, an dem das Herz mit allen Fasern gehangen hat. Was dadurch gespart wurde, kam den Armen zugute. Daran erinnert uns noch heute die alljährliche Adveniatskollekte, die für die Menschen in Lateinamerika bestimmt ist. Der Advent war in der Vergangenheit auch eine Zeit der Buße und Umkehr. In diesen Wochen wurde das Bußsakrament besonders intensiv empfangen.

Nutzen wir die Chance der Adventszeit, um uns auf das Kommen des Herrn vorzubereiten, seien wir wachsam; denn wir kennen nicht Zeit und Stunde, da er kommt in Herrlichkeit. Möge er uns dann bereit finden.

Am Ende des Neuen Testamentes stehen in der Geheimen Offenbarung nach Johannes die Worte: „Maranatha", „Komm Herr Jesus, komm." Sie sollten auch immer wieder über unsere Lippen kommen; denn sie erinnern uns daran, dass das Kommen des Herrn noch aussteht.

Johannes der Täufer

Im Advent steht die Gestalt Johannes des Täufers im Mittelpunkt der Liturgie. An ihr können wir ablesen, wie wir dem kommenden Herrn entgegengehen, ihm die Wege bereiten können. Johannes ist eine fremdartig anmutende Gestalt, sie passt so gar nicht in unsere anheimelnde Adventsstimmung, eher ist sie ein Gegenentwurf zum modernen Advent, wie wir ihn begehen. Statt Spekulatius und Glühwein sind wilder Honig und Heuschrecken seine tägliche Nahrung. Er lebt in der Wüste, die ein Sinnbild für Einsamkeit und Versuchung ist. Er stimmt keine die Herzen rührenden weihnachtlichen Gesänge an, sondern das Lied von Buße und Umkehr.

Gleichwohl muss von ihm eine große Anziehungskraft ausgegangen sein, sonst wären nicht die Massen zu ihm in die Wüste hinausgeströmt, um seine Botschaft zu vernehmen. Aber er erliegt nicht der naheliegenden Gefahr, sich von den Massen umjubeln zu lassen und sich an die Spitze einer Massenbewegung zu setzen. Eine Gefahr, der schon viele in Staat, Gesellschaft und Kirche erlegen sind. Im Gegenteil, als die Priester und Leviten ihn fragten: „Wer bist du?", antwortete er: „Ich bin nicht der Messias." Damals lebten die frommen Juden in der Erwartung des von den Propheten angekündigten Messias, der in ihren Augen kommen wird, um sein Volk von der Fremdherrschaft der verhassten Römer zu befreien, damit sie wieder

Johannes der Täufer

in Freiheit und Unabhängigkeit leben konnten. Johannes sagte: „Ich bin die Stimme eines Rufers in der Wüste: Ebnet den Weg für den Herrn! ... Mitten unter euch steht einer, den ihr nicht kennt, der nach mir kommt; ich bin nicht würdig, ihm die Riemen der Sandalen zu lösen" (Joh 1,23, 26f). Der Täufer lenkt den Blick von sich weg auf den, dem er die Wege bereiten soll. In dem bekannten Bild von Matthias Grünewald hat der Künstler Johannes dargestellt mit einem langen, nach oben ausgestreckten Finger, der auf Jesus verweist. Dieser ausgestreckte Finger ist ein Symbol für den Wegbereiter, für einen Menschen, der sich nicht in den Mittelpunkt stellt, sondern Platzhalter für einen Größeren ist. Seine Devise lautet: „Ich muss abnehmen, er muss wachsen."

Könnte, ja müsste dies nicht auch eine Devise sein für die Kirche? Lange Zeit hat die Kirche sich mit dem Reich Gottes gleichgesetzt, ihre Führer sich wie Monarchen oder Landesfürsten verstanden. Sie gerieten immer wieder in Gefahr, sich an die Stelle Jesu Christi zu setzen. Statt zu dienen, hat die Kirche oft über Menschen geherrscht, und dies gilt bis zum letzten Landpfarrer, der sich als unser Herr anreden ließ und im Dorf zusammen mit dem Arzt und Lehrer die Zügel fest in der Hand hatte. Erst auf dem letzten Konzil hat die Kirche sich zu ihrer Aufgabe bekannt, Werkzeug des Reiches Gottes zu sein, das kirchliche Amt wurde als Dienstamt verstanden, so wie der Papst sich von alters her als „Diener der Diener" bezeichnet. Die Kirche will damit deutlich machen, dass sie nur vorläufigen Charakter besitzt, dass sie zum Vorletzten und nicht zum Letzten zählt. Denn am Ende der Tage wird die sichtbare Kirche vergehen. Dann benötigen wir keine Sakramente, keine Bibel, kein institutionelles Gebilde mehr. Während unserer Erdenzeit sind wir auf diese sichtbaren Formen der Gottesverehrung angewiesen, so unvollkommene Gestalt sie auch annehmen mögen. Denn am Ende wird Gott alles in allem sein, dann ist das Letzte angebrochen, das nicht mehr in unserer Hand liegt. Die Kirche darf sich nicht selbst bespiegeln, sondern muss zum Fenster werden, durch das die Menschenfreundlichkeit unseres Gottes hindurchschimmert. Wir müssen den Mut zum Vorletzten haben, wie es uns der Täufer vorgelebt hat. In diesem Sinne hat der sympathische

Konzilspapst, Johannes XXIII., einmal zu sich selbst gesagt: „Giovanni, nimm dich nicht so wichtig!" Er war sich bewusst, dass wir, um mit dem französischen Philosophen Montesquieu zu sprechen, „wenn wir auf dem höchsten Throne über der Welt sitzen, immer nur auf dem Allerwertesten hocken", das gilt für alle kirchlichen Würdenträger. Das ist ja gerade das Bewundernswerte an Papst Franziskus, dass er bei all seinen öffentlichen Auftritten nie der Gefahr eines Medienstars erliegt, sondern den Blick von seiner Person ablenkt hin auf Jesus Christus, welcher der eigentliche Hirte der Kirche ist. Als Papst Benedikt zu seiner Pastoralreise nach England aufbrach, waren Gegenkundgebungen geplant, die mit massivem Einsatz seine Veranstaltungen sprengen wollten. Doch als er den englischen Boden betrat, wandelte sich schlagartig die antikirchliche und antipäpstliche Stimmung, sie kippte förmlich. Was war geschehen? Er hatte die Menschen, die Queen einschließlich, die ja das formelle Oberhaupt der anglikanischen Staatskirche ist, durch sein bescheidenes Auftreten in seinen Bann geschlagen. So wurde diese Reise am Ende zu einem Triumph für den Papst, den er gar nicht gesucht hatte. Immer wieder weist er die Menschen auf Jesus Christus, dem Heil der Welt, hin, als dessen Diener er sich versteht. Er ist es, „der uns Zukunft und Heil schenkt". Ihm hat der Papst auch seine drei Jesusbücher gewidmet die er während seines Pontifikates verfasst hat. Er folgt dem Beispiel des Täufers, der proklamiert hatte: „Er muss wachsen, ich aber muss abnehmen."

In der gegenwärtigen Vertrauenskrise unserer Kirche gibt es nur eine Möglichkeit, diese zu überwinden, die Demut, den Mut zum Dienen, die Bereitschaft, den letzten Platz einzunehmen und den Mut zum Vorläufigen. Bei diesem Bemühen kann die adventliche Gestalt des Täufers uns Wegweiser sein. Wir müssen allem Triumphalismus absagen, auch in der Gestaltung der Liturgie. Wir sollen nicht uns selbst feiern, sondern statt dessen bereit sein, den letztem Platz einzunehmen, so wie Jesus es getan hat. Dann sind wir die Kirche Jesu Christi, dann sind wir sein Platzhalter auf Erden, der gekommen ist, um uns zu dienen und nicht um von uns bedient zu werden.

Der weihnachtliche Friede

Am Abend des 24. Dezember 1914 geschah an der Front in Flandern etwas Außergewöhnliches, ja man könnte es ein Wunder nennen. Denn keiner hatte damit gerechnet. Deutsche und Briten lagen sich in Schützengräben gegenüber. Dazwischen im Niemandsland lagen Tausende von getöteten Soldaten, die verwest waren, weil keiner es wagte, sie zu bergen. Ein britischer Gefreiter beschreibt in einem Brief das außergewöhnliche Ereignis: In der Dunkelheit erblickte er ein Flackern. Da leuchteten weitere Lichter auf, schließlich drangen an sein Ohr die Worte aus dem Munde der deutschen Soldaten, in gutem Englisch gesprochen: „English soldier, English soldier, a merry Christmas, a merry Chrismas." Deutsche Soldaten verließen ihre Schützengräben und näherten sich vorsichtig dem Todesstreifen. Langsam kamen sie näher, Schritt für Schritt. Die Deutschen hatten ihre Tannenbäume auf die Wälle ihrer Schützengräben gestellt und die Kerzen angezündet. Die Briten waren zunächst unschlüssig, wie sie sich verhalten sollen, Was sollten sie tun? Plötzlich erklang Gesang aus den Gräben: „Stille Nacht, heilige Nacht." Die Briten antworteten mit ihren eigenen Weihnachtsliedern. Was ihr könnt, das können auch wir, schließlich sind auch wir Christen. Jetzt verließen auch die Briten ihre Schützengräben und winkten den Deutschen zu. Sie kamen auf die Deutschen zu und schüttelten sich die Hände. Es wird sogar berichtet von einem regelrechten Fußballspiel, das beide Nationen ausgetragen haben sollen. Hingelegte Mützen dienten als Tore. Diese Soldaten hatten etwas begriffen von der Friedensbotschaft der Engel: „Ehre sei Gott in der Höhe und Friede auf Erden den Menschen seines Wohlgefallens" (Lk 2,14). Weihnachten war in ihren Augen ein Fest des Friedens inmitten eines mörderischen Krieges, in dem zum ersten Mal Giftgas angewendet wurde. Die deutschen Offiziere, die in der Etappe fernab vom Kriegslärm auf stilvolle Weise das Fest begangen, waren empört über diese „verlogene Kumpanei", wie es in ihrem Jargon hieß. Sie ordneten die Wiederaufnahme des Krieges an. Auch ein deutscher Obergefreiter war über diese internationale Versöhnung erbost. Sein Name: Adolf Hitler. Schon damals war er ein fanatischer Anhänger des Krieges und konnte dem Weihnachtsfest nichts abgewinnen. Leider hielt dieser spontane Friede nicht lange an, einige Tage, gelegentlich bis Neujahr. Aber dann wurde der unerbittliche Krieg fortgesetzt, der Millionen Menschen an der Front das Leben kostete.

Hier erwies sich die weihnachtliche Botschaft in ihrer ganzen Sprengkraft. Sie hat von jeher verfeindete Menschen und Menschengruppen wieder miteinander versöhnt. Aber wir brauchen gar nicht so weit in die Vergangenheit zurückzugehen. Auch die Gegenwart bietet ein eindrucksvolles Beispiel, welche Impulse von der Weihnachtsbotschaft für die Verständigung unter verfeindeten Nationen ausgehen können. Vor einigen Jahren hat der damalige Präsident der Vereinigten Staaten, Barack Obama, ein Ende des langjährigen kalten Krieges zwischen den Vereinigten Staaten und Kuba eingeleitet. Er musste eingestehen, dass das 50 Jahre andauernde Embargo Kubas erfolglos verlaufen sei und bot die Wiederaufnahme der diplomatischen Beziehungen zwischen beiden Nationen an. Dies ist inzwischen auch geschehen. Mittlerweile ist bestätigt worden, dass Papst Franziskus und die vatikanische Diplomatie an der Einfädelung der Entspannung beteiligt waren. Der Papst hatte an die Präsidenten beider Nationen einen Brief geschrieben und sich als Vermittler angeboten. Obama hat dem Papst ausdrücklich für seine Vermittlerrolle gedankt. Auch hier sehen wir, dass Weihnachten nicht folgenlos bleibt, wenn man sich auf die Verkündigung der Engel auf den Fluren von Bethlehem einlässt. Weihnachten ist kein Fest der Kinder, daher verbieten sich auch jegliche Sentimentalität und Verkitschung. Es ist vielmehr ein ernst zu nehmendes Ereignis. Hier geht es um den Frieden zwischen Gott und den Menschen und um den immer bedrohten Frieden unter den Menschen.

Das besingen wir auch zu Weihnachten, wenn es in einem Lied heißt: „Gott naht sich mit neuer Huld, dass wir uns zu ihm bekehren; er will lösen unsre Schuld, ewig soll der Friede währen" (GL 221,2). Und in dem bekannten Lied „Tochter Zion" singen wir: „Hosianna, Davids Sohn, sei gegrüßet, König mild! Ewig steht dein Friedensthron, du des ewgen Vaters Kind" (GL 228,3).

Doch dieser von Gott gestiftete Friede ist kein Selbstläufer. Er will „Mitliebende", er will sich mit unserem menschlichen Friedenswillen verbinden. Und dieser Friede beginnt ganz unten, dort, wo Menschen täglich zusammenleben, in der Familie. Sie ist die Keimzelle des Völkerfriedens. Wie sieht es aber in unseren christlichen Familien mit dem Frieden aus? Es muss uns doch nachdenklich stimmen, dass gerade zu Weihachten, wo einmal im Jahr viele Familienmitglieder aus allen Himmelsrichtungen zusammenkommen, oft Streit und Disharmonie ausbrechen. Sie zerstören den familiären Frieden und verkehren den Sinn der Weihnacht. Weihnachten sollte sie doch einander näherbringen, weil hier Gott am Werke ist. Dieses Fest müsste für uns Anlass sein, wo wir mit anderen verfeindet und entzweit sind, die Hand zur Versöhnung auszustrecken. Versöhnen wir uns mit dem, der uns zum Feind geworden ist. So können auch wir zum Weltfrieden beitragen.

Zu Weihnachten lautet die Devise: Mach's wie Gott, werde Mensch und stifte Frieden!

„Er ist in unserer Mitte"

Vor Weihnachten erhielt ich eine kitschige Weihnachtskarte von einem mir befreundeten Ehepaar, das ich vor einigen Jahren getraut und dessen einziges Kind ich auch getauft hatte. Diese Karte hat mich sehr betroffen gemacht. Sie ist fast ganz in englischer Sprache verfasst, was heute ja nicht mehr ungewöhnlich ist. Im Mittelpunkt der Karte steht ein Gedicht überschrieben: „Der Weihnachtsbaumengel". Der hier besungene liebste Engel, dem man jemals begegnet ist, ist kein anderer als die eigene fast vierjährige Tochter, die mehrmals abgebildet worden ist. Sie ist zu einem engelgleichen Wesen hochstilisiert worden. Auf der Rückseite sieht man die Köpfe der Eltern mit der Tochter in der Mitte, gewissermaßen die Heilige Familie von heute. Auf der ganzen Karte ist mit keinem Wort oder Bild die Rede von Jesus und Maria. Der Sinn für Weihnachten scheint im Schwinden begriffen zu sein. Das spiegelt sich auch in den 21 Prozent Gottesdienstbesucher an den Weihnachtstagen wider, die also nur doppelt so hoch ist wie an gewöhnlichen Sonntagen.

Engel erfreuen sich heute wachsender Beliebtheit. Der Glaube an Engel ist bei uns von 25 auf 30 Prozent angestiegen. Sie treten bei vielen an die Stelle eines personal vorgestellten Gottes. In einer vorweihnachtlichen Ausgabe der Zeitschrift „Publik-Forum" hat ein evangelischer Theologe für ein Weihnachtsfest ohne Jesus plädiert Er begnügt sich mit den vielfältigen Weihnachtsritualen, die sich im Laufe der Zeit bei uns herauskristallisiert haben. Was halten Sie von einer Geburtstagspartie ohne das Geburtstagskind? „Weihnachten ohne Gott ist wie eine Geburtstagsfeier ohne das Geburtstagskind" meint der bekannte Popsänger Michael Patrick Kelly.

Ganz anders verläuft dagegen das Weihnachtsfest bei den Ureinwohnern des Amazonasgebietes in Brasilien. „Es gibt kaum Geschenke. Dazu reicht das Geld nicht, nur ein gemeinsames Essen. Die Bevölkerung ist bettelarm. Für diese Bevölkerungsschicht ist die Geburt Jesu im Stall von Bethlehem tatsächlich noch der Mittelpunkt des Festes" berichtet der ehemalige Amazonasbischof Erwin Kräutler. Sie bewundern die großzügig gestalteten Krippen und verfolgen aufmerksam die Inszenierung der Weihnachtsgeschichte. Sie können noch staunen und sich wundern, dass der große, heilige Gott zu uns Menschen gekommen ist Sie können verstehen, dass er nicht als allmächtiger Herrscher mit großer Pracht und Herrlichkeit unsere Erde betritt, sondern in Gestalt eines armen Kindes, für das in der Herberge kein Platz mehr vorhanden war. Dieses Geschehen sprengt alle unsere Vorstellungen von Gott, die wir uns von ihm gemacht haben. Mit Gott verbinden wir Macht, Gewalt und Herrschaft, aber nicht, dass er den letzten Platz einnehmen will. Dieser Gott kommt aber nicht, um zu herrschen und sich alles zu unterwerfen Er will wie ein Sklave unser aller Diener sein. Er will unser Leben mit all seinen Facetten teilen. So bleibt ihm auch nichts erspart. In einem Futtertrog kommt er zur Welt außerhalb der Stadt. Sein Kommen erfolgt inkognito, kein Radio- oder Fernsehreporter ist Zeuge von diesem Geschehen. Nur die damals verachteten Hirten, die zu den Außenseitern der

Gesellschaft zählten, vernehmen die Botschaft der Engel: „Heute ist euch in der Stadt Davids der Retter geboren, er ist der Christus, der Herr" (Lk 2,11). Sie sind die Ersten, die zur Krippe eilen und finden das Kind, das in der Krippe liegt. Hier wird offenbar, dass die Armen und Verachteten die bevorzugten Lieblinge Gottes sind. Sie haben noch eine Antenne für das Unerwartete und Wunderbare. Daher ist Weihnachten ein Fest der Armen und Verachteten und nicht der Reichen, auch wenn das die Geschäftsleute nicht gerne hören. Mit ihnen solidarisiert sich Gott. Schon bald muss der Jesusknabe mit seinen Eltern sich auf die Flucht nach Ägypten begeben, weil der Statthalter des Kaisers ihm nach dem Leben trachtet. Auf unübersehbare Weise verbindet sich Gott mit den Flüchtlingen, die aus ihrer Heimat vertrieben sind. So kann ein Christ daher auch nicht den fremdenfeindlichem Parolen der Nationalisten und Rechtspopulisten sein Ohr leihen. Er muss den Vertriebenen und Heimatlosen Gastfreundschaft gewähren. Auch wenn damit viele schwer zu lösende Probleme verbunden sind, die uns noch Jahrzehnte zu schaffen machen werden.

In dem Kind von Bethlehem ist Gott uns auf eine einzigartige Weise nahegekommen. Er lebt mitten unter uns, ist unser Nachbar geworden. Aus diesem Grunde antworten die indigenen Einwohner der Amazonas auf den Ruf des Priesters „Der Herr sei mit euch" nicht, wie wir es gewohnt sind, „ und mit deinem Geist", sondern mit: „Er ist in unserer Mitte". Schöner kann man die Bedeutung der Menschwerdung Gottes nicht umschreiben. Wir sind nicht mehr zur Einsamkeit verurteilt, sondern Gott, der Immanuel, ist der Gott mit uns geworden. Überall dürfen wir diese unbegreifliche Nähe Gottes zu uns Menschen verspüren, selbst noch in der Todeszelle der Widerstandskämpfer, die daraus Kraft geschöpft haben, Christus bis zum bitteren Ende die Treue zu halten. Sie spürten, dass der Herr ihnen nahe war.

Warum hat Gott das alles auf sich genommen, all die Beschwernisse und das unsägliche Leid, das Menschen ihm angetan haben? Darauf gibt es nur eine Antwort: „Die Liebe tut solche Ding, Gott wird Mensch aus Liebe" (R. Guardini). So ist die Menschwerdung Gottes tiefster Ausdruck seiner Liebe zu uns Menschen, seinen Ebenbildern. Gott hat Sehnsucht nach uns, er sucht unsere Nähe, um uns mit seiner Liebe zu beglücken.

Mögen auch Sie beim Anblick des Kindes in der Krippe von tiefer Freude ergriffen werden und wie die Hirten niederknien und anbeten. Dann können die Worte über ihre Lippen kommen, die wir zu Weihnachten singen: „Ich sehe dich mit Freuden an und kann mich nicht satt sehen, und weil ich nun nichts weiter kann, bleib ich anbetend stehen. O dass mein Sinn ein Abgrund wär und meine Seel ein weites Meer, dass ich dich möchte fassen" (GL 256,4).

Weihnachten – Gott kommt als Kind

Weihnachten ist das beliebteste Fest der Deutschen. Die Art, wie wir es begehen, ist zum Exportschlager geworden. Es ist gefühlsmäßig derart überladen und in Gefahr, uns zu überfordern. Das haben wir in den hinter uns liegenden vier Wochen des Advents erlebt. Die Deutschen haben sich in einen Kaufrausch gesteigert auf Grund der guten Konjunktur. Sie haben die 2.300 Weihnachtsmärkte bevölkert und sich bei Glühwein und Spekulatius auf das Fest vorbereitet. In einigen Wohnzimmern konnte man schon wie in Amerika den illuminierten Weihnachtsbaum erblicken.

Ist das schon alles, oder muss es noch mehr geben, wenn wir wirklich Weihnachten feiern wollen? Wissen die meisten Deutschen überhaupt noch, warum sie Weihnachten festlich begehen? Wenn man in die Zeitungen einen Blick geworfen oder sich einige Fernsehsendungen angeschaut hat, dann gewinnt man den Eindruck, Weihnachten ist das Fest der Familie. So konnte man es auch in einer Kirchenzeitung lesen. Für andere ist es das Fest des Kindes, an dessen leuchtenden Augen beim Betrachten des Tannenbaums mit seinen Kerzen die Eltern sich ergötzen.

Wenn wir nach dem eigentlichen Sinn von Weihnachten Ausschau halten wollen, dann können wir uns bei unserem Dichterfürsten Goethe Auskunft holen. Er hat einmal gesagt. „Wenn je das Göttliche auf Erden erschien, so war es in der Geburt Christi." Für uns ist das schon so selbstverständlich geworden, dass wir uns darüber gar nicht mehr wundern können und darüber nachdenken. Für die Muslime erscheint Gott, oder Allah, wie sie ihn nennen, nicht in Gestalt eines Menschen auf Erden, sondern in der Gestalt eines Buches, des Korans. Gott ist in ihren Augen der Welt so entrückt und kreist nur um sich selbst, dass er diese Erde nicht eigens betreten kann. Das wäre in ihren Augen Gotteslästerung. So lehnt der Islam konsequenterweise die Menschwerdung Gottes in Jesus von Nazaret ab. Wenn ich die Wahl hätte zwischen einem Buch und einer menschlichen Person, in der Gott zu uns kommt, dann würde ich mich immer für die Person entscheiden. Nur eine Person kann ich anbeten und vor ihr niederknien, aber nicht vor einem Buch, mag es noch so heilig sein. Die Botschaft von Weihnachten lautet aber: Gott ist sich nicht zu schade, einer von uns zu werden. Er verlässt seine ewigen Wohnungen und betritt unsere Erde. Aber wie betritt er diese Erde? Nicht als mächtiger Herrscher in einem prächtigen Palast kommt er zur Erde, nicht in Herrlichkeit, Glanz und Licht und Macht, um Angst und Schrecken zu verbreiten. Nein, er ist gekommen wie das Kleinste der Wesen, das Zerbrechlichste, das Schwächste. Er wollte keine Privilegien für sich, sondern hat auf sie verzichtet. Er nimmt den letzten Platz ein, wird der Sklave der Menschen, lässt sich nicht bedienen, sondern kommt, um uns zu dienen. Eine der kürzesten Weihnachtspredigten lautet: „Weihnachten – als Gott im Schrei der Geburt die Gottesbilder zerschlug. Zwischen Marias Schenkeln runzlig rot. Das Kind" (Kurt Marti). Wer an den Gottmenschen in der Krippe glaubt, der muss von all seinen selbst gezimmerten Gottesvorstellungen Abschied nehmen, die Gott auf Menschenmaß reduzieren wollen. Sie wollen ihm alles Anstößige nehmen. Sie sind nicht bereit, die Radikalität dieser göttlichen Herabkunft ernst zu nehmen. Anfang des vorigen Jahrhunderts erregte in einer Brüsseler Gemäldeausstellung ein Bild die Öffentlichkeit, vor allem die kirchliche Öffentlichkeit. Die Erregung war so stark, dass auf Geheiß des Brüsseler Erzbischofs das Bild wegen Blasphemieverdacht zurückgezogen werden musste. Was war hier zu sehen? Es stammte von dem französischen Maler deutscher Herkunft, Max Ernst, und zeigte, wie Maria den blanken Allerwertesten des Jesusknaben versohlte. Ich glaube, dieser Maler hat tiefer erfasst, wie radikal Gott es mit seiner Menschwerdung ernst gemacht hat. Er wollte voll und ganz einer von uns werden. Er war bereit, alle damit verbundenen Konsequenzen auf sich zu nehmen. Daher gehört in die Krippe auch das Kreuz. Denn von Anfang an stand sein Leben unter dem Zeichen der Verfolgung und Ablehnung.

Warum hat Gott dies alles auf sich genommen, warum war er sich nicht zu schade, in die Tiefe und Abgründe menschlichen Wesens herabzusteigen? Darauf gibt es nur eine Antwort: „Die Liebe tut solche Dinge". Gott ist sich nicht zu schade, uns in allem gleich zu werden außer der Sünde. So sehr hat Gott die Welt geliebt, dass er seine ewigen Wohnungen verlassen hat, um unsere Erde zu betreten. So groß war seine Sehnsucht nach dem Menschen, seinem Ebenbild, dass er den letzten Platz einnahm. So ist Weihnachten das Fest der liebenden Demut Gottes. Zu diesem demütig Liebenden sollen wir unsere Zustimmung geben. Darum wirbt er an diesem Abend oder in dieser Nacht.

Als der große evangelische Theologe und Widerstandskämpfer Dietrich Bonhoeffer im Angesicht des Todes durch den Strang sich die Frage stellte, was muss den Christen in dieser Weltzeit auszeichnen, gab er zur Antwort: Die Anbetung Gottes und das Tun des Gerechten. Knien wir staunend, dankbar vor der Krippe nieder und versenken uns in die abgrundtiefe Liebe unseres Gottes, die all unser Begreifen übersteigt.

Die heilige Familie

Am Fest der Heiligen Familie in der Weihnachtszeit wird uns das Bild der Familie von Nazaret als leuchtendes Vorbild vor Augen gestellt. So heißt es im Tagesgebet: „Herr, unser Gott, in der Heiligen Familie hast du uns ein leuchtendes Vorbild geschenkt." Zugleich haben wir aber im Evangelium von der Szene im Tempel zu Jerusalem (Lk 2,41-

52) gehört, die wenig von der Eintracht zu erkennen gibt, die soeben im Tagesgebet hoch gepriesen wurde.

Maria, Josef und Jesus befanden sich auf der vorgeschriebenen Pilgerfahrt nach Jerusalem, um im Tempel Gott anzubeten. Aber während der drei Tage, welche die Familie in Jerusalem verbrachte, ging Jesus verloren. Erst später bemerkten seine Eltern das und machten sich auf die Suche nach ihm. Nach drei Tagen entdeckten sie ihn im Tempel, umgeben von Schriftgelehrten, mit denen er eifrig diskutierte. Sie machten ihm Vorwürfe; denn sie hatten voller Angst nach ihm gesucht. Ein gehorsames Kind hätte seine Eltern in dieser Situation um Nachsicht und um Verzeihung gebeten. Aber Jesus reagierte zum Erstaunen seiner Eltern anders, er machte umgekehrt ihnen Vorwürfe: „Warum habt ihr mich gesucht? Wusstet ihr nicht, dass ich in dem sein muss, was meinem Vater gehört?" Doch sie verstanden ihn nicht. Ihrer Ansicht nach bestand Erziehung darin, dass die Kinder blind den eigenen Eltern vertrauen und nicht widersprechen. Auch heute noch betrachten nicht wenige Eltern die Kinder als ihr Eigentum, über das sie frei verfügen können. Und nicht als Leihgabe, die ihnen anvertraut ist, damit sie diese in ihre Eigen- und Selbständigkeit entlassen. Kinder gehören nicht den Eltern, sondern sie gehören zu ihnen. Das ist ein großer Unterschied, den es zu beachten gilt. Damals in Israel galten Kinder nicht viel, sie zählten zu den Randsiedlern der Gesellschaft, man kümmerte sich nicht um sie. Sie standen auf einer Stufe mit Zöllnern, Sündern, Hirten und Aussätzigen. Daher konnten Eltern über sie verfügen, wie es Maria und Josef versuchten. Auch später noch begegnet uns das gleiche Erziehungsmuster: Als Jesus, inzwischen erwachsen geworden, im Lande als Wanderprediger umherzog und keinem festen Beruf nachging, war sein öffentliches Auftreten ihnen peinlich. Es war auch in ihren Augen anstößig, dass er mit 30 Jahren noch nicht verheiratet war und noch keine Familie gegründet hatte. Sie wollten ihn in Kafarnaum, wo er in der Öffentlichkeit auftrat, aus dem Verkehr ziehen und erklärten ihn für verrückt. Maria musste einen langen Lernprozess durchlaufen, ehe ihr unter dem Kreuz aufging, wer dieser Jesus eigentlich war, den sie groß gezogen hatte. Jesu Antwort auf die Vorwürfe seiner Eltern lautete: Das sind meine Schwestern und Brüder, die den Willen Gottes erfüllen. Diesem Gott fühlte er sich in erster Linie verantwortlich und nicht den Eltern auf Grund von Blutsverwandtschaft. Sie hatte hinter diesem Gott zurückzutreten. Es darf uns daher nicht verwundern, wenn das Neue Testament von familienkritischen Tönen durchzogen ist. Für den Christen ist die Familie der Kinder Gottes seine eigentliche Familie. Lange Zeit hatte die Kirche die Familie vernachlässigt, ihr keine große Bedeutung beigemessen. So ist das Fest der Heiligen Familie ein relativ junges Fest, es wurde erst 1920 eingeführt, zu einer Zeit, da auf Grund von Industrialisierung und Verstädterung der Zerfall der Großfamilie begann. Es entstand etwas Neues, das uns vertraut ist, die Kleinfamilie, Vater und Mutter und ein, zwei oder im Höchstfall drei Kinder. Für dieses Modell der Familie suchte die Kirche ein Vorbild und erblickte es in der Familie von Nazaret. Auch die spektakuläre Bischofssynode in Rom vor einigen Jahren kreiste um die Familie, dabei wurde die heilige Familie von Nazaret als Vorbild den Teilnehmern der Synode vor Augen gestellt. Wir hatten aber gesehen, dass diese Familie keine normale Familie war, ihr Sohn war so ganz anders, er gehörte ihnen eigentlich nicht, sondern Gott, dessen Willen er erfüllen musste. So steht auch für uns Gottes Wille an erster Stelle, alles andere, auch die Familie, ist nachrangig. So fordert er von uns: „Denn wer den Willen meines himmlischen Vaters tut, der ist für mich Bruder und Schwester und Mutter" (Mt 12,50). Diese Erfahrung machen heute junge Menschen, wenn sie sich zum Priestertum berufen fühlen. Dann stoßen sie oft auf erbitterten Widerstand ihrer Ursprungsfamilie, die jetzt erfahren muss, dass die erhofften Enkelkinder nicht zur Welt kommen werden. Früher war eine geistliche Berufung in der Familie eine Auszeichnung, heute ist sie zum Problemfall geworden.

Andererseits ist nicht zu übersehen, dass dieser Jesus in einer Familie aufwächst, damit hat er zugleich die Familie geheiligt; denn alles, was er angenommen hat, ist auch geheiligt. Wenn er auch ihre Bedeutung relativiert hat, so hat er ihr doch einen Platz in seinem Leben eingeräumt. Daher dürfen wir die Familie nicht einfach beiseiteschieben; denn sie ist der Ort, wo der Mensch zuerst Geborgenheit und Liebe erfahren kann. Und das spüren junge Menschen auch heute. Wenn sie nach dem gefragt werden, was für sie bedeutsam ist, dann wird immer wieder die Familie an vorderster Stelle genannt, auch wenn sie in ihrem eigenen Umkreis oft das Scheitern von Ehe und Familie erleben. Dennoch bleibt für sie die Familie das geheime Ziel ihrer Wünsche. Und darin dürfen wir sie nicht enttäuschen. Goethe schrieb 1806 in einem Brief an den Herzog von Weimar: „Wenn alle Bande sich auflösen, werde man zu den häuslichen zurückgewiesen." Auf der Bischofssynode wurde immer wieder die Schönheit der Familie hervorgehoben und für ihr Zeugnis gedankt. Das sollten wir auch heute am Fest der Heiligen Familie tun, wir sollten den Familien danken, die zusammenhalten und sich zugleich für Kirche und Gesellschaft verantwortlich fühlen. Die Familie ist die Grundlage der Gesellschaft und des menschlichen Lebens. Ohne sie hat die Gesellschaft keine Überlebenschance. Stärken wir sie und weiten wir ihren Begriff nicht dahingehend aus, dass überall dort Familie vorhanden sein soll, wo Kinder sind. Das ist nur ein Zerrbild der Familie, das diesen Namen nicht verdient.

Zum Jahresbeginn

Wir stehen am Anfang eines Neuen Jahres und begehen ihn am ersten Januar. Er ist benannt nach dem römischen Gott Janus, er war ein Gott mit zwei Gesichtern. Er schaut zurück auf das Vergangene und gleichzeitig nach vorne auf das noch unbekannt Neue, das auf uns zukommt.

So drängt es uns, am Jahresbeginn zunächst Rückschau zu halten auf das vergangene Jahr. Wir wollen es noch einmal an uns vorüberziehen lassen und uns fragen: Was hat es uns gebracht? Zunächst ist das eine Frage an jeden einzelnen von uns. Ganz persönlich sollte jeder diese Frage beantworten. Haben wir Anlass zur Dankbarkeit gehabt, gab es Grund zur Klage und Bekümmernis?

Aber wir sollten die Frage auch auf unsere Gesellschaft und unseren Staat ausdehnen, ja auch auf die Kirche, deren Glieder wir sind. Noch immer hält uns der Zustrom von Flüchtlingen in Atem, ihre Integration geht nur schleppend voran. Die Anwesenheit so vieler Fremder, die Angehörige einer anderen Kultur und Religion sind, wird als Bedrohung der eigenen Identität erfahren. Rechtspopulistische Kreise schüren Fremdenhass und wecken nationalistische Träume. Die Folge ist, dass unsere Gesellschaft gespalten ist. Bis in kirchliche Kreise hinein ist die Saat dieser Fremdenfeindlichkeit aufgegangen. Das hat sich bei der letzten Bundestagswahl und in den folgenden Landtagswahlen erschreckend deutlich gezeigt. Nicht wenige Katholiken haben dieser rechtsradikalen Partei ihre Stimme gegeben, obwohl sie sich damit in Gegensatz zum Papst gestellt haben, der ausdrücklich für eine Willkommenskultur plädiert.

Die wirtschaftliche Bilanz unseres Landes zeigt positive Tendenzen, um die uns andere Länder beneiden. Dennoch dürfen wir unsere Augen nicht vor der wachsenden Armut in unserem Lande verschließen, von der besonders Kinder und Jugendliche betroffen sind. Die soziale Gerechtigkeit ist noch lange nicht hergestellt.

Kirchlich gesehen, stand im vergangenen Jahr Papst Franziskus wieder im Mittelpunkt der Aufmerksamkeit. Er hat Mut zu einem Neuaufbruch gemacht. Zugleich weckt sein Reformeifer den Widerstand der ewig Gestrigen, die sich mit dem Erreichten zufrieden geben und alte Traditionen für immer festschreiben wollen. Sie sehen, dass ihre eigene Macht im Schwinden begriffen ist. Mit allen Mitteln versuchen sie, den Papst in ein ungünstiges Licht zu rücken und künden Widerstand an. Dazu bedienen sie sich vor allem der modernen Kommunikationsmittel. Das zu Ende gegangene Reformationsjubiläum hat der ökumenischen Bewegung in unserem Land neuen Auftrieb gegeben. Vor allem die Christen an der Basis drängen, mutige Schritte in Richtung sichtbare Einheit zu unternehmen.

Zugleich geht unser Blick aber auch nach vorne, dafür hat ein amerikanischer Schriftsteller ein eindrucksvolles Bild geliefert: „Am Anfang eines jeden Lebens erhält der Mensch einen Marmorblock, sowie die Werkzeuge, die nötig sind, eine Skulptur aus dem Block herauszumeißeln. Wir können ihn unbehauen hinter uns herschleppen, ihn in tausend Stücke schlagen oder ein Meisterwerk daraus machen." Wir können einfach in den Tag hineinleben ohne Ziele und klare Vorstellungen von unserer Zukunft. So können wir jegliche Reformbemühungen in unseren Kirchen behindern und alles beim Alten lassen. Aber jeder von uns hat auch die Chance, etwas Neues zu gestalten, seinem Leben eine andere Richtung zu verleihen. Haben Sie schon eine Idee, was Sie in den kommenden Tagen und Monaten aus ihrem Lebensblock herausmeißeln, was sie anders machen wollen und was zurücktreten lassen? Wir sollten mutig vorangehen, Kreativität und Innovationsfreudigkeit entwickeln. Wir sollten die in uns liegenden Potentiale entwickeln, um so Neues zu gestalten. Das gilt ganz besonders für die Kirche, die dringend Menschen braucht, die kreativ und innovativ neue, unbegangene Wege beschreiten, auch wenn sie mit Widerständen rechnen müssen. Es waren immer in der Geschichte der Kirche Frauen und Männer, die eine neue Epoche in der Kirchengeschichte eingeleitet haben. Sie haben sich auf die Herausforderungen ihrer Zeit eingelassen und im Vertrauen auf den Heiligen Geist neue Modelle des Christseins entwickelt. Denken wir an die Orden und Mystiker im Mittelalter, an den Mainzer Bischof Emanuel von Ketteler, der im 19. Jahrhundert den Blick der Kirche auf die sozialen Nöte in der Gesellschaft gelenkt hat, die bisher von der Kirche übersehen worden waren. Oder an Theologen, die sich dem Gespräch mit der modernen Gesellschaft nicht verweigert haben. Mutig und auch gegen den Willen der Verantwortlichen in der Kirche haben sie neue Wege beschritten, sich um neue Denk- und Sprachformen in der Kirche bemüht. Wir brauchen keine Angst vor der Zukunft des Glaubens und der Kirche haben, auch wenn diese noch im Dunkel liegt. Wir brauchen uns dabei nicht anzupassen. Dabei kann uns ein Wort von Papst Johannes Paul II. ermutigen, der gesagt hat: „Habt keine Angst davor, ins Unbekannte vorzustoßen." Also wagen wir es; denn Christen sind Menschen, die keinen Grund zur Angst haben, die mutig ins Unbekannte aufbrechen, wie einst Abraham auf dem Weg ins Unbekannte.

Das alles wird uns aber nur gelingen, wenn wir nicht allein auf unsere schwachen Kräfte vertrauen, sondern uns vom Geist Christi leiten lassen. Holen wir Christus in die Mitte unseres Lebens und unserer kirchlichen Gemeinschaft. Nur vereint mit ihm kann das Werk der Erneuerung der Welt und der Kirche gelingen. Beten wir zum Heiligen Geist, in seiner Kraft können wir das Antlitz der Erde und der Kirche erneuern.

Die Erscheinung des Herrn

Dem Evangelisten Matthäus verdanken wir die anschauliche und poetisch anmutende Erzählung von den Magiern aus dem Morgenland (Mt 2,1-12), die sich aufmachen, geführt von einem Stern, um dem neu geborenen König und Messias zu huldigen. Man kann sich auf verschiedene Weise mit diesem Text auseinandersetzen. Künstler fühlen sich durch diese Erzählung inspiriert und haben sie in Bild oder Musik umgesetzt. Denken wir an die Kantate zur Epiphanie des Weihnachtsoratoriums mit dem Choral „Ich steh an deiner Krippe hier" von Johann Sebastian Bach. Andere lassen sich von der kritischen Frage leiten, was an dieser Erzählung wahr ist. Sie fragen, wer sind diese geheimnisvollen Gestalten aus dem fernen Orient? Waren sie Könige, waren es drei an der Zahl, was bedeuten die Geschenke, die sie mitgebracht haben? Von Königen ist in dem biblischen Text keine Rede, auch wird hier nicht von drei Personen gesprochen, am wenigsten ist einer von ihnen ein Schwarzer. All das hat man später in diesen Text hineinprojiziert und phantastisch ausgemalt, um das Gemüt der Leser anzusprechen.

Aber Matthäus war nicht nur ein brillanter Erzähler, war nicht nur ein gescheiter Theologe, der sich im Ersten Testament auskannte, er will auch uns, seine Leser und Hörer, in seine dramatische Erzählung einbeziehen. Er hält uns eine eindringliche Predigt, die uns im Innersten berühren will. Er erblickt in uns gewissermaßen die heutigen Magier, die gegenwärtigen Sternendeuter.

Gleich zu Beginn ergeht an uns eine eindringliche Mahnung: Macht's nicht so wie die Hohenpriester, die geistlichen Führer der Juden zur damaligen Zeit, die ganz in der Nähe von Bethlehem lebten und wirkten. Von ihnen heißt es im Text: Sie wissen Bescheid, wo der Messias zur Welt kommen soll. Aber dieses Wissen führt sie nicht zum Futtertrog. Wissen allein genügt nicht, wir müssen daraus auch die Konsequenzen zum Handeln ziehen. Ganz anders dagegen die Sternendeuter aus dem fernen Osten. Sie lassen sich, geleitet von dem sagenumwobenen Stern, auf das Abenteuer eines beschwerlichen Weges ein, obgleich sie nicht wissen, wohin dieser Stern sie führen wird. Sie lassen alles Vertraute zurück und wandern etwa 1.000 Kilometer in ein ihnen unbekanntes, fremdes Land. Was veranlasst sie dazu? Ihre geheime Sehnsucht nach einem Leben in Fülle, nach dem Heil, das Menschen uns nicht bereiten können. Die jüdische Lyrikerin Nelly Sachs sagt: „Alles beginnt mit der Sehnsucht, immer ist im Herzen Raum für mehr, für Schöneres, für Größeres. Das ist des Menschen Größe und Not ... So lass nun unsere Sehnsucht damit anfangen, Dich zu suchen, und lass sie damit enden, Dich gefunden zu haben." Die Magier sehnen sich nach dem Gott, der unsere Erde betreten hat, um unser Leben und Los zu teilen, der uns die liebende Nähe Gottes verkündet und vorgelebt hat.

Eine zweite Warnung enthält der Text: Macht's nicht wie Herodes, der Angst um seine Macht hat und hinterhältig dem neugeborenen Messias nach dem Leben trachtet. Auch die Kirche darf nicht dem Machtstreben verfallen, sie darf nicht irdische Machtstrukturen nachahmen, sondern muss eine dienende Kirche sein, wozu sie sich auf dem II. Vatikanischen Konzil bekannt hatte. Die Einlösung dieses Versprechens lässt noch auf sich warten.

Wie die Sterndeuter sollen wir uns von dem Stern, anders gesprochen von den „Zeichen der Zeit", leiten lassen, sollen versuchen, diese im Licht des Evangeliums zu entziffern. Sie sind die Zeichen, die Gott uns schickt, um uns von ihm finden zu lassen. Fragen wir uns, welches sind gegenwärtig die Zeichen unserer Zeit, die Sternstunden, von denen wir uns führen lassen sollen?

Suchen wir wie die Sterndeuter den wahren König nicht im Palast, nicht bei den Mächtigen und Einflussreichen, sondern in den Armen und Entrechteten, sie sind die Lieblinge Gottes. Nur eine arme Kirche, eine Kirche für die Armen verweist auf den Gott Jesu Christi.

Als die Magier an ihrem Ziel angelangt waren und vor dem kleinen, armen Kind standen, da fielen sie nieder und beteten es an. Wer in die Schule der Fremden aus dem Orient geht, der lernt, Gott wieder anzubeten. Die Anbetung ist weitgehend aus unserem Gebetsschatz verschwunden. Dabei ist sie die höchste Form unserer Gottesbeziehung. Wer anbetet, der lässt all seine ichbezogenen Wünsche und Danksagungen zurück. Ihm geht es um Gott selbst, auf ihn ist er ausgerichtet. Seine Ehre liegt ihm am Herzen. Knien auch wir an der Krippe nieder, machen wir uns klein vor dem großen Gott und breiten wir unsere Geschenke aus. Sie bestehen nicht aus materiellen Gaben, sondern aus dem Kostbarsten, was wir besitzen, aus unserem Herz. Geben wir uns ihm ganz hin, dann geht auch über unserem Leben der Stern von Bethlehem auf, dann wird es hell und licht in unserem Herzen, dann sind wir am Ziel angelangt.

Am Ende heißt es von den Sterndeutern: „Weil ihnen aber im Traum geboten wurde, nicht zu Herodes zurückzukehren, zogen sie auf einem anderen Weg heim in ihr Land" (Mt 2,12). Wer dem Messias in diesem Kind begegnet ist, kann nicht mehr die alten Wege gehen, die alten Worte und Bilder verwenden. Wir dürfen nicht im alten Trott weiterziehen. Eine Umkehr unseres Herzens ist von uns gefordert, dann können wir für andere zum Stern werden, der ihnen zeigt, wo ihre Sehnsucht die wahre Erfüllung findet. Wenn wir unseren Lebensstil ändern, wenn wir zur Umkehr des Herzens bereit sind, dann leuchtet auf unserem Antlitz die Herrlichkeit des Herrn auf, von welcher der Prophet Jesaja sagt: „Steh auf, werde Licht, denn es kommt dein Licht und die Herrlichkeit des Herrn geht strahlend auf über dir. Denn siehe, Finsternis bedeckt die Erde und Dunkel die Völker, doch über dir geht strahlend der Herr auf, seine Herrlichkeit erscheint über dir" (Jes 60,1f).

Das Leidensgedächtnis am Karfreitag

Von dem französischen Mathematiker und Philosophen Blaise Pascal, der mit 21 Jahren die Rechenmaschine erfunden hat, stammt der Ausspruch: Jesus stirbt bis ans Ende der Zeiten. Damit will er sagen, dass das Leiden Jesu nicht mit dem Tod am Kreuz ein Ende gefunden hat. Es setzt sich fort im Leiden der Menschen, es umfängt gewissermaßen jedes menschliche Leid auf Erden. In ihnen allen leidet Jesus Christus, nimmt er Anteil an ihrem Leid. Daher sollen wir in diesem umfassenden Sinne Erinnerungskultur leisten und unseren Blick auf das unsägliche Leid so vieler Menschen lenken.

In erster Linie denken wir an die sechs Millionen Juden, die in den deutschen Konzentrationslagern umgebracht worden sind, aber auch an die anderen dort grausam hingemetzelten Opfer. Unser Leidensgedächtnis hat einen symbolischen Namen: Auschwitz, es symbolisiert das „Geschrei der jüdischen Opfer". Wir gedenken aber auch der einen Million Tutsi und der moderaten Hutus, die im Bürgerkrieg 1994 in Ruanda umgekommen sind. Und dies geschah auch hier durch Christen, die zur Feindesliebe verpflichtet sind. Dieser Völkermord war von langer Hand von der damaligen Regierung vorbereitet worden, während die Weltöffentlichkeit tatenlos zugeschaut hat. Dabei waren in Ruanda Uno-Blauhelme stationiert. Zwanzig Jahre danach ist die Mörderbande der extremen Hutus immer noch am Werk. Das sind nur zwei Beispiele von unsäglichem Leid, das über unschuldige Menschen hereingebrochen ist. Und wenn wir uns die Gegenwart anschauen, dann bietet sich ein ähnlich trostloses Bild, wir brauchen nur an Syrien und an den Irak zu denken oder an Ägypten, wo die koptischen Christen, die ersten Bewohner dieses Landes, verfolgt und unterdrückt werden. Ja, man will sie aus dem Land vertreiben wie im Irak.

Eine dem Leid gewidmete Erinnerung ist gefährlich, weil sie uns bedrängt und uns in Frage stellt. Sie will uns verunsichern. Denn sie erinnert an die noch ausstehende Zukunft und Hoffnung, von der die Menschen damals und heute beseelt sind. All die dahingemordeten Menschen waren von einer Hoffnung inspiriert, die nicht in Erfüllung gegangen ist. Diese Hoffnung bleibt bestehen und wartet auf

Erfüllung. Zum Beispiel die Hoffnung auf Gerechtigkeit, die ihnen zu Lebzeiten versagt geblieben ist. Die Hoffnung, dass am Ende die Täter nicht über die unschuldigen Opfer triumphieren.

Wenn wir des fremden Leids, sei es vergangen oder gegenwärtig, gedenken, dann bedeutet das mehr als gefühlsduseliges Mitleid und Mitgefühl. Es meint vielmehr tätiges Eingedenken. Wir haben dafür in unserer deutschen Sprache kein adäquates Wort, im Lateinischen gibt es dafür das Wort compassion, Mitleidenschaft. Es will unseren Blick auf das Leid des anderen lenken. Wir sollen uns im Innersten vom Leid des anderen betreffen lassen, so wie Gott sich auch im Leiden seines Sohnes vom Leid hat betreffen lassen. Er hat sich freiwillig dem Leid ausgesetzt, um uns so seine Solidarität auch im Leid zu bekunden. Im Hebräerbrief heißt es: „Wir haben ja nicht einen Hohepriester, der nicht mitfühlen könnte mit unseren Schwächen, sondern einen, der in allem wie wir versucht worden ist" (Hebr 4,15). Das hat Jesus beim Tod seines Freundes Lazarus gezeigt. Es heißt dort: „Jesus war im Innersten erregt und erschüttert" (Joh 11,33). Und später heißt es von ihm „da weinte Jesus" (Vers 35). Das ist die einzige Stelle im Neuen Testament, die uns von einem weinenden Jesus berichtet. Hier zeigt er Emotionen, er nimmt zutiefst Anteil am Tod seines Freundes. Das verstehen wir unter Compassion, Mitleidenschaft, die das Leid des anderen an sich herantreten lässt, modern gesprochen, die Empathie zeigt. So tut Erinnern weh, dies gilt vor allem für die Opfer von Gewalt und Missbrauch, die so sehr traumatisiert sind, dass es ihnen oft schwer fällt, die Erinnerung an erlittenes Unrecht aufkommen zu lassen, weil dies weh tut.

Gedenken wir am Karfreitag all der unschuldigen Opfer der Vergangenheit und Gegenwart und üben wir uns in tätige Mitleidenschaft ein, nehmen wir Anteil an deren Leid und lassen wir uns von ihrem Leid betreffen. Denn Christus stirbt am Kreuz bis ans Ende der Zeit.

Auferstehung mitten im Leben

Wenn wir an die Auferstehung denken, dann richten sich unsere Blicke auf das Leben nach dem Tod, auf das, was sich nach dem Tod ereignet. Aber wir Christen erwarten diese Auferstehung nicht erst am Ende unseres irdischen Weges, sondern schon jetzt als Auferstehung der Lebenden. Dabei geht es um das wahre Leben; denn wie ein irischer Schriftsteller einmal zu Recht gesagt hat: „Wirklich zu leben, ist das Kostbarste auf der Welt. Die meisten Menschen existieren bloß, sonst nichts." Aber worin besteht das wahre Leben, das so kostbar ist? Eine Antwort darauf hat uns der russische Schriftsteller Dostojewski in seinem Roman „Die Gebrüder Karamasoff" gegeben: Eine Frau kam zu einem Mönch und klagte ihr Leid. Ihr waren Zweifel gekommen, ob es einen Beweis für das Leben nach dem Tod gebe. Er antwortete: Einen solche gebe es nicht, aber man könne sich davon überzeugen. Der Weg dahin sei beschwerlich, denn er ist mit einem Wagnis verbunden, dem Wagnis im eigenen Leben auf Liebe zu setzen, und diese im Alltag zu konkretisieren. „In dem Maße, wie Sie in der Liebe fortschreiten, werden Sie sich vom Dasein Gottes und von der Auferstehung überzeugen." Es geht also um die tätige Liebe. Was darunter zu verstehen ist, zeigt uns Jesus mit der Auferweckung des Lazarus, den er in sein früheres Leben zurückholt (Joh 11,1-46).

Als Jesus vom Tod seines Freundes Lazarus erfahren hatte, befand er sich auf der Flucht vor den religiösen Autoritäten der Juden, die ihn töten wollten. Er musste sich verstecken. Dennoch wollte er seine Freundinnen, Maria und Marta, und seinen toten Freund Lazarus, ihren Bruder, nicht im Stich lassen. Er brach auf und begab sich damit in Lebensgefahr. Christsein bedeutet: Dasein für andere, die tätige Zuwendung zu den Menschen, die mich brauchen, und denen ich helfen kann. Und das kann manchmal nicht ungefährlich sein, ja mit dem Verlust des eigenen Lebens verbunden sein. Als Jesus nach Bethanien gelangt war und die beiden Schwestern des Toten ihm ihr Leid klagten, ließ er sich von ihrem Schmerz und ihrer Trauer berühren und begann zu weinen. Christsein ist Mitleidenschaft mit den Lebenden und Trauernden. Das zeichnet Jesus aus, dass er mit

Das Kirchenjahr

den Menschen und ihrer Not mitempfindet. Dass er ihre Freuden und Leiden teilte. Er zeigt: Wer in Gott eintaucht, der vermag beim Nächsten aufzutauchen. Wir bezeichnen das heute mit den Worten: compassion, Mitleidenschaft, Anteilnahme am Geschick des anderen. Das ist mehr als Mitleid, die oft nur von oben herab gewährt wird und sich nicht auf Augenhöhe mit dem Leidenden begibt. Das meint Papst Franziskus, wenn er von der verbeulten Kirche spricht, im Unterschied zur aseptischen Kirche, die sich die Hände nicht schmutzig machen will wie beim erzwungenen Ausstieg der deutschen Kirche aus der Schwangerschaftskonfliktberatung.

Am Grab angelangt, ließ Jesus den Grabstein wegwälzen, obwohl die Leiche schon zu verwesen begonnen hatte. Er vertraute darauf, dass Gott auch im Tod heilvoll sein kann, dass seine Liebe weiter reicht als der Tod. So rief er den Toten aus den Grab ins Leben zurück. Er ließ dem Toten die Bande lösen, ließ ihn gleichsam aus allen Verwicklungen befreien. Alles, was einengt, die Freiheit beraubt, was unbeweglich macht, sollte beseitigt werden. Jetzt schon mitten im Leben sollten wir einen Vorgeschmack auf endgültige Auferstehung und Erlösung erhalten. Mitten im Leben sollten wir eine Ahnung vom wahren Leben erhalten, das Freiheit bedeutet.

So werden wir aufgefordert, nach dem Beispiel des Meisters anderen zum Leben verhelfen, indem wir ihnen in Liebe zugewandt sind. Daher werden wir immer wieder zu einem solidarischen Opfer für Menschen in Not gebeten, um eine nachhaltige Hilfe zur Selbsthilfe, um gegen die Kultur des Todes eine Kultur des Lebens zu stiften. Dann beginnt ein Stück des Reiches Gottes mitten unter uns. Wo immer wir aus der Kraft des Gottesgeistes der Liebe Raum geben, wird ein Stück Welt verändert, wandeln die Menschen sich, beginnt neues Leben aufzubrechen.

Durch unsere Liebe wirken wir mit an der Auferstehung der Lebenden. Die Dichterin Marie-Luise Kaschnitz hat dies einmal in die Worte gekleidet: „Manchmal stehen wir auf, stehen wir zur Auferstehung auf mitten am Tage. Mit unserem lebendigen Haar, mit unserer atmenden Haut."

Pfingsten – der Geburtstag der Kirche

Wir begehen heute den „Geburtstag der Kirche"; denn zu Pfingsten wurde der Heilige Geist über die Apostel ausgegossen. Er hat sie mit Mut und Unerschrockenheit ausgestattet, um allen Menschen die Botschaft vom angebrochenen Reich Gottes zu verkünden.

An diesem Geburtstag der Kirche wollen wir einen Blick in die Geschichte der Kirche werfen, die alles anders als eindeutig verlaufen ist. Dabei können wir helle und dunkle Seiten der Kirche entdecken.

Vieles verdankt die Menschheit der Kirche: Sie hat die Menschen von der Angst vor den Dämonen und bösen Geistern befreit. Sie hat einem jeden eine unveräußerliche Würde zugesprochen, Kind, Freund Gottes zu sein und nicht „Sklave Allahs". Sie hat das niedergeschriebene Wort Gottes im Menschenwort in aller Welt verkündet, so dass die Bibel zum Buch aller Bücher geworden ist. Sie hat die Nähe Gottes in den Sakramenten erfahrbar gemacht. Sie hat den Armen und Schwachen Beistand geleistet und für die Verbreitung von Kultur und Bildung gesorgt. Sie hat die Menschen aus der Enge des Nationalismus befreit und ihren Blick auf die gesamte Welt geöffnet. So ist die katholische Kirche zum größten global player auf dem religiösen Gebiet geworden.

Das ist aber nur die eine Seite der Kirche, daneben gibt es auch viele dunkle Seiten der Kirchengeschichte, die vom Versagen und Verrat der Kirche an ihrer Sendung künden. Ein Historiker hat eine mehrbändige Kriminalgeschichte der Kirche verfasst. Darin hat er all die Verbrechen und Sünden der Kirche aufgelistet: die gewaltsame Bekehrung der Heiden, die Kreuzzüge, den skandalösen Lebenswandel der Päpste in der Renaissancezeit, die Hexenverbrennung, die Inquisition, die Judenprograme, die Konfessionskriege und in der Gegenwart der Missbrauchsskandal. Für all diese Sünden hat Papst Johannes Paul II. zur Jahrtausendwende die Welt um Verzeihung gebeten. Das war ein mutiger Schritt.

Wenn man all dies bedenkt, dann legt sich die Frage nahe, wie konnte die Kirche als Institution dies alles überstehen, warum ist sie nicht auch wie andere Reiche längst untergegangen? Wie das römische

Imperium, das Heilige Römische Reich deutscher Nation, das Reich der Osmanen, das kommunistische Unrechtsregime, das sog. Dritte Reich der Nationalsozialisten? Sie alle sind nur noch Gegenstand der historischen Betrachtung, eine Randnotiz der Geschichte. Sie haben keine Gegenwartsbedeutung mehr, sie gehören der Vergangenheit an. Dies aber kann man nicht von der Kirche behaupten. Nach zwei Jahrtausenden Kirchengeschichte ist die Kirche lebendig wie eh und je. Sie befindet sich in Afrika und Asien in einer Aufbruchsstimmung, während sie im Westen Verfallserscheinungen aufweist. Die Gestalt des gegenwärtigen Papstes fasziniert die Medien, die ja mehrheitlich von Atheisten und Agnostikern beherrscht werden. Sein Lebensstil und sein Auftreten in der Öffentlichkeit beeindruckt sie. Die Antwort auf unsere Frage kann ein Profanhistoriker nicht geben, weil er mit rein weltlichen Augen die Entwicklung der Kirche betrachtet. Die Antwort gibt das heutige Fest, das Fest der Herabkunft des Heiligen Geistes auf die Apostel. Es ist der Heilige Geist, der göttliche Geist, ihn hatte Jesus seinen Aposteln verheißen: „Wenn aber jener kommt, der Geist der Wahrheit." Und: „Ich bin mit euch alle Tage bis zum Ende der Welt" (Mt 28,20). Das ist der tiefste Grund, warum wir heute Pfingsten festlich begehen, als Dank, dass Gottes Geist die Kirche davor bewahrt hat, sich von ihrem Ursprung zu lösen. Immer wieder, wenn die Kirche am Boden zerstört erschien, hat sie sich erneuert, ist sie wie ein Phönix aus der Asche neu erstanden. Im vorigen Jahrhundert haben wir diesen Vorgang auf dem II. Vatikanischen Konzil erlebt. Hier ist die Kirche aus dem selbst gewählten Getto herausgetreten, hat die Verurteilung der Welt aufgegeben und sich dem offenen Dialog mit der Welt gestellt. Vor jeder Konzilssitzung haben die Konzilsväter den Gottesgeist auf sich herabgerufen. Sie waren davon überzeugt, dass ohne sein lebendig Wehen nichts im Menschen bestehen, nichts ohne Fehl und Tadel sein kann.

Der Heilige Geist ist die Seele der Kirche, all ihre Lebensäußerungen sind eine Frucht seines Beistandes. Ohne ihn wäre die Kirche eine weltliche Institution mit begrenzter Lebensdauer. Ihm verdankt sie es, wenn „die Pforten des Totenreiches" sie nicht überwinden können. Daher sollten wir täglich beten: Sende aus deinen Geist und du wirst das Angesicht der Erde, und ergänzen wir der Kirche, erneuern.

Wissen die Christen eigentlich, um was sie zu Pfingsten beten? Ist ihnen bewusst, dass dieser Gottesgeist kein pflegeleichter Geist ist, sondern auf Veränderung und Neuwerdung drängt. „Komm, heilige Aufregung", hat eine Theologin, Dorothe Sölle einmal zu Recht gebetet. Wer zum Gottesgeist ruft, kann nicht zur gleichen Zeit sehnsüchtig Ausschau halten nach dem Spätmittelalter in der Liturgie, kann nicht alle Reformen blockieren und den römischen Zentralismus verherrlichen, kann nicht den ökumenischen Bestrebungen ablehnend gegenüberstehen. Der Gottesgeist ist voller Dynamik und Überraschungen. Er lässt nichts, wie es vorher war, er lenkt unseren Blick in die Zukunft.

Mit dem libanesischen Dichter Khabil Gibran sollten wir an diesem Festtag beten:

„Gib nicht auf!
Gleiche nicht jenem,
der am Kamin sitzt und wartet,
bis das Feuer ausgeht,
und dann umsonst
in die erkaltete Asche bläst.
Gib die Hoffnung nicht auf,
und verzweifle nicht
wegen vergangener Dinge!
Unwiederbringliches zu beweinen,
gehört zu den ärgsten
Schwächen des Menschen."

Fest der leiblichen Aufnahme Mariä in den Himmel

Das Fest von der Aufnahme Mariä mit Leib und Seele in den Himmel lenkt unseren Blick auf den Himmel. Himmel ist hier kein geographischer oder physikalischer Begriff, ja er ist überhaupt kein Begriff, sondern ein Bildwort. Fragt man Erstkommunionkinder, was sie sich unter dem Himmel vorstellen, dann kann man erstaunliche Antworten erhalten. Für die einen ist er „wie mein Zuhause", oder „der Himmel ist für mich wie meine Mutter, wie mein Vater, wie meine liebe Oma, mein lieber Opa." Von dem französischen Schriftsteller Jacques Lusseyran gibt es eine anrührende Lebensbeschreibung unter dem deutschen Titel: „Das wiedergefundene Licht". Darin beschreibt er seine Kindheit und Jugendzeit in Paris, die in die deutsche Besatzungszeit fiel. Mit sieben Jahren erblindete er für immer, und dennoch war er der Ansicht, dass er dank eines inneren Lichtes mehr von der Welt und den Menschen gesehen habe als seine Alterskameraden. Seine Eltern umgaben ihn mit so viel Liebe, dass er rückblickend sagen konnte: „Meine Eltern, das war der Himmel. Sie haben mir anfangs nichts von Gott erzählt, aber ich spürte, dass hinter ihnen sich ein Größerer verbarg." So hat dieser blinde Junge schon hier auf Erden eine Erfahrung mit dem Himmel gemacht, die für ihn so prägend war, dass auch später nichts sein Gottvertrauen erschüttern konnte. Wenn Liebende ihre Gefühle beschreiben wollen, dann sagen sie: Der Himmel ist voller Geigen, oder die Ehe ist eine Himmelsmacht. An all diesen Aussagen fällt auf, dass sie keine räumlichen Vorstellungen mit dem Himmel verbinden, wie es doch das Weltraumzeitalter nahelegt. Sie beschreiben den Himmel als ein Beziehungsgeschehen. Und damit kommen sie dem Geheimnis dessen nahe, was in der Bibel unter Himmel verstanden wird. Mit dem Himmel wird Gott selbst bezeichnet, genauer die Beziehung zwischen Gott und uns Menschen. Himmel meint: bei Gott geborgen sein, sich von ihm getragen und bejaht wissen. Himmel meint: bei Gott zu Hause, daheim zu sein. So kann Paulus sagen: „Denn unsere Heimat ist im Himmel" (Phil 3,20). Wenn Kinder so treffende Aussagen über den Himmel machen können, dann lässt das darauf schließen, dass sie in ihrem Leben so etwas wie Geborgenheit und Liebe erfahren haben. Und diese Erfahrungen übertragen sie dann leicht auf Gott, wie es auch die Bibel tut.

Aber wie sollen wir uns den Himmel vorstellen? Die Bibel wählt dafür einige Bildworte, die uns dieses Geheimnis ein wenig näher bringen wollen. Sie spricht vom himmlischen Hochzeitsmahl, bei dem Gott der Gastgeber ist und wir seine Gäste sind. Ein anderes biblisches Bildwort ist das vom himmlischen Jerusalem, das keine Tore mehr kennt, weil hier jeder dem anderen traut, weil hier nur Liebe herrscht. Hier brauchen wir auch keine Sonne mehr, weil Gott selbst die Sonne ist, die alles erleuchtet. Hier gibt es weder Schmerz noch Leid und keinen Tod mehr. Aber das alles sind nur unvollkommene Versuche, etwas anschaulich zu machen, das sich eigentlich unserem menschlichen Verstehen entzieht.

Ein frommer Mönch verspürte einmal das Verlangen, den Himmel kennenzulernen. So wurde er in den Himmel erhoben, um ihn unter Augenschein zu nehmen. Zurückgekommen fragten ihn seine Mitbrüder nach dem Himmel, er konnte nur noch stammeln: Alles ganz anders. Er hatte keine Worte dafür, was den Menschen dort erwartet, wenn er die Todesgrenzen überschritten hat. Gott und das Leben bei Gott ist nicht mit unseren irdischen Begriffen und Bildern zu erfassen, er übersteigt alles, was wir uns über ihn ausdenken. Als ein Junge den früheren Bischof von Mainz, Kardinal Volk, fragte. „Kann ich im Himmel auch Leberwurst essen?" erhielt er von diesem Kardinal, der auch Theologieprofessor gewesen war, die Antwort „Ja", aber dann kam ein Nachsatz, der alles eben Gesagte wieder in Frage stellte: „Wenn du das dann noch möchtest." Er wollte damit sagen, all unsere menschlichen Sehnsüchte und Glücksvorstellungen scheitern an dem Anderssein Gottes, der uns unendlich übersteigt. Er ist das absolute Geheimnis, dem wir uns verdanken, der uns alle umfängt und beschirmt. Wir können eigentlich über den Himmel und damit über Gott, nur etwas aussagen, das alles Irdische verneint. So sagen wir: Gott ist unendlich, nicht endlich, er ist nicht unvollkommen wie alles Irdische. Er ist ewig, nicht zeitlich. Wir möchten noch so viel spekulieren über den geheimnisvollen Gott, überall stoßen wir an Grenzen. Wir können nichts anderes als demutsvoll vor ihm niederknien und sein abgrundtiefes Geheimnis anbeten.

Die Dichterin Hilde Domin hat diese Haltung in folgende Worte gefasst: „Dann sollst du hinknien wie ein Kind am Fuße deines Bettes und um Bescheidenheit bitten. Wenn alles dich einlädt, das ist die Stunde, wo dich alles verlässt."

Erntedank

Wir begehen heute das Erntedankfest. Es ist ein problematisches Fest; denn wofür sollen wir danken, wo wir doch im Überfluss leben? Wir leben in einer Überflussgesellschaft, wo alles überreich uns zur Verfügung steht. Wir haben auch in diesem Jahr eine reiche Korn- und Obst- und Weinernte eingefahren, die Regale in den Supermarktketten und Diskountern quellen über. Wir können unseren Hunger und Durst stillen. Die Folge ist, dass wir oft unverantwortlich mit den irdischen Gaben umgehen. So wandert vieles Frühstücksbrot in die Mülleimer der Schulen. Jährlich landen bei uns rund 20 Millionen Tonnen Lebensmittel im Abfallbehälter, weltweit gehen bis ein Drittel der Nahrungsmittel so verloren! Und selbst wenn wir einmal eine schlechte Ernte beklagen sollten, dann können wir sie ausgleichen durch Importe, so dass bei uns keiner zu hungern braucht. Und doch hat sich auch unter uns die Armut ausgebreitet, darunter leiden schon unsere Kinder. Die große Zahl der Menschen, die von dem Angebot der Tafeln und Suppenküchen Gebrauch machen, lenkt unsere Blick auf die verschämte Armut in unserer Gesellschaft. Sie ist im Wachsen begriffen. Es fällt uns schwer, für diesen Überfluss zu danken, an den wir uns gewöhnt haben. Vielleicht kann der Blick auf die Menschen, die in der sog. Dritten Welt leben müssen, uns ein wenig nachdenklich stimmen und den Blick schärfen für unsere privilegierte Situation. Wie viele sterben dort an Unterernährung und Wassermangel. Wir dagegen leben hier in einer günstigen geographischen Lage, wir kennen keine Taifune und Hurrikans, die alljährlich die Bewohner von Ostamerika und der Karibikinseln heimsuchen und große Schäden anrichten. Es ist bei uns nicht zu warm und auch nicht zu kalt. Wir erleben jährlich einen Frühjahr und Herbst, was für einige Teile Amerikas und für Kanada nicht gilt. All das müsste uns eigentlich dankbar stimmen und zur Überzeugung führen, dass wir reich beschenkt und begabt sind. Ohne unser Zutun sind wir in die glückliche Lage versetzt, materiell gesehen ein ruhiges Leben führen zu können.

Umso mehr muss uns die Gedankenlosigkeit und Undankbarkeit unserer Mitbürger beunruhigen, die das alles als selbstverständlich betrachten und sich nicht bemüßigt fühlen, für ihre Privilegien zu danken. Wir verdrängen die Frage, wem wir unseren Reichtum, unsere Begabungen verdanken. Augenscheinlich wird diese weit verbreitete Undankbarkeit in öffentlichen Lokalen, wo kaum einer vor und nach dem Essen ein Tischgebet vor aller Augen spricht. Es scheint auch in unseren Familien auf dem Aussterbeetat zu stehen. Wir tun so, als ob wir einen Anspruch, ein Abonnement auf diese Gaben besäßen. An diesem Tag sollten wir in Dankbarkeit all derer gedenken, die in der Landwirtschaft und in den Verarbeitungsbetrieben für uns tätig sind. Sie sorgen für unser leibliches Wohl.

Wenn wir heute Erntedank begehen, dann muss sich der Radius unserer Dankbarkeit erheblich erweitern; denn es gibt so vieles, was uns das tägliche Leben erleichtert und es dadurch auch verlängert. In erster Linie wäre an die ärztliche Heilkunst zu denken, die unsere Lebenserwartung erhöht hat. Dank der wissenschaftlichen und technischen Errungenschaften können viele Krankheiten besiegt, kann der Sterbeprozess weitgehend schmerzfrei verlaufen. Wir sind nicht mehr hoffnungslos jedem Leiden ausgeliefert. So gilt heute unser Dank auch dem medizinischen Personal, das im Dienst der Kranken steht.

Wir leben bekanntlich in einer Mediengesellschaft, in der die sozialen Kommunikationsmittel das Zusammenleben der Menschen erleichtern. Wir können mühelos mit entfernt wohnenden Verwandten und Freunden Kontakt aufnehmen. In Sekundenschnelle ist ein Kontakt mit einem Adressaten in den USA hergestellt, der früher Wochen und Monate benötigte. Unter Umständen können diese Medien für uns lebensrettend sein, so wenn wir verunglückt sind und keiner in unmittelbarer Nähe sich befindet. Mit Hilfe des Navi kann ich meist stressfrei ein fernes Ziel ansteuern, auch wenn er manchmal mich in die Irre führt, und ich auf einem freien Feld lande, statt am Eingang eines Friedhofs, wie ich es eingegeben hatte. Ich staune immer wieder, wie exakt er meine Ankunft am Zielort errechnen kann. Dabei sollten die Schattenseiten der modernen Medien keineswegs verschwiegen werden. Im Internet kann eine Hetzjagd auf einen Benutzer veranlasst werden, sein Ruf kann beschädigt werden. Und dies beginnt bereits im Jugendalter. Selbst einige Geistliche sind der Faszination des Internet und Computer erlegen und verbringen Stunden vor diesen Medien. Wenn sie keine Zeit zur Predigtvorbereitung am Wochenende haben, ziehen sie eine Predigtvorlage aus dem Internet heraus. Die Versuchung ist groß, sich dieser fremden Hilfen unkritisch zu bedienen.

Angesichts dieser Wunderwerke der modernen Technik drängt sich hier die Frage auf, wem verdanken wir diese Hilfen, die unser Leben oft angenehmer gestalten? Zunächst sind es die Wissenschaftler und Techniker, die diese Mittel erfunden haben. Aber wer hat sie dazu befähigt, woher stammen ihre Einfälle? Letztlich hat der Schöpfer aller Dinge sie dazu befähigt, die Wunderwerke der Technik zu erfinden. Ihm muss unser Dank gebühren. Denn alles stammt von ihm. Er ist der Geber aller Gaben. So wollen wir heute ihm am Erntedankfest von ganzem Herzen danken.

Wem aber können diejenigen danken, welche die Existenz des Schöpfers aller Dinge leugnen und sich mit sich selbst und den anderen Menschen begnügen? Wem können sie zum Beispiel für ihre Gesundheit oder für ihre geistigen Fähigkeiten danken? Für sie gibt es keine höhere Instanz als den Menschen, und der ist nicht Ursprung unseres Lebens, ist nicht der Geber aller Gaben. Sie stehen mit ihrer Dankbarkeit allein da. Das kann auch zur generellen Undankbarkeit bei ihnen führen, weil es keinen Adressaten für ihre Dankbarkeit gibt. Der deutsche Schriftsteller Peter Handke (geb. 1942) notiert einmal: „Ich bin manchmal ein religiöser Mensch. Dann habe ich das Bedürfnis, dankbar zu sein, und ich weiß nicht wem."

Wir können unseren Dank in einem Gebet zusammenfassen, das lautet:

„O Gott, von dem wir alles haben, wir danken dir für alle Gaben.
Du speisest uns, weil du uns liebst.
O segne auch, was du uns gibst."

Allerheiligen

Wir gedenken heute der vielen Christen, die unscheinbar und unbemerkt in der Spur Jesu gewandelt sind und die sich radikal am Evangelium des Lebens orientiert haben. Sie haben keine Aufnahme in das Verzeichnis der Kirche von den Seligen und Heiligen gefunden und werden daher auch nicht offiziell verehrt. Und doch ist die Zahl derer unübersehbar, die als Heilige des Alltags unter uns gewirkt haben und immer noch wirken. Denn ich vermute, Helden des Alltags leben auch unter uns, ohne dass wir auf sie aufmerksam werden. Sie leben unter den gleichen Lebensbedingungen wie wir und unterscheiden sich doch von uns. Denn sie sind bereit, gegen den gesellschaftlichen Strom zu schwimmen und gegen Ungerechtigkeit und Gewalt, auch innerhalb der Kirche, anzu kämpfen. Sie fühlen sich dem Gott Jesu Christi verantwortlich und keinem anderen. Dabei haben auch sie Fehler und Schwächen wie andere Menschen. Aber das unterscheidet sie von uns, dass sie dazu stehen, sich nicht bemänteln und verharmlosen, vielmehr leiden sie darunter und fühlen sich auf das Erbarmen Gottes angewiesen. Diese sog. Lokalhelden empfinden sich als „aufgeschlossene Sünder" und nicht als Heilige. Ja, sie würden diese Bezeichnung weit von sich weisen: Da ist eine Mutter, die Tag und Nacht am Bett ihres schwerkranken Kindes wacht oder ihrem sterbenskranken Mann auf seinem letzten Erdenweg beisteht. Da begegnen wir einem Menschen, der seinem am Evangelium geschulten Gewissen die Treue erweist, auch wenn ihm dadurch große Nachteile erwachsen. Da ist einer bereit, seinem größten Widersacher zu verzeihen, auch wenn dieser sich dadurch nicht zur Umkehr bewegen lässt. Sie halten Verleumdungen stand, weil sie sich am Beispiel Jesu orientieren. Der französische Schriftsteller Victor Hugo, der im 19. Jahrhundert gelebt hat und seinerzeit als Literat großes Ansehen genoss, spricht einmal von einer Frau, die über die Straße geht. Sie hat drei Kinder großgezogen und nur Undank geerntet, und lebt nun im Elend. Sie hat geliebt und ist allein geblieben. Aber sie ist frei von allem Hass und hilft, wo sie kann. Jemand sieht sie ihren Weg gehen und sagt: „Das muss ein Morgen haben." Diesen „Heiligen der Unscheinbarkeit" (Romano Guardini) wollen wir heute unsere Reverenz erweisen, wollen ihrer in Dankbarkeit gedenken und die Erinnerung an sie wachhalten.

Seit alters her wird die Taufe als ein Siegel bezeichnet; denn sie ist ein Zeichen der Herrschaft Gottes. Wir sind als Getaufte von Gott Bezeichnete, sind sein Eigentum und stehen unter seinem Schutz. Am Ende der Taufspendung wird der Täufling mit Chrisam, heiligem Salböl, gesalbt, dabei spricht der Taufende die Worte: „Du wirst nun mit dem heiligen Chrisam gesalbt! Denn du bist Glied des Volkes Gottes und gehörst für immer Christus an, der gesalbt ist zum Priester, König und Propheten in Ewigkeit. Amen." Hier erhält der Getaufte Anteil an Christi Sendung, wird berufen in die Nachfolge Jesu. In der Taufe wurden wir alle zu Heiligen; denn nach dem heiligen Paulus sind wir „Heilige in Christus". Welch eine hohe Berufung ist uns damit zuteil geworden! Sind wir uns dessen bewusst, dass wir zu den Menschen gesandt sind, ihnen das Evangelium vom Leben zu verkünden? Und dies geschieht zunächst durch unser Leben, ehe wir dann auch zu Wortverkündern werden. Welch hoher Anspruch, vor dem wir erschrecken müssten. Denn nichts weniger wird von uns erwartet, als Christus ähnlich zu werden, in seine Fußstapfen zu treten, ein anderer Christus zu werden. „Seid heilig, wie auch ich heilig bin", ruft uns der Herr zu. Die Kraft dazu wird uns durch den Heiligen Geist geschenkt, ohne den wir nichts vermögen. „Ohne sein lebendig Wehen nichts im Menschen kann bestehen, nichts ohne Fehl und Tadel sein." Öffnen wir uns seinem lebendigen Wehen, damit er uns umgestaltet.

Allerheiligen ist daher ein Fest, an dem wir für unsere Berufung zur Heiligkeit danken sollen, an dem wir aber auch nachdenklich werden sollen, wie es um unser Bemühen um Heiligkeit steht. Da kann ein Blick auf die unscheinbaren Heiligen eine Hilfe und Ermutigung sein, unablässig nach Heiligkeit zu streben, auch wenn der Weg dazu steinig und mühsam ist.

Die Frage des heiligen Augustinus muss auch uns umtreiben und sich wie ein Stachel im Fleisch erweisen: „Wenn diese, warum nicht auch ich?"

Der heilige Martin

Ein aufgeklärter Muslim hat einen Bildband über das Christentum veröffentlicht. In dem beigefügten Kommentar wird das Wesen des Christentums im Erbarmen erblickt. In der Tat, die Barmherzigkeit ist die den Christen auszeichnende Haltung, oder sollte es sein. Sie tritt uns in der Gestalt des heiligen Martin (316/7-397) anschaulich entgegen. An diesem Tag findet in vielen Gemeinden ein Martinsumzug mit einem anschließenden Martinsspiel statt. So viele Kinder kommen in unseren Kirchen nur noch am Palmsonntag und am Heiligen Abend zusammen.

Wie kommt es, dass der Bischof von Tours eine solche Anziehungskraft auf die Menschen, ob gläubig oder nicht, ausübt, wo er doch schon vor 1.600 Jahren gestorben ist? Ungebrochen ist die Faszination, die von diesem bescheidenen, demütigen und tief gläubigen Mann ausgeht. Er hat uns vorgelebt, was Jesus uns aufgetragen hat: „Liebt einander! Wie ich euch geliebt habe" (Joh 13,34). In den Legenden, die sich mit seiner Person verbinden, kommt anschaulich zum Ausdruck, dass nur ein Christentum der Tat uns glaubwürdig macht. Martin verstand sich aber nicht als Sozialarbeiter, der sich lediglich von der Not der Menschen zum Helfen veranlasst sah. Sein Motiv war ein zutiefst christliches. Nachdem er vor den Toren Amiens als römischer Soldat mit einem Bettler seinen Mantel geteilt hatte, soll ihm der Legende zufolge in der Nacht Christus im Traum erschienen sein und zu ihm gesagt haben: „Martin hat mich mit diesem Mantel bekleidet." Im Bettler erblickte er das Antlitz Jesu, der arm auf die Welt kam und stets die Nähe der Armen und Schwachen gesucht hat. Darin zeigt er, dass Gott eine Vorliebe für die Armen hat. In seiner Gerichtsrede bei Matthäus begründet er diese christliche Sicht der Barmherzigkeit: „Was ihr für einen meiner geringsten Brüder getan habt, das habt ihr mir getan" (Mt 25,40).

Es gibt ein Bild vom heiligen Martin aus dem 14. Jahrhundert, das aus Umbrien stammt, es zeigt uns Martin, wie er auf Augenhöhe dem Bettler gegenübersteht. Hier ist der Reiter von seinem hohen Ross abgestiegen, hier wird der Hilfsbedürftige mit den Augen Jesu gesehen.

Dem Bettler wird auf diese Weise seine Würde nicht genommen, er wird nicht beschämt durch eine großzügige Geste, sondern in seinem vollen Menschsein bestätigt. Unsere Aufgabe besteht daher in der sog. Compassion, in der Mit-leidenschaft. Diese müssen wir vom bloßen Mitleid unterscheiden. Die Mit-leidenschaft nimmt echten Anteil am Leid des anderen, solidarisiert sich mit ihm. Wir leiden mit dem Leidenden und stehen seinem Leiden nicht distanziert gegenüber. Es gibt in katholischen Schulen ein sog. Compassionsprojekt. Es besteht darin, dass SchülerInnen unter Anleitung ihrer LehrerInnen eine soziale Einrichtung besuchen, wo sie mit der Not und dem Elend der Menschen in Berührung kommen. Sie bieten für 14 Tage ihre Mithilfe an. Auf diese Weise lernen sie ein wenig Leid und Elend kennen, dem sie zu Hause nicht begegnen. Oft verlängern sie freiwillig ihren Hilfsdienst. Sie werden so ein wenig sensibel für das unaussprechliche Leid, das viele Menschen befallen hat und fähig zur Mit-leidenschaft.

Wenn wir mit Jugendlichen die Frage diskutieren, ob die Kirche eine Zukunft habe, dann bejahen sie diese Frage mit der Begründung: Die Kirche muss auch in Zukunft bestehen, weil sie sich für die Armen, Schwachen und Benachteiligten einsetzt. Die Kirche erhebt ihre Stimme für die zum verstummen Verurteilten und setzt sich für Gerechtigkeit ein. Sie nimmt den Kampf gegen Armut und Elend auf. In den sozialen Brennpunkten ist sie zu finden und bietet dort ihre Hilfe an. Dabei leisten nicht nur Priester und Ordensleute in den Elendsvierteln in aller Welt Hilfe und Beistand, sondern auch einfache Gläubige. Sie unterbrechen oft ihre Berufsausbildung oder opfern ihren Urlaub für diese Menschen. Jedes Jahr werden über 1.000 Jugendliche in der Bundesrepublik als sog. Laienmissionare auf Zeit hinausgesandt, um das Leid und die Armut so vieler Menschen zu teilen. Sie helfen im sozialen und erzieherischen Bereich mit. Viele kommen verändert nach Hause zurück und betrachten unseren Lebensstil mit anderen Augen. Das ist ein Christentum der Tat, das unverzichtbar ist.

Der Jesuitenpater Alfred Delp hat vor seiner Hinrichtung im Dritten Reich als Widerstandskämpfer sich Gedanken über die Zukunft der Kirche gemacht und kam dabei zu der Überzeugung: „Es wird kein Mensch an die Botschaft vom Heil und vom Heiland glauben, solange wir uns nicht blutig geschunden haben im Dienste des physisch, psychisch, sozial, wirtschaftlich, sittlich oder sonst wie kranken Menschen." Das ist eine Mystik der geöffneten Augen, die ihre Augen nicht vor den Schattenseiten des Lebens verschließt. Denn wie der ehemalige Bischof von Evreux, Jacques Galliot, einmal gesagt hat: „Eine Kirche, die nicht dient, dient zu nichts."

Mutter Teresa – Heilige der Dunkelheit

Vor vielen Jahren hat das amerikanische Magazin „Biography" ihre Leser die einflussreichsten Frauen der Geschichte wählen lassen. Dabei landete Mutter Teresa auf dem ersten Platz. Und das „Time-Magazin" erklärte sie zur „Ikone des 20 Jahrhunderts". Schon zu ihren Lebzeiten hat die Welt sie quasi heiliggesprochen, noch bevor die Kirche die offizielle Heiligsprechung vollzogen hatte.

Wer war die neue Heilige, warum hat sie die Herzen so vieler Menschen in der Welt zutiefst berührt? Mit 18 Jahren trat sie in den Orden der Loreto-Schwestern ein, der sie nach ihrer Ausbildung nach Indien schickte. Hier hat sie 17 Jahre lang Kindern aus höheren Schichten Geschichte und Geografie mit großem Geschick beigebracht. Bei einer längeren Busfahrt zu Exerzitien kam sie zum ersten Mal mit der nackten Armut in Indien in Berührung, und das löste einen Schock in ihr aus. „Mich dürstet!" Dieses Jesuswort hat ihr Leben total verändert. Sie sagte: „Der Herr ruft mich, um auf die Straßen zu gehen und den Armen zu dienen." Und davon gab es in Kalkutta eine große Menge. Sie gründete den Orden der „Missionarinnen der Nächstenliebe." Ihm gehören heute ca. 5.160 Frauen und ca. 500 Priester in 133 Ländern an. Ganz besonders hat sie das Los der auf den Straßen in Pappkartons Sterbenden berührt, die sie in ihren Heimen für Sterbende aufnahm, um ihnen ein menschenwürdiges Sterben zu ermöglichen. Insgesamt unterhalten die Schwestern 710 Häuser. Sie beklagte: „Um Hunde und Katzen kümmert man sich mehr als um seine Mitmenschen". In ihnen erblickte sie das Antlitz Jesu, dem sie vorbehaltlos dienen wollte. Als „Ikone der Barmherzigkeit" lehrt sie uns, in den Armen und Aussätzigen das Antlitz des barmherzigen Herrn zu erblicken. Ihrer Ansicht nach ist „die größte Krankheit nicht die Lepra oder die Tuberkulose, sondern der Mangel an Liebe und Nächstenliebe." Diesem Mangel wollte sie abhelfen. 1979 erhielt sie dafür den Friedensnobelpreis.

Im Verlauf des Heiligsprechungsprozesses wurde Kritik an Mutter Teresa laut, man wollte ihr den Heiligenschein nehmen: „Mutter Teresa, alles andere als eine Heilige", lautete die Kritik kanadischer Sozialwissenschaftler. Unter anderem warf man ihr vor, sie vertrete ultrakonservative Ansichten, zum Beispiel die Ablehnung der Geburtenkontrolle und das in einem Land mit einem großen Geburtenüberschuss! Man bemängelte die hygienischen Verhältnisse in ihren Häusern, die nicht den neuesten Stand der medizinischen Versorgung aufwiesen. Sie seien mangelhaft. Den Sterbenden versagte sie Schmerzmittel. Wenn sie sich um Spenden für ihre Häuser bemühte, war sie auch bereit, diese aus den Händen von Diktatoren entgegenzunehmen. Diese ließen sich mit ihr fotografieren, um so ihr ramponiertes Image aufzubessern. Das alles berührte sie nicht, weil sei völlig unpolitisch dachte. Politische Korrektheit war ihr fremd.

In ihrem Nachlass fand man Tagebuchaufzeichnungen, die auf einmal ihre Person und ihren Glauben in einem völlig anderen Lichte erscheinen ließen, als er bis dahin dargestellt wurde. Darin klagte sie: „Seit 1949 oder 1950 dieses furchtbare Gefühl der Verlorenheit, diese unbeschreibliche Dunkelheit, die Einsamkeit. Der Platz Gottes in meiner Seele ist leer. In mir ist kein Gott. Er will mich nicht. Er ließ zu, dass dichteste Finsternis in meine Seele eindrangen … Diese Prüfung sollte nicht nur ein paar Tage, ein paar Wochen dauern. Nach außen hin zeigte sie weiterhin das Bild einer Ordensfrau, die ganz auf Gott vertraute. War das Heuchelei oder wollte sie andere nicht durch Offenbarung ihrer seelische Nöte verunsichern? Man hat sie daher auch „die Heilige der Dunkelheit" genannt. Dabei konnte man sich auf sie berufen, die gesagt hat: „Wenn ich jemals eine Heilige werde – dann gewiss eine Heilige der Dunkelheit. Ich werde fortwährend im

Himmel fehlen – um für jene ein Licht anzuzünden, die auf Erden in Dunkelheit leben." Welch ein Trost für all die vielen Menschen, die auf Erden unter der Verborgenheit Gottes leiden.

Mutter Teresa ist nicht die einzige Heilige, die innere Anfechtungen und Gottesfinsternis ertragen mussten. Das gleiche bekannten auch die heilige Teresa von Avila und die heilige Teresa von Lisieux, ihr großes Vorbild. Johannes vom Kreuz bezeichnete diesen Zustand der Seele als „die dunkle Nacht der Seele", von der auch Heilige nicht verschont geblieben sind. Sie haben darunter gelitten, aber sie haben durchgehalten, sie haben weiter auf Gott vertraut und sich nicht von ihm abgewandt. Darin liegt ihre Größe. Gestalten wie Mutter Teresa zwingen uns, unser überkommenes Bild vom Heiligen zu revidieren. Mit dem Heiligen verbinden wir einen vollkommenen Menschen mit unerschütterlichem Gottvertrauen, der ständig in Gottes Nähe lebt und dem besondere Gotteserfahrungen zuteilwerden. Dabei sind die Heiligen auch Menschen wie wir, auch sie sind unvollkommen, haben Schwächen und Unzulänglichkeiten. Ihr Glaube wird nicht selten auf eine hohe Probe gestellt. Unter dieser Gottverlassenheit haben sie gelitten, aber sie haben dennoch an Gott festgehalten. Würden wir das auch in einer ähnlichen Situation vermögen? Oder würden wir nicht eher Gott den Laufpass geben? Die Heiligen haben wie der alttestamentliche Patriarch Jakob mit Gott gerungen und gesagt: „Ich lasse dich nicht los, wenn du mich nicht segnest" (Gen 32,27b).

Die Lübecker Märtyrer

Drei Mal beschwört Jesus seine Apostel: „Fürchtet euch nicht vor denen, die den Leib töten, die Seele aber nicht töten können" (Mt 10,28). Haben sie daran gedacht, dass ein Christ für seinen Glauben an Jesus Christus mit dem Leben bezahlen könnte, als sie den Evangeliumsabschnitt gehört haben? Daran werden wir erinnert, wenn die Kirche der vier Lübecker Märtyrer gedenkt. Sie wurden am 10. November 1943 in Hamburg hingerichtet. Drei von ihnen waren Kapläne, die inzwischen selig gesprochen wurden, während der vierte Geistliche ein evangelischer Pastor war. Er wurde in den Kreis der Märtyrer aufgenommen, eine Seligsprechung kennt die evangelische Kirche nicht, weil sie von der Sorge getrieben wird, damit würde die Fürsprecherrolle Jesu Christi in Frage gestellt.

1. Alle vier haben im sog. Dritten Reich Widerstand geleistet gegen ein Unrechtsregime, das mit menschenverachtender Brutalität Millionen Menschen, vor allem Juden, umgebracht hat. Die vier Geistlichen starben 1943, weil sie nicht schweigen konnten angesichts der Verbrechen, die von Menschen an anderen verübt wurden. In ihren Predigten und Gesprächsrunden prangerten sie die Rassenideologie der Nazis und die kirchenfeindliche Politik der herrschenden Klasse an. Die drei Kapläne hatten während ihres Studiums in Münster den mutigen Bischof von Münster, Clemens August Kardinal von Galen, kennengelernt. Er hatte von der Kanzel unerschrocken Protest eingelegt gegen die Euthanasie, die heute wieder von einigen propagiert wird, und gegen die Enteignung der Klöster. (Über das Unrecht an den Juden hatte er allerdings geschwiegen, was ihn später sehr bedrückte.) Zusammen mit dem evangelischen Pastor Stellbrink verteilten sie diese Predigten, worauf die Todesstrafe stand. Sie wurden zum Tode verurteilt und auf persönliche Anordnung Hitlers hingerichtet. Mit ihrer Hinrichtung war eigentlich der Löwe von Münster gemeint. Sie übernahmen gewissermaßen eine Stellvertreterrolle. Mit dem Bischof von Münster wollte Hitler nach dem erträumten „Endsieg" abrechnen. Aber dazu kam es Gott sei Dank nicht mehr. Von Gemeindemitgliedern wurden die Kapläne darauf hingewiesen, dass sie sich mit ihren Predigten in große Gefahr bringen würden. Sie antworteten darauf: „Wer sollte denn sonst die Wahrheit sagen, wenn es nicht die Priester sind?" Die Bischöfe hatten damals in der Mehrheit nicht diesen Mut aufbringen können. Sie versuchten, sich mit dem Regime zu arrangieren, einige sandten zu Hitlers Geburtstag jährlich ein Glückwunschschreiben an diesen Massenmörder! So haben sie ein beschämendes Beispiel mangelnden Glaubensmutes abgegeben. Sie hätten in ihrer Position leichter Widerstand leisten können.

2. Die vier Geistlichen haben in einer Zeit Zeugnis für eine gelebte Ökumene abgelegt, das uns höchste Bewunderung abverlangt. Zu der damaligen Zeit herrschte zwischen den beiden großen Kirchen eine Eiszeit. Einem Katholiken war es verboten, an einem evangelischen Gottesdienst teilzunehmen. Eine Ehe zwischen einem Katholiken und einer evangelischen Christin wurde nicht in der Kirche, sondern in der Sakristei vollzogen. Die evangelische Taufe wurde als nicht gültig anerkannt. Der evangelische Pastor war in seiner Jugend und anfänglichen Tätigkeit als Pastor ein glühender Nationalist, ein Antisemit und ein Katholikenhasser gewesen. In Lübeck begegnete er einmal einem der drei Kapläne anlässlich einer Trauerfeier auf dem Lübecker Friedhof und war von ihm sehr angetan, vor allem von seiner Ablehnung des atheistischen Regimes. Auch er verbreitete die drei Predigten des Bischofs von Münster. Das war sein Todesurteil. Der gemeinsame Kampf gegen den Antichristen verband den Pastor mit den drei Kaplänen. Sie haben damals die erst viel später einsetzende Ökumene vorweggenommen. Ihr Beispiel kann für uns Ansporn sein auf dem gemeinsamen Weg zur Einheit der Kirche.

3. Vertieft man sich in die brieflichen Äußerungen der Lübecker Kapläne, dann fällt auf, dass ein roter Faden sich durch ihre Briefe hindurchzieht: das Bekenntnis zu Jesus Christus. So schreibt der Kaplan Eduard Müller: „Denke doch einmal, was das heißt: in Christus zu sein! Sein Leben leben! Jeder Mensch ein Christus … In jedem meiner Mitmenschen soll ich Christus sehen, lieben und dienen! Ich selbst … eine Erscheinung Christi … Ja, hinausschreien müssten wir es in die Welt: Christ, erkenne deine Würde und Größe und wirf sie nicht weg!" Diese innige Christusverbundenheit war die Quelle für ihren Glaubensmut und ihre Widerstandskraft. Sie gingen mutig und mit Freude ihrem Tode entgegen, ohne Angst. Der sie begleitende Gefängnisgeistliche war überrascht, wie gefasst, ja wie froh sie ihrem Tod entgegensahen.

Lassen wir uns von diesem Glaubenszeugnis anstecken. Rufen wir die drei Kapläne als unsere Fürsprecher bei Christus an, dass er auch uns ermutige zum Widerstand gegen alles Menschenverachtende und die wachsende Gottlosigkeit in unserem Land.

Seliger Johannes Prassek, seliger Eduard Müller, seliger Hermann Lange bittet für uns!

Christliche Existenz

Christliche Existenz

Wer glaubt, sieht mehr

Von dem zu früh verstorbenen Aachener Bischof, Klaus Hemmerle, stammt ein Gedicht, das er vor seinem Tod verfasst hat. Es lautet: „Ich wünsche uns Osteraugen, die im Tod bis zum Leben sehen, in der Schuld bis zur Vergebung, in der Trennung bis zur Einheit, in den Wunden bis zur Heilung, im Menschen bis zu Gott, in Gott bis zum Menschen, im Ich bis zum Du zu sehen vermögen. Und dazu wünsche ich uns alle österliche Kraft und Frieden, Licht, Hoffnung und Glauben, dass das Leben stärker ist als der Tod."

Um diese Osteraugen und diese österliche Kraft geht es in der Erzählung vom wunderbaren Fischfang (Joh 21,1-14). Sieben Jünger waren enttäuscht und ihrer Hoffnung beraubt, nach Hause zurückgekehrt. Sie widmeten sich wieder ihrer früheren Beschäftigung, dem Fischfang. In der Nacht fuhren sie auf den See, mussten aber ohne Erfolg wieder heimkehren. Die Nacht ist ein Symbol für Gottesferne und Sinnlosigkeit. Als es dämmerte und der neue Tag heraufzog, erblickten sie am Ufer Jesus, aber sie wussten nicht, dass es der Herr war. Auf seine Aufforderung hin fahren sie am helllichten Tag auf den See hinaus, was in den Augen erfahrener Fischer ein Unding ist; denn Fische beißen bekanntlich am besten in der Nacht an. Es muss von diesem Mann eine Kraft ausgegangen sein, der sie sich nicht entziehen konnten. So fuhren sie wider alle Vernunft auf den See hinaus. Sie konnten das Netz nicht wieder allein einholen, „so voller Fische war es." Die Erinnerung an die wunderbare Brotvermehrung und an das Weinwunder von Kana wurde in ihnen wach. Auch hier stand am Ende eine Überfülle des Erbetenen. Der Jünger, den Jesus besonders liebte, sagte: „Es ist der Herr!" Mit österlichen Augen haben sie Jesus erkannt, mit Augen, die etwas sehen, was über das Normale, allen Vertraute weit hinausgeht. Für sie gilt, was der Gründer des Staates Israel, Ben Gurion, einmal gesagt hat: „Wer nicht an Wunder glaubt, ist kein Realist." Mit anderen Augen nahmen die Jünger Jesus wahr, mit Augen, die im Tod zum Leben hinübergehen.

Aber dieses andere Sehen wird uns heute erschwert, weil wir uns angesichts der staunenswerten Erfolge der Naturwissenschaft und

Technik mit unseren natürlichen und künstlichen Augen zufrieden geben, und alles andere in den Bereich der Märchen und Phantasieprodukte verbannen. So zum Beispiel die Existenz der Seele oder die Willensfreiheit des Menschen. Wer glaubt, sieht mehr, dessen Blickfeld weitet sich und durchbricht die Grenzen von Raum und Zeit. Er blickt hinter die Dinge, erblickt hinter dem Tod das wahre, unvergängliche Leben, hinter der scheinbaren Ungerechtigkeit Gottes Gerechtigkeit. Die Brille des Glaubens ermöglicht es uns, das, was unserem Verstand nicht einleuchtet, dennoch als wahr und wirklich anzunehmen. Diese Brille hindert uns daran, uns mit dem kurz bemessenen Leben hier auf Erden zufrieden zu geben, das Vorletzte als das vermeintlich Letzte wahrzunehmen. Es erfolgt hier ein Perspektivenwechsel; denn jetzt sehen wir mit den Augen Gottes und nicht mit dem begrenzten Blick eines Menschen. Für ihn ist der Tod daher nicht das Endstadium, sondern das Durchgangsstadium zum Leben in Fülle bei Gott. Für ihn ist die Liebe stärker als der Tod, ist der Gott Jesu Christi kein ferner Gott, sondern der Gott mit uns, der Immanuel. Ja, dieser Gott ist uns auch im Leid nicht fern, hat er doch unseren Leidensweg auf sich genommen, um uns im äußersten Leid noch nahe zu sein.

Beten wir mit dem früheren Aachener Bischof: „Ich wünsche uns Osteraugen, die im Tod bis zum Leben sehen, in der Schuld bis zur Vergebung, in der Trennung bis zur Einheit, in den Wunden bis zur Heilung, im Menschen bis zu Gott, in Gott bis zum Menschen, im Ich bis zum Du zu sehen vermögen. Und dazu wünsche ich uns alle österliche Kraft und Frieden, Licht, Hoffnung und Glauben, dass das Leben stärker ist als der Tod."

Das Wagnis des Glaubens

Der Mensch unserer Zeit ist darauf bedacht, sein Leben abzusichern gegen alle möglichen Eventualitäten. Für fast alle Situationen im Leben gibt es Versicherungen, selbst für schlechtes Wetter im Urlaub.

Nur gegen ein Ereignis können wir uns nicht absichern, und das ist der Tod. Er kann uns unerwartet jederzeit heimsuchen. Daher wird er auch mit einem Tabu belegt, spricht man nach Möglichkeit nicht über ihn. Viele tun so, als ob sie unsterblich seien. Das unterscheidet den postmodernen Menschen von den Menschen des Mittelalters und des Barocks, die stets im Angesicht des Todes gelebt haben und ihm nicht aus dem Weg gegangen sind.

In einer solchen Welt, wo alles auf Absicherung und Vorsorge abgestimmt ist, hat es der Glaube schwer, Anerkennung und Verständnis zu finden. Im Gegenteil, er wird wie ein Fremdkörper empfunden; denn er ist das genaue Gegenteil von all den Bemühungen, sein Leben in den Griff zu bekommen. Wir können ihn mit dem Artisten auf dem Hochseildrahtakt vergleichen, der über das Seil geht, wo ihn kein Netz auffängt für den Fall, dass er abstürzen sollte. Auch der Glaube ist ein Wagnis, gegen das es keine Absicherungen gibt, er wird allein vom Vertrauen in die Macht getragen, der er sich anvertraut. Christlicher Glaube ist ein Abenteuer und Wagnis. Im Glauben bricht der Mensch auf, lässt er vieles Vertraute und Altbewährtes hinter sich und verlässt sich einzig und allein auf die Führung des Ganz Anderen, dem er sich vorbehaltlos anheimgibt. Er bleibt mit seinem Lebensschiff nicht im sicheren Hafen, sondern begibt sich auf das offene Meer, wo Stürme und Untiefen auf ihn warten. So hat der Auferstandene seine Jünger aufgefordert: „Fahrt hinaus ins offene Meer wo es tief ist und werft eure Netze zum Fang aus" (Lk 5,4).

Auf anschauliche Weise wird im ersten Buch des Alten Testamentes uns ein Glaubender vor Augen gestellt, der alles auf eine Karte setzt und alle Sicherungen hinter sich lässt. Es ist Abraham, ein wandernder Kleinviehnomade, dessen Vorfahren aus Mesopotamien, dem Zweistromland, stammen und der sich zur Zeit mit seinem Stamm im Norden Palästinas aufhält. Und hier ergeht an ihn der Ruf des Schöpfergottes: „Geh fort aus deinem Land, aus deiner Verwandtschaft und aus deinem Vaterhaus in das Land, das ich dir zeigen werde" (Gen 12,1). Was das für einen Nomaden bedeutet, können wir uns heute gar nicht vorstellen. Denn es bedeutet, dass er all seine Sicherungen aufgeben, dass er den schützenden Hort der Sippe verlassen soll. Das bedeutet eigentlich das sichere Todesurteil für ihn und seine Familie. Denn draußen warten auf ihn Wegelagerer, die ihn ausplündern, wenn nicht gar umbringen wollen. Außerhalb der Sippe hatte ein Nomade keine Existenzmöglichkeit. Es war ein Sprung ins Ungewisse, ein tödliches Abenteuer, auf das sich Abraham einlässt. Und wie reagiert er auf diese Zumutung? Es heißt von ihm einfach: „Da ging Abraham, wie ihm der Herr gesagt hatte" (Gen 12,4). Er fragt nicht lange, wie soll das möglich sein, werden ich und meine Familie nicht umkommen? Er macht sich auf den gefährlichen Weg, einzig geleitet von der Segensverheißung Gottes. Sie lautet: „Ich werde dich zu einem großen Volk machen, dich segnen und deinen Namen groß machen. Ein Segen sollst du sein" (Gen 12,2). Welch ein Vertrauen beseelt den aramäischen Halbnomaden! Er bricht auf und lässt alle Sicherungen der Sippe hinter sich, er gehorcht den Weisungen Gottes, die ihn nach Kanaan führten. Christen verstehen ihn daher als „Vater des Glaubens", als Vorbild für den vorbehaltlos glaubenden Menschen.

Der christliche Glaube ist aber keineswegs unvernünftig, wie oft behauptet wird. Im Gegenteil, die beiden letzten Päpste haben die enge Verbindung von Glaube und Vernunft herausgestellt. Es geht ihnen beiden um einen vernünftigen Glauben. Wir sollen Rechenschaft von unserer Hoffnung ablegen, wie es der 1. Petrusbrief von uns fordert (1 Petr 3,15). In einer Zeit, da der militante Atheismus den Gläubigen vorwirft, sie seien naiv und unkritisch, sie befänden sich auf einer niederen Stufe der Menschheitsentwicklung gegenüber den aufgeklärten Menschen. Ja, sie werfen uns sogar einen „Gotteswahn" (R. Dawkins) vor. Unser Glaube ist nicht unkritisch, ist kein Köhlerglaube, er verzichtet nicht auf solide, nachvollziehbare Denkakte, er ist plausibel, aber nicht beweiskräftig. Er verhehlt nicht, dass der menschliche Verstand an Grenzen stößt, die nicht überschritten werden können. Vor dem undurchdringlichen Geheimnis Gottes muss der Mensch letztlich kapitulieren. Hier hilft nur noch ein Sprung in die Arme des göttlichen Geheimnisses. Das Phänomen des Leidens und der abgrundtiefen Bosheit lässt sich zum Beispiel mit Hilfe des menschlichen Verstandes nicht erklären. Hier können wir nur noch verstummen. Die Frage, warum Gott uns leiden lässt, bleibt unbeantwortet. Ist es nicht bezeichnend, dass wir von Gott letztlich nur sagen können, was er nicht ist? Er ist unsterblich, unbegrenzt, unbegreiflich. Hier wird vom denkenden Menschen verlangt, dass er alles Vernünfteln aufgibt und schweigend das göttliche Geheimnis anbetet und verehrt. Daher ist der kniende und anbetende Mensch die Höchstform des Menschseins. Das hat der mittelalterliche Mystiker Angelus Silesius in seinem Weihnachtslied unnachahmlich zum Ausdruck gebracht:

„Ich sehe dich mit Freuden an und kann mich nicht satt sehen; und weil ich nun nichts weiter kann, bleib ich anbetend stehen. O dass mein Sinn ein Abgrund wär und meine Seel ein weites Meer, das ich dich möchte fassen!" (GL 256,4).

Das Abenteuer des Glaubens

Vor einigen Jahren erregte ein Buch die Aufmerksamkeit der Öffentlichkeit. In diesem Buch begründete ein renommierter deutscher katholischer Religionspädagoge seinen Glaubensverlust. Er erklärte, er könne nicht mehr an Gott glauben, das verbiete ihm sein menschlicher Verstand. Dieser war für ihn die alleinige Richtschnur seines Denkens und Handelns. Folgerichtig ist für ihn Jesus Christus nichts anderes als ein jüdischer Wanderprediger, der mit seiner Botschaft vom angebrochenen Reich Gottes Anhänger um sich geschart, im Lande umhergezogen und Kranke geheilt hatte. Das war aber damals nichts Ungewöhnliches. Dieser Theologe steht mit seinen Anschauungen nicht allein. Er reiht sich ein in die große Schar der Religionskritiker, die sich auch nur von ihrem menschlichen Verstand leiten lassen. Für sie sind Religion und Glaube eine Illusion oder eine Projektion menschlicher Wünsche in ein imaginäres Wesen.

Was hat das für Folgen, wenn wir Gott den Rücken kehren und folgerichtig leugnen, dass Jesus von Nazaret mehr als ein gewöhnlicher, religiös begabter Mensch war? Dann müssen wir ihm den Titel

Christus absprechen; denn dieser heißt übersetzt: Gesalbter, Messias. Jesus ist dagegen sein Eigenname. Dann können wir nicht mehr Weihnachten als das Fest der Mensch-werdung Gottes feiern, dann müssen wir es umfunktionieren, wie es heute schon die meisten Deutschen getan haben, und es als Fest des Kindes oder der Familie begehen. Dann ist uns Gott nicht in seinem Sohn auf den Leib gerückt, dann hat er kein menschliches Antlitz erhalten und keinen Namen, der über alle Namen ist. Dann rückt Gott in unendlich weite Fernen und ist uns nicht auf einmalige Weise nahekommen. Dann bleibt der Himmel für uns weiterhin verschlossen. Dann ist Jesus nicht von den Toten auferstanden, sondern, wie ein evangelischer Theologe einmal gesagt hat, dann geht die Sache Jesu weiter. Dann hat er nicht mehr den Bann des Todes gebrochen. Jesus ist nicht mehr der geliebte Sohn, an dem der Vater sein Wohlgefallen gefunden hat. Die Kirche ist eine rein menschliche Gemeinschaft, wie so viele andere, aber nicht Gottes Volk, das er sich am Kreuz zu eigen erworben hat. Er ist nicht mehr das unsichtbare Haupt, dessen Glieder wir sind. Wo Gottes Sein geleugnet und Jesus Christus zum galiläischen Wanderprediger herabgestuft wird, können wir uns, seine Anhänger, nicht mehr Christen nennen. Im Höchstfall sind wir dann Jesuaner. Eine rein irdische Gemeinschaft ist aber dem geschichtlichen Verfall ausgesetzt und wird eines Tages aufhören zu existieren. Ihr gilt nicht die Verheißung: „Die Pforten der Unterwelt werden sie nicht überwältigen" (Mt 16,18).

Unser Glaube hat sich dann aufgelöst in ein überaus begrenztes menschliches Denken, das nicht mehr in der Lage ist, den Sinn des Ganzen zu bestimmen. Denn bei dieser Frage stößt unser menschlicher Verstand an Grenzen. Diese kann er nie überwinden, wenn ihm nicht von oben ein Licht aufgesteckt wird. Wir wären Menschen ohne Hoffnung, so dass Angst uns überkommen muss angesichts des Todes. Es gibt dann keinen Ausweg aus dieser Angst, unser Leben endet an der Todesgrenze, hinter der sich das nackte Nichts bedrohlich aufrichtet.

Sind wir aber bereit, uns auf das Abenteuer des Glaubens einzulassen und nicht selbstherrlich auf die begrenzte Reichweite des menschlichen Verstandes zu vertrauen, dann weitet sich unser Blickfeld, dann sehen wir vieles mit ganz anderen, von Gott erleuchteten

Augen. Dann müssen wir nicht alles vom Menschen und seinen begrenzten Fähigkeiten erwarten. Dann können wir als geliebte Kinder des himmlischen Vaters uns in seiner Huld geborgen wissen. Dann können wir unser Leben unter seine Segensmacht stellen. Denn an Gottes Segen ist alles gelegen. Erst dann verdienen wir den Ehrennamen Christen, weil wir in Jesus Christus mehr erblicken als lediglich einen jüdischen Wanderprediger oder einen Propheten wie Mohammed. Dieser Jesus ist mehr als ein tugendhaftes Vorbild, der sich ganz in den Dienst der menschlichen Gemeinschaft gestellt hat oder ein Vorbild für Gewaltlosigkeit.

Bei der Taufe Jesu leuchtete uns Gottes Herrlichkeit auf, der uns als geliebter Sohn des Vaters im Himmel auf einmalige Weise nahegerückt ist. Was Jesus bei der Johannestaufe zugesprochen wurde, ist auch uns in der Taufe zugesagt. Auch wir dürfen Anteil erhalten am göttlichen Leben, jetzt schon anfanghaft, dereinst aber in seiner ganzen Fülle. Daher können wir einstimmen in den Gesang: „Messias, Jesus, einzger Sohn des Vaters aller Wesen, zum König auf des Ewgen Thron, eh Licht ward auserlesen. Voll Gottesweisheit, Licht aus Licht, voll Kraft, die mächtig zu uns spricht, voll Gnad und Gottesliebe!" (GL 765,1).

Der Weg zum Glauben

In der Vergangenheit stellte das Christsein für viele kein großes Problem dar. Sie wurden gewissermaßen in den Glauben hineingeboren. Von der Wiege bis zur Bahre war ihr christliches Leben geordnet. Sie wuchsen in einer katholischen Familie auf, der Glaube war ihnen in die Wiege gelegt. Sie besuchten eine katholische Grundschule, oft auch eine weiterführende katholische Schule. Später ließen sie sich kirchlich trauen. Vielleicht traten sie auch einem katholischen Verein bei und wurden am Ende ihres Lebens katholisch beerdigt. Glaubensanfechtungen waren sie kaum ausgesetzt, es sei denn, dass schwere Schicksalsschläge sie heimsuchten.

Der Weg zum Glauben

Das alles gehört weitgehend der Vergangenheit an. Das sog. katholische Milieu löst sich, wie auch die anderen Milieus, auf. Es ist nicht mehr selbstverständlich, ein Christ zu sein. Es gibt auch andere Möglichkeiten, seinem Leben einen Sinn zu verleihen. Der Glaube ist heute vielen Anfechtungen ausgesetzt, vor allem von Seiten der Naturwissenschaften, die uns einreden wollen, wir hätten keinen freien Willen, Gott sei nur eine Projektion des Menschen. Der christliche Gottesglaube muss sich mit anderen Gottesvorstellungen auseinandersetzen. Er hat nicht mehr das Alleinvertretungsrecht, wie in der Vergangenheit, er muss sich neben anderen Religionen und Weltanschauungen bewähren und behaupten. Wir können uns nicht mehr auf die eigene Jahrhunderte währende Tradition berufen, sie reicht nicht aus, um den gegenwärtigen Herausforderungen zu begegnen.

Jeder von uns muss seine eigene Glaubensbiographie entwerfen, muss sich seinen eigenen Glaubensweg bahnen. Denn der christliche Glaube wird heute von vielen in Frage gestellt, in den Medien verzerrt dargestellt, wenn nicht lächerlich gemacht. Keiner kann uns das Ja zum Heilsangebot Jesu Christi abnehmen, das ist die Aufgabe eines jeden Getauften.

Wie ein solcher Weg zum Glauben aussehen kann, zeigt uns der Blick in das Leben der heiligen Edith Stein, die nicht im christlichen Glauben groß geworden ist. Vielmehr entstammte sie einer großbürgerlichen jüdischen Familie in Breslau, die zeitweilig sehr wohlhabend war. Aber wie so viele jüdische Familien hatte sich auch ihre eigene Familie der Mehrheitsgesellschaft angepasst und praktizierte nicht mehr ihren angestammten Glauben. Mit 14 Jahren lehnte sie Gottes Existenz ab. Sie suchte in der Philosophie, die sie erfolgreich studiert hatte, einen Ersatz dafür. Aber bald wurde ihr bewusst, dass die Philosophie die entscheidenden Fragen nach dem Woher und Wohin und dem Warum angesichts von Leid und Elend in der Welt nicht beantworten kann. Sie geriet in eine Lebens- besser Sinnkrise. Während ihres Philosophiestudiums ist sie vielen Kollegen und Kolleginnen begegnet, die im christlichen Glauben evangelischer Färbung Halt und Trost gefunden hatten. Diese Begegnung erschütterte ihren Atheismus, sie begann sich mit dem Christentum auseinanderzusetzen. Eines Tages besuchte sie eine befreundete Philosophin, die auch den Weg zum protestantischen Glauben gefunden hatte. Diese hatte aber am Abend eine Einladung erhalten, der sie folgen musste. Sie überließ Edith Stein ihre umfangreiche Bibliothek und schlug ihr vor, ein Buch ihrer Wahl herauszugreifen. Sie tat es und war völlig verwundert, welches Buch sie gewählt hatte: Es war die Autobiographie der heiligen Teresa von Avila, der großen mittelalterlichen Mystikerin und Reformatorin des Karmelitenordens. Sie begann zu lesen und war so von der Lektüre des Buches ergriffen, dass die Zeit wie im Fluge verging. Sie widmete die ganze Nacht der Lektüre dieses Buches. Sie verschlang es förmlich. Als der Morgen heraufdämmerte, war sie am Ende angelangt. Sie stand auf, klappte das Buch zu und rief. „Das ist die Wahrheit!" Kurze Zeit später ließ sie sich in einer katholischen Kirche taufen. Sie wählte nicht die protestantische Form des Christusglaubens, weil ihr diese zu rational erschien, sie entschied sich für die sinnliche Form des Katholizismus, der alle Sinne des Menschen anspricht. Später trat sie dem strengen Orden der Karmeliterinnen bei und wurde in Holland von den Nazis verhaftet. Sie starb als Märtyrerin in einer Gaskammer zusammen mit ihrer Schwester Rosa, die auch den Weg zum katholischen Glauben gefunden hatte.

Edith Steins Weg zum Glauben zeigt uns, wie verschlungen oft die Wege Gottes sind und wie sehr wir auch unseren Verstand anstrengen müssen, um zur Wahrheit zu gelangen. Nur ein vernünftiger Glaube ist ein echter Christusglaube.

Das Evangelium von der Blindenheilung (Joh 9,1-41) zeigt uns einen Juden, der durch die Heilung zum Glauben an Jesus Christus gelangt ist, der das „Licht der Welt" (Vers 5) ist. Dieser Geheilte begriff erst mit der Zeit, wer Jesus wirklich ist. Zunächst spricht er von Jesus als einem Propheten, von denen es damals viele gab. Wollen wir zu einem reifen, verantworteten Glauben gelangen, müssen wir uns in die Evangelien vertiefen; denn aus ihnen tritt uns die Gestalt Jesu plastisch entgegen. Sie können uns Leuchte auf unserem Glaubensweg sein. Dazu muss das inständige Gebet hinzukommen, in dem wir um Erleuchtung und Klärung unserer Zweifel bitten. Von großer

Bedeutung auf unserem Glaubensweg können authentische Christen werden, die uns den christlichen Glauben vorleben. Wenn heute viele Erwachsene um die Taufe bitten, dann hat für ihre Glaubensentscheidung die Begegnung mit lebendigen Zeugen des Glaubens eine wichtige Rolle gespielt, wie sie selbst bezeugen. Der Glaube wird durch Glaubenszeugen „gezeugt".

Lassen wir uns von diesen Menschen im Innersten berühren, sie wollen uns begleiten auf unserem Weg zur Christusbegegnung. Lassen wir uns von der Heiligen Schrift die Augen für Jesus Christus öffnen, der für uns der Weg und die Wahrheit und das Leben ist.

Der Glaubenszweifel

In älteren Beichtspiegeln stand die Frage: „Habe ich am Glauben gezweifelt?" Wenn dies der Fall war, hatte man eine Sünde begangen; denn der katholische Glaube enthielt die Wahrheit, und die durfte man nicht in Frage stellen. Sie stand im Katechismus und wer ihn studiert hatte, der verfügte über die Wahrheit. So hat ein damals in Rom bekannter Jesuitentheologe vor dem Konzil behauptet: „Die Kirche hat ja auch nichts anderes als einen Sack voll Wahrheiten, den wird sie von Zeit zu Zeit schütteln, dann wird manches wieder mehr nach oben kommen. Aber es ändert sich nichts." Folgerichtig wird der Apostel Thomas, der Zweifel an der Auferstehung Jesu von den Toten äußerte, als der ungläubige Thomas bezeichnet. Ist er wirklich das Musterbeispiel eines Ungläubigen?

Ein französischer Bischof hat ein längeres Gespräch mit einem bekannten französischen Schriftsteller geführt, der sich von der Kirche und vom Glauben entfernt hatte. In diesem Gespräch gesteht der Bischof offen zu, dass er zeitweilig in seinem Glauben Anfechtungen erfahren habe und Ängste. Ähnliches konnten wir aus dem Munde des gegenwärtigen Papstes vernehmen, welcher doch der oberste Lehrer der Kirche ist. Wir sehen, Glaube und Unglaube stehen sich nicht wie Feuer und Wasser gegenüber, das eine schließt das andere nicht aus, sondern ein. Glaube und Zweifel am Glauben wohnen Tür an Tür in unserem Innersten. Thomas ist ein Beispiel dafür, er begnügt sich nicht mit dem bloßen Hörensagen, er will sich selbst von der Wahrheit der Behauptung überzeugen. Er will seinen Finger in die Wundmale Jesu legen, sonst könne er nicht glauben. Als er dann dem Auferstandenen begegnet, schmelzen all seine Zweifel dahin, und er braucht seine Finger nicht mehr in Jesu Wundmale zu legen. Vielmehr legt der Zweifler ein eindrucksvolles Glaubenszeugnis ab: „Mein Herr und mein Gott!" Auch die anderen Jünger waren von Zweifeln über den Auferstandenen befallen, sie taten sich schwer mit der neuen Existenzweise ihres Meisters. Nur mühsam haben sie sich durchgerungen zur Erkenntnis und Anerkenntnis des Auferstandenen. Immer wieder tauchten bei ihnen Zweifel auf, ob der Gekreuzigte wirklich zu einem neuen, unvergänglichen Leben auferweckt worden sei.

Wer am Glauben ernsthaft zweifelt, zum Beispiel an der Frage, warum lässt Gott Menschen so unsäglich leiden?, der setzt sich ernsthaft und radikal mit diesem Gott auseinander. Er begnügt sich nicht mit vordergründigen frommen Antworten, sondern will der Sache auf den Grund gehen. Ihm geht es um Wahrheitserkenntnis. Wenn er dann Menschen begegnet, die mit ihrem Leben für diesen unbegreiflichen Gott Zeugnis ablegen, dann kann vielleicht die Mauer des Zweifels zusammenbrechen und auch er kann ausrufen: „Mein Herr und mein Gott!" Auch der französische Schriftsteller war beeindruckt von dem Glaubenszeugnis seines bischöflichen Gegenübers. Sein Unglaube erhielt einige Risse. So gestand er offen: „Dieser Austausch hat meine Reflexion verstärkt und heute beginne ich zu zweifeln. Ja, ich habe Zweifel an der Nichtexistenz Gottes."

So erweist sich nicht selten der Zweifel als produktiv, er erschüttert eine scheinbare Selbstverständlichkeit und zwingt uns, unsere bisherige Position zu überprüfen. Wir müssen uns mit den Argumenten des zweifelnden Gegenübers auseinandersetzen, müssen darauf eingehen. Auf diese Weise können wir zu einer vertieften Sicht des eigenen Glaubens gelangen. Unser Glaube ist kein fester Besitz, der in Sätzen verpackt, an andere weitergegeben wird. Er bleibt stets ein angefochtener Glaube, wir müssen uns immer wieder auf die Suche begeben.

Was wir von Gott wissen, bleibt immer ein Fragment, ein Bruchstück und ist vom Geheimnis umwittert. Denn Gott wohnt im „unzugänglichen Licht" (1 Tim 6,16). Wir werden ihn nie begreifen können.

Bei all unserer Unsicherheit und bei allem Wagnis des Glaubens dürfen wir dennoch von der Hoffnung beseelt sein, dass wir in Gott geborgen sind, dass er treu zu seinen Verheißungen steht. So dürfen wir mit dem Te Deum (Großer Gott, wir loben dich) bekennen: „Auf dich, o Herr, habe ich meine Hoffnung gesetzt. In Ewigkeit werde ich nicht zuschanden" (GL 801).

Das Ringen mit Gott

Im Ersten Testament findet sich eine ungewöhnliche Geschichte, die unsere überkommenen Vorstellungen vom Umgang Gottes mit den Menschen und umgekehrt vom Verhalten des Menschen Gott gegenüber in Frage stellt. Es handelt sich hier um den Kampf Jakobs mit dem Engel oder dem nächtlichen Angreifer (Gen 32,23-33). Hier wird die Auseinandersetzung des Patriarchen Jakob mit Jahwe erzählt, auch wenn dessen Namen nicht fällt. Der Kampf findet in der Nacht am Flüsschen Jabbok statt. Ein Mensch ringt hier mit Gott, dabei ist der Kampf lange Zeit unentschieden, bis der geheimnisvolle Gegner Jakobs Hüfte anrührt, die dadurch ausgerenkt wird. Jakob wird eine fast übermenschliche Kraft zugesprochen, die Gott zu spüren bekommt. Der Erzvater lässt so lange nicht los, bis der Gegner ihn segnet, er will ihm göttliche Lebenskraft abringen: „Ich lasse dich nicht los, wenn du mich nicht segnest" (Gen 32,27). Aber bevor er ihn segnet, will er seinen Namen erfahren; denn der Name ist eng mit dem Träger verbunden, er sagt etwas über das Wesen des Namensträgers aus. Jetzt muss Jakob mit dem Namen auch sein Wesen offenbaren, und damit den Betrug mit dem Segen, den er Esau entwendet hatte. Sein Träger wird als Betrüger entlarvt. Daraufhin wird ihm vom Unbekannten ein neuer Name gegeben, ein Ehrenname, wodurch ihm von Gott Anerkennung zuteil wird. Aus Jakob wird Israel, das bedeutet: Gottesstreiter; denn er hatte mit Gott gerungen und gewonnen. In dieser denkwürdigen Szene nimmt Gott dämonische Züge an, er kämpft wie ein Ringkämpfer und fügt Jakob eine schwere, bleibende Verletzung bei. Für uns ist das eine ungewöhnliche Vorstellung, die so gar nicht in unser domestiziertes Gottesbild passen will. Der große Unbekannte widersagt sich der Bitte Jakobs, er weigert sich, seinen Namen kundzutun wie er es auch Mose gegenüber bei dem brennenden Dornbusch getan hat. Er lässt nicht über sich verfügen, er bleibt dem menschlichen Zugriff entzogen.

Was uns an dieser nächtlichen gespenstischen Szene so sehr in Atem hält, ist die unbekümmerte Art, wie hier ein Mensch mit Gott ringt. Derartige Darstellungen finden sich im Neuen Testament nicht. Darf man so überhaupt mit Gott umgehen, darf man ihn zu einem Zweikampf herausfordern, darf man Gott von Angesicht zu Angesicht schauen, worauf doch in Israel die Todesstrafe stand? (vgl. Ex 33,20 und Ri 6,22; 13,22). Wir haben es verlernt, so elementar und unbekümmert mit Gott zu streiten und zu ringen wie die alttestamentlichen Gläubigen. Glaube ist aber ein ständiges Ringen mit dem unverfügbaren und unbegreiflichen Gott, aus dem wir nicht ohne Verwundungen hervorgehen. Das bekam Jakob in Form einer Lähmung zu spüren. Später haben die Israeliten dieser Lähmung in kultischer Verehrung gedacht. Auf diese Weise ist das nächtliche Ringen des Erzvaters mit Gott in der Erinnerung haften geblieben. Wagen wir es, dem Beispiel des Erzvaters zu folgen und mit Gott zu ringen und zu streiten. Darin drückt sich unser Glaube an den ganz anderen Gott aus, der aber zugleich auch so ganz menschlich ist, wie er in der Szene am Jabbok gezeigt hat.

Ein Text des katholischen Philosophen und Schriftstellers Theodor Häcker lässt uns aufhorchen, er hat Aufnahme in das neu bearbeitete „Evangelische Gesangbuch" (EGB) gefunden. Er lautet: „Lass niemals von Gott! Wenn du das im Augenblick nicht kannst, dann streite mit ihm, klage ihn an und rechte mit ihm, wie Ijob, ja, wenn du das kannst, lästere ihn, aber – lasse ihn nie."

Hörer und Täter des Wortes

In der Pax-Christi-Kirche in Essen steht eine Statue von Toni Zenz. Sie trägt den Namen: „Der Hörende". Sie zeigt einen Mann, der eigentlich nur ganz Ohr ist. Das nach oben gereckte Gesicht mit den weit aufgerissenen Augen, die an die Ohren gelegten großen Hände, die Unterarme, die sich an den Ellenbogen berühren. Alles verschmilzt zu einer Einheit, die ganz bereit ist zum Hören.

Zum Hören auf Gottes Wort ruft uns Jesus in einem Abschnitt des Matthäusevangeliums auf, der den Abschluss der Bergpredigt bildet: „Jeder, der diese meine Worte hört und danach handelt, ist wie ein kluger Mann, der sein Haus auf Fels baute. Als ein Wolkenbruch kam und die Wassermassen heranfluteten, als die Stürme tobten und an dem Haus rüttelten, da stürzte es nicht ein; denn es war auf Fels gebaut" (Mt 7,24). Damit unser Lebenshaus nicht einstürzt, müssen wir zum Hören auf Gottes Wort bereit sein. Karl Rahner hat einmal den Christen als „Hörer des Wortes" treffend umschrieben. Damit meint er nicht ein beliebiges Wort, sondern das „Wort des Lebens", das uns ein Leben in Fülle verheißt. Aber Gott spricht nicht nur zu uns durch das Wort der Offenbarung und dessen Auslegung durch die Tradition der Kirche. Auch heute spricht er zu uns durch die geschichtlichen Ereignisse, durch Menschen, die uns begegnen, und die für uns einen Anruf Gottes darstellen. Er spricht auch durch die sogenannten Fremdpropheten, die sich nicht als Christen verstehen, und dennoch uns etwas zu sagen haben, z.B. durch Dichter und Künstler und Menschen, die sich für eine gerechtere und friedvolle Gesellschaft einsetzen. Auch durch sie will er uns anrufen und zum Hören ermuntern.

Aber mit dem bloßen Hören ist es noch nicht getan, aus dem Lesemeister muss nach Meister Eckhart der Lebemeister werden. Daher verlangt das gehörte Wort den Vollzug, das Evangelium muss zu einem gelebten Evangelium werden. Das Gehörte spiegelt sich für uns in den Forderungen der Bergpredigt wider, diese soll in unserem Leben Gestalt annehmen. Aus dem Hörer des Wortes muss der Täter des Wortes werden. Wir alle wissen, wie schwer das ist. Darin liegt

Christliche Existenz

die Tragik des Christentums, dass ihm eine so unvergleichlich große und schöne Botschaft anvertraut, verkündet worden ist, die es aber immer nur in Bruchstücken in Taten umgesetzt hat. Immer wieder bleiben wir hinter den sicher nicht einfachen Forderungen Jesu zurück, versagen wir und verdunkeln so den Glanz der Frohbotschaft. In der Vergangenheit haben wir Katholiken viel zu stark auf die Orthodoxie vertraut, haben uns an den Katechismen orientiert. Heute erkennen wir, dass vor allem die Orthopraxie gefordert ist. Das Tun des Gerechten, das Mitleiden mit den Schwächsten und Ärmsten der Gesellschaft, das ist das Gebot der Stunde.

In dem Märchen von den wichtigsten Dingen von Leo Tolstoi wird ein König von der Frage umgetrieben: „Was ist wichtig im Leben?" Als seine Gelehrten ihm keine befriedigende Antwort geben konnten, suchte er einen Einsiedler auf, der ihm nach langem Schweigen die Antwort gab:

„Die wichtigste Zeit ist nur eine: der Augenblick. Nur ihn haben wir in der Hand.

Der wichtigste Mensch ist der, mit dem uns der Augenblick zusammenführt.

Das wichtigste Werk ist das Gute, das in der jeweiligen Situation getan werden muss."

Mühen wir uns darum, nicht nur Hörer sondern auch Täter des Wortes Gottes zu werden, damit wir glaubwürdige Verkünder der Botschaft vom Leben werden.

„Du bist mein geliebter Sohn"

Im dritten Kapitel des Matthäusevangeliums (Mt 3,13-17) hören wir, dass Jesus sich von Johannes am Jordan hat taufen lassen, genauer gesagt, sich der Bußtaufe unterzogen hat. Obwohl er ohne Sünde war, will er in allem den Menschen gleich sein und beansprucht für sich keine Privilegien. Auf diese Weise erklärt er sich mit uns sündigen Menschen solidarisch. Er steht ganz auf unserer Seite.

Kaum war Jesus getauft und aus dem Wasser gestiegen, da öffnete sich der Himmel und eine Stimme aus dem Himmel sprach: „Dieser ist mein geliebter Sohn, an dem ich Wohlgefallen gefunden habe" (Mt 3,17). Auf diese Weise wird offenbar, in welch enger Beziehung Jesus zu seinem Vater im Himmel stand. Seine Eltern mussten das schon früh erfahren, als sie in Jerusalem nach ihm suchten. „Wusstet ihr nicht, dass ich in dem sein muss, was meinem Vater gehört?" (Luk 2,49), lautete seine Antwort auf den Vorwurf seiner Eltern, dass sie ihn so lange vergeblich gesucht hatten. Nicht die leibliche Familie hat Anspruch auf seine Nähe, sondern der Vater, mit dem er seit Ewigkeit her verbunden ist. Seine Nähe zu Gott drückt er später so aus: „Ich und der Vater sind eins" (Joh 10,30). Abba, nannte er seinen Vater, das heißt: Papa oder Papi. Für die frommen Juden war das eine Gotteslästerung, so vertraut von Gott zu sprechen. Und dies wagt auch kein frommer Muslim, Allah als seinen Vater zu benennen. Im Gegenteil, er fühlt sich ihm gegenüber als Sklave. Das kommt schon in seiner Gebetshaltung zum Ausdruck: Er kniet auf seinen Fersen und berührt mit dem Kopf den Fußboden, eine für einen Sklaven typische Haltung.

Auch uns gilt die Zusage Gottes: Du bist mein geliebter Sohn, meine geliebte Tochter. Auch wir sind von Gott geliebt, bejaht, und zwar ein jeder Mensch, ungeachtet seiner persönlichen Würdigkeit und seiner Leistungen. Keiner ist von diesem Wohlwollen Gottes ausgeschlossen. Aber wo erfährt zum Beispiel ein Kind, dass es von dem großen Gott, seinem Vater, geliebt ist? Von seinen Eltern, die ja in den Augen der Kinder die „ersten Götter" sind. Sie können ihm etwas von dieser göttlichen Zuwendung vermitteln, zunächst ohne Worte, einfach durch ihren liebevollen Umgang mit dem Kind. Es gibt dafür ein eindrucksvolles literarisches Zeugnis. Es stammt von einem Franzosen, Jaques Lusseyran, das er in dem Buch „Das wiedergefundene Licht" festgehalten hat. Er wuchs in Paris in einer bürgerlichen Familie während der deutschen Okkupation auf. Mit sieben Jahren verlor er für immer das Augenlicht. Seine Eltern umgaben ihn mit fürsorglicher Liebe, so dass er rückblickend feststellen konnte: „Meine Eltern, das war der Himmel. Sie haben mir in den ersten Jahren nichts von Gott erzählt, erst später, aber ich spürte, dass hinter ihnen ein Größerer stand, der mich liebt. Und das war der Grund, warum ich in meinem späteren Leben trotz der körperlichen Behinderung nicht am Sinn des Lebens zweifelte." Dabei hätte er allen Grund zu einem solchen Zweifel gehabt, der viele befällt, wenn sie mit einem solchem körperlichen Defekt behaftet sind. Sie klagen Gott an und wenden sich von ihm ab.

Hier haben Menschen dem Heranwachsenden das beglückende Gefühl der Geborgenheit in Gott vermittelt. Dieser junge Mann organisierte später eine Widerstandsgruppe gegen die Besatzungsmacht. Er wurde dabei denunziert und ins KZ eingeliefert. In dieser Zeit hat er seine älteren Mitinsassen ermutigt, nicht aufzugeben, sondern durchzuhalten. Das alles vermochte er, weil er sich von Gott geliebt wusste, auch während seiner KZ-Haft. Dieses Bewusstsein hat ihn sein ganzes Leben nicht verlassen.

Es können uns auch andere Bezugspersonen dieses Wissen vermitteln, ein guter Freund, eine treue Freundin, oder der Ehepartner. Gott braucht Menschen, um seine Botschaft den Menschen weiterzusagen. Auch wir können anderen dieses Gefühl vermitteln, dass wir von Gott angenommen sind, wenn wir etwas von seiner Liebe ausstrahlen.

Die Weihnachtszeit endet liturgisch mit dem Fest der Taufe Jesu, nicht aber die Zusage Gottes an uns: Du bist mein geliebter Sohn, meine geliebte Tochter. Sie berechtigt uns zum aufrechten Gang als seine Kinder und Freunde, als die ersten Freigelassenen der Schöpfung. Dies drücken wir dadurch aus, dass wir beim Hören des Evangeliums stehen und nicht sitzen, geschweige denn knien. Und seit der Liturgiereform wird die Kommunion wie in früheren Zeiten stehend empfangen. Einige erblicken darin eine ehrfurchtlose Haltung gegenüber dem Heiligen. Aber als Freunde Gottes und seine geliebten Kinder dürfen wir so vor Gott stehen, weil wir nicht mehr Knechte, sondern in die Freiheit der Kinder Gottes Entlassene sind.

Das Gesetz und das Gewissen des einzelnen

Für den modernen Menschen ist die Freiheit eines der höchsten Güter, für die zu kämpfen er bereit ist. Schon Friedrich Schiller sagte. „Der Mensch ist frei geschaffen, ist frei, und würd' er in Ketten geboren." Wird diese so viel gepriesene Freiheit nicht durch Gebote und Verbote in Frage gestellt, denn sie scheinen doch die Freiheit des einzelnen einzuschränken? Ein Jugendlicher bekannte: „Ich selbst entscheide, was gut und böse ist." Und eine Schriftstellerin verkündete: „Ich habe im Grunde eine unbesiegbare Aversion gegen jedes System und keine Lust, mich einem anderen Gesetz unterzuordnen als dem heiligen Egoismus." Der heute weit verbreitete Individualismus verstärkt noch diese Abneigung gegenüber Geboten und Verboten. Jeder will autonom sein, das heißt selbst bestimmen, was er für gut und für böse hält. Er lehnt jede Fremdbestimmung ab, auch wenn sie von Gott kommt. In der Bergpredigt hat Jesus von sich gesagt: „Denkt nicht, ich sei gekommen, um das Gesetz und die Propheten aufzuheben! Ich bin nicht gekommen, um aufzuheben, sondern um zu erfüllen" (Mt 5,17). Er hat die überkommenen Gebote noch radikalisiert, indem er nicht den Wortlaut des Gesetzes betont, sondern die Gesinnung, aus der heraus ein Gebot befolgt wird.

Wir Menschen sind aber keine Einzelwesen, die beziehungslos sich verwirklichen, wir sind dabei auf andere angewiesen, vom ersten Augenblick unserer Geburt bis zum letzten Atemzug. Ein Gemeinwesen kann nur bestehen, wenn alle ihrer Glieder sich auf gemeinsame Werte einigen, die ihrem Leben Ziel und Richtung geben. Andernfalls droht das Chaos, die blanke Willkür. Dann kann nur noch der Stärkere überleben, die Schwachen bleiben auf der Strecke. Wir sind Gemeinschaftswesen und verdanken der Gemeinschaft unseren Zusammenhalt. Das ist manchmal nicht einfach und verlangt Verzicht und Einordnung. Dieses Gesetz gilt auch für die Gemeinschaft der Glaubenden, die ohne gemeinsame verbindliche Regeln oder besser Weisungen nicht lebensfähig ist. Sie garantieren den Zusammenhalt einer kirchlichen Gemeinschaft.

Christliche Existenz

Nun gibt es aber Situationen, wo die Einhaltung der allgemein verpflichtenden Gebote nicht möglich ist. Denn ein Gebot kann nicht jede individuelle Problematik berücksichtigen, dann würde es seinen allgemein verbindlichen Charakter verlieren. Es gibt Fälle, wo der Einzelne zu der Überzeugung gelangt, die allgemein verbindliche Vorschrift nicht einhalten zu können, so dass er das Gebot übertreten muss. Das führt zu Gewissensproblemen, die existentielle Krisen heraufbeschwören. So ist es den Widerstandskämpfern im sog. Dritten Reich ergangen. Sie sahen keinen anderen Ausweg, als den rechtlich gewählten Tyrannen und Diktator Hitler gewaltsam aus dem Wege zu räumen. Sie sahen sich gezwungen, das Gebot: „Du sollst nicht töten" zu übertreten. Schon im Mittelalter hat man dieses Problem des Tyrannenmordes lebhaft diskutiert. Man gelangte zu der Überzeugung, dass es Situationen gibt, die es den Menschen nicht mehr möglich machen, dieses göttliche Verbot immer zu befolgen. Damit haben sie den Tyrannenmord für legitim erklärt.

In der Kirche wird gegenwärtig diese Gewissensproblematik anhand der wiederverheirateten Geschiedenen lebhaft und kontrovers diskutiert. Zwei Richtungen stehen sich gegenüber: Auf der einen Seite die Verfechter einer rigiden Gesetzesmoral, sie pochen auf die Unauflöslichkeit der Ehe und wollen den wiederverheiratet Geschiedenen den Zugang zur Eucharistie verwehren. Auf der anderen Seite – und ihnen neigt der Papst zu – wird zwar an der Unauflöslichkeit der Ehe festgehalten. Aber wie der Papst in einem nachsynodalen Schreiben bekundet hat: Die Menschen, die sich in einer sog. irregulären Situation befinden, leben nicht in Todsünde, sie haben die heiligmachende Gnade nicht verloren. Manchmal sind sie unschuldig am Zerbrechen der Ehe und sehen sich gezwungen, im Hinblick auf die Erziehung der Kinder eine neue Verbindung einzugehen. Diesen Menschen soll unter bestimmten Bedingungen die Kommunion nicht verweigert werden. Der Papst hat in dieser Frage keine autoritäre Entscheidung getroffen, sondern es den nationalen Bischofskonferenzen überlassen, diese Frage zu entscheiden. Auch das ist ein begrüßenswerter Schritt weg vom römischen Zentralismus hin zu einer stärkeren Betonung der Synodalität der Kirche. So hat die Deutsche

Bischofskonferenz beschlossen, wiederverheiratete Geschiedene unter gewissen Bedingungen zur Kommunion zuzulassen. Vorausgehen muss aber ein Gespräch mit einem Geistlichen, in dem die jeweilige Situation geklärt werden soll.

Hier zeigt sich, dass der Buchstabe tötet, aber der Geist frei macht. Wenn die Kirche gegenwärtig so sehr die Barmherzigkeit Gottes betont, dann muss diese Verkündigung sich auch in ihrem konkreten Handeln bewähren. Dann muss im Einzelfall am Ende die Barmherzigkeit über die Gerechtigkeit siegen

Die Wozufrage

Die Warumfrage hat von jeher die Menschen in allen Kulturen und Religionen umgetrieben bis zur Verzweiflung hin. Diese Frage verschärft sich noch im Angesicht eines Glaubens, der den allmächtigen und gütigen Gott in den Mittelpunkt rückt. Sie lautet. „Warum lässt Gott uns leiden?" Wohlgemerkt, es wird hier nicht gefragt, wie es in der Tradition üblich ist, warum lässt Gott das Leid zu; denn bei Gott rücken Zulassen und Bewirken so eng zusammen, dass man zwischen beiden nicht mehr unterscheiden kann. Es darf uns nicht verwundern, dass auch in der Bibel diese drängende und bedrängende Frage uns gehäuft begegnet. Über 400 mal kommt sie in der Bibel vor, davon 90 mal im Neuen Testament. Und Jesus stirbt mit dieser Frage am Kreuz: „Mein Gott, mein Gott, warum hast du mich verlassen?" (Mt 27,46). In der alttestamentlichen Ijoblegende hören wir von der Gestalt des Ijob, dem alles genommen wurde, nicht nur Hab und Gut, sondern auch das Leben all seiner Kinder. Am Ende sitzt er, von Geschwüren bedeckt, und fragt resigniert. „Ist nicht Kriegsdienst des Menschen Leben auf der Erde? Sind nicht seine Tage die eines Tagelöhners? ... Denk daran, dass mein Leben nur ein Hauch ist! Nie mehr schaut mein Auge Glück" (Ijob 7,1f. und 5). Auch Ijob erhält auf seine anklagende Frage keine befriedigende Antwort. In Israel war die Ansicht weit verbreitet, dass das menschliche Leid eine Folge menschlichen Fehlverhaltens ist, sei es des eigenen oder des Fehlverhaltens der Vorfahren. Ijob ist sich aber keiner schweren Schuld bewusst, daher klagt er Gott an, dass er ihn so schwer heimgesucht habe. Und diese Klage ist legitim.

Auch für den Christen gibt es keine befriedigende Antwort, auch er steht hilflos und verzweifelt vor dieser Frage, die sich ja nicht nur auf das vom Menschen verursachte Leid bezieht, sondern auch auf Naturkatastrophen. Alle menschlichen Antwortversuche stoßen an Grenzen, dahinter tut sich das Geheimnis des Bösen auf, vor dem der Mensch machtlos ist. Der Gläubige kann sich damit trösten, dass am Ende seines Lebens Gott ihm den geheimen Sinn von Leid und Bösem enthüllen wird. Aber hier auf Erden muss er damit leben, dass all unser Grübeln uns nicht weiterführt. Wir stoßen an eine Mauer die wir nicht überwinden können. Angesichts des Geheimnischarakters des Leidens können wir verstehen, wenn ein moderner Autor die Feststellung trifft. „Im Kern des Leidens verbirgt sich nichts, nur Leiden. Ich sehe nur Leiden, das die Welt ausfüllt ... Das Leiden existiert, Gott existiert nicht."

Solange wir nach dem Warum fragen, lichtet sich für uns nicht das Dunkel, im Gegenteil, die Verzweiflung und Resignation warten hier auf uns. Vielleicht wandelt sich unser Fragen aber, wenn wir versuchen, die Blickrichtung zu ändern. Statt zurückzufragen, sollten wir unseren Blick in die Zukunft richten und die Wozufrage stellen. Wozu kann das Leid und das Böse dienen, welche Lehren kann ich daraus für mein Leben ziehen? Nehmen wir das Beispiel eines Erdrutsches: Wenn wir nach den Ursachen fragen, werden wir sehr bald gewahr, dass sich hier der Umgang mit der Natur rächt. Tiefe Wurzeln halten in ihrem Umfeld das Erdreich fest. Oft kommt es zu Erdrutschen, weil die Wälder von raffgierigen Menschen abgeholzt worden sind. Wo die Wallhecken gerodet worden sind, fällt es dem Wind leicht, den Boden auszutrocknen und zu verwehen. Wenn aber auf den Dünen Gras und andere Pflanzen verwurzelt sind, dient das der Festigkeit der Dünen, andernfalls werden sie zum Spielball des Windes. So kann diese Katastrophe den Menschen zum Nachdenken und Handeln bewegen.

Ein anderes Beispiel können wir der Kirchengeschichte entnehmen: Der heilige Ignatius von Loyola war in jungen Jahren ein richtiger Lebemann, nur auf den Ruhm eines Ritters im Kampfgetümmel bedacht. Bei der Schlacht von Pamplona in Spanien wurde er schwer verwundet. Eine Kanonenkugel hatte eines seiner Beine zerschmettert und auch das andere verwundet. Die Aussicht auf ein Leben als Ritter war dahin geschwunden. Lange Zeit musste er auf dem Krankenbett verbringen. Um sich die Zeit zu verkürzen, ließ er sich die in der väterlichen Bibliothek vorhandene Literatur bringen. Sie enthielt neben seichten Ritterromanen auch einige geistliche Bücher, eine Lebensbeschreibung und einige Heiligenlegenden. Besonders die Beschreibung der Lebenswege des heiligen Dominikus und des heiligen Franziskus rührten ihn innerlich an. Er überdachte sein bisheriges Leben und erkannte, wie fad und oberflächlich es doch gewesen sei. Er bekehrte sich zu Jesus Christus, dessen Ritter er künftig werden wollte. Nach seiner Genesung wallfahrte er nach dem Kloster Montserrat in Katalonien und legte eine Lebensbeichte ab. Während seines Theologiestudiums in Paris gründete er mit sechs Gesinnungsgefährten die Kompanie Jesu, aus welcher später der Jesuitenorden hervorgegangen ist. Er ist heute der größte Männerorden der katholischen Kirche mit mehr als 17.000 Mitgliedern. Diesem gehört auch Papst Franziskus an. Die segensreiche Tätigkeit dieses Ordens im Bildungswesen und in der Mission verdanken wir die Bereitschaft des Heiligen, nicht bei der Warumfrage stehen zu bleiben, sondern zur Wozufrage vorzustoßen.

Daran können wir ermessen, wie hilfreich die Abkehr von der Warumfrage ist und die Bereitschaft, sich der Wozufrage zu öffnen. Sie ermöglicht einen fruchtbaren Umgang mit Leid und Bösem. Sie kann uns vor Verzweiflung und Atheismus bewahren. Wenden wir uns also von der alle Kräfte lähmenden Warumfrage ab und wagen wir die Frage nach dem Wozu. Sie eröffnet uns neue Räume des Glaubens und befähigt uns zu einem fruchtbaren Wirken im Reich Gottes, wie uns das Beispiel des heiligen Ignatius von Loyola gezeigt hat.

Die Seligpreisungen

Die Seligpreisungen (Mt 5,1-12) gehören zu den zentralen Texten des Neuen Testamentes, sie sind gewissermaßen „das Evangelium im Evangelium". Jesus hat sie bewusst auf einem Berg verkündet. Damit wollte er an die Szene auf dem Berg Sinai erinnern, wo Mose die 10 Weisungen von Jahwe empfangen hatte. Er hat sich als der neue Mose verstanden. Wir dürfen davon ausgehen, dass wir mit den Seligpreisungen ganz nah am historischen Jesus sind, sie also den O-Ton Jesu enthalten.

Die Anrede „Selig seid ihr" können wir auch übersetzen mit: „Herzlichen Glückwunsch"; denn es geht hier um das gelingende, glückliche Leben. Was früher mit Erlösung bezeichnet wurde, wird heute mit dem Leitwort Glück bezeichnet. Die Literatur zum Thema Glück sprießt heute wie Pilze aus dem Boden hervor. Alle Welt sehnt sich nach Glückseligkeit, nach dem höchsten Glück.

Aber was Jesus hier unter Glück versteht, deckt sich nicht mit dem, was die meisten Zeitgenossen mit dem Wort Glück verbinden; denn hier werden Armut, Gewaltlosigkeit, und Verfolgung als Glücksspender herausgestellt. Ist das aber nicht zynisch, wenn hier die Armen seliggepriesen werden? Mit der Armut ist sicher auch die materielle Armut gemeint. Zugleich wird aber auch der als arm bezeichnet, dem bewusst ist, dass er von sich aus nichts vermag, dass alles Gnade, Geschenk ist. Martin Luthers letzte Worte sollen gelautet haben: „Wir sind Bettler, das ist wahr." Wir alle empfangen von ihm, dem Geber aller Gaben, alles, was uns reich macht. Auch mag es uns eigentümlich berühren, wenn die um ihres Glaubens Verfolgten zu den Glücklichen zählen sollen. Hier zeigt sich, wie aktuell diese Botschaft ist. Denn zu keiner Zeit werden so viele Christen aller Konfessionen wegen ihrer Treue zu Christus bis auf den Tod verfolgt. 100 Millionen Christen zählen dazu. Alle fünf Minuten stirbt ein Christ, weil er Christus die Treue halten will und nicht zum Heidentum, z.B. zum Islam oder Hinduismus übertreten will. (Allerdings sind auch sehr viele Muslime Gegenstand von Verfolgungen, wenn wir an die Feindschaft zwischen Sunniten und Schiiten denken.) In all diesen beklagenswerten Situationen sollen die Gläubigen getröstet und bestärkt werden; denn ihr Lohn ist ihnen bei Gott sicher.

Die Botschaft der Seligpreisungen wird heute kontrovers ausgelegt. Im 19. Jahrhundert hat Fr. Nietzsche den Christen vorgeworfen, ihr Glaube sei eine Religion der Krüppel, eine Sklavenmoral, hier würden die Werte umgewertet. Aus den Schwachen werden Starke. Dagegen verherrlicht er das Starke und Mächtige, den Willen zur Macht. Er verkündet den Übermenschen, der alles Schwache und Armselige vernichtet. Was daraus geworden ist, haben zwei Weltkriege und die Konzentrationslager der Nazis und Bolschewisten uns auf erschreckende Weise vor Augen geführt. Aber auch unter Christen gehen die Meinungen auseinander, wie diese Seligpreisungen zu verstehen sind. Der verstorbene Altbundeskanzler Helmut Schmidt war zum Beispiel der Ansicht, mit der Bergpredigt könne man keine Realpolitik machen, sie war für ihn eine Utopie. Ist also die Bergpredigt nur eine Anweisung für christliche Idealisten; aber nichts für das gewöhnliche Fußvolk?

Für Jesus war die Botschaft der Seligpreisungen die Spielregel für Gottes neue Welt. Sie öffnet uns die Augen für diejenigen, die bei Gott die erste Geige spielen. Für Papst Franziskus sind die Seligpreisungen der Weg des Lebens, den der Herr uns lehrt, damit wir seinen Spuren folgen. Sie enthalten das Profil des Christen in der Welt. Sie sind gewissermaßen der Personalausweis des Christen, der sich nicht als Bewunderer sondern als Nachfolger Jesu versteht. Wenn er mit gutem Beispiel vorangeht und sich besonders den Armen und Zukurzgekommenen zuwendet, wenn er bis an die äußersten Ränder der Gesellschaft geht und die Armen in seine Arme schließt, dann leuchtet etwas auf von der Anziehungskraft der Bergpredigt. Sie verpflichtet uns, in diesem Sinne Jesu nachzufolgen.

Wie eigentümlich muss es uns dann aber berühren, wenn in der Gegenwart Evangelikale und evangelische Sekten in Nord- und Südamerika genau das Gegenteil verkünden und damit Massen erfolgreich anlocken. Sie verkünden ein „Wohlstandsevangelium", dessen Devise lautet: „Du hast die DNA des Allmächtigen Gottes. Du musst wissen, dass in Dir das Blut eines Gewinners fließt", so der amerikanische Kirchengründer und berühmte Fernsehprediger Oral

Roberts. Eine Amerikanerin, die einer solchen Megakirche vorsteht, verkündet: „Wer Gutes tut, werde von Gott auch materiell belohnt." Sie ist zum dritten Mal verheiratet und genießt ein luxuriöses Leben. In einer ihrer früheren Gemeinden häufte sie ein Vermögen von 150 Millionen Dollar an. Und diese Botschaft findet auch das Gefallen des gegenwärtigen amerikanischen Präsidenten, der ansonsten als nicht sehr religiös gilt. Er ist ein Milliardär. 81 Prozent der weißen Evangelikalen haben ihm bei der Wahl zum Präsidenten ihre Stimme gegeben. In Südamerika werden neuerdings Kinder als Wunderheiler eingesetzt, die mit großem Erfolg den Menschen das Geld aus der Tasche locken. Hier wird die Bergpredigt auf den Kopf gestellt. Wir müssen dagegen die ganze Radikalität der Seligpreisungen ernst nehmen und uns an den Maßstäben Gottes orientieren. Sie verlangen von uns ein Umdenken, ein Denken in den Kategorien Jesu, der die uns vertrauten Prioritäten in Frage stellt. Wir finden nur den Weg zum erhofften Glück, wenn wir nicht auf unser eigenes Tun vertrauen, sondern im Vertrauen auf Gott leben, so wie es uns Jesus gezeigt hat.

Wer ist ein Geistlicher?

Wer Ist Ihrer Ansicht nach ein Geistlicher? Vermutlich werden die meisten dabei an einen Amtsträger wie Papst, Bischof, Priester und vielleicht auch noch an einen Diakon denken. Eine solche Antwort legt sich nahe, wenn ein Katholik diese Frage beantworten soll. Werfen wir einen Blick in die Bibel, so müssen wir den Personenkreis ausdehnen. Im 1. Petrusbrief lesen wir: „Ihr aber seid ein auserwähltes Geschlecht, eine königliche Priesterschaft, ein heiliger Stamm, ein Volk, das sein besonderes Eigentum wurde, damit ihr die großen Taten dessen verkündet, der euch aus der Finsternis in sein wunderbares Licht gerufen hat" (1 Petr 2,9). Diese Aussage betrifft alle Getauften und mit dem Heiligen Geist Gesalbten ohne Ausnahme. Welch eine Würde kommt damit jedem Getauften zu, er gehört zur königlichen Priesterschaft und ist zur Verkündigung des Evangeliums berufen!

Wer ist ein Geistlicher?

Doch wer ist sich dieser einzigartigen Würde bewusst? Wer ist sich bewusst, dass auch er ein Geistlicher ist? Allerdings dürfen wir nicht übersehen, dass im Neuen Testament auch die Bischöfe erwähnt werden, die sich als Nachfolger der Apostel verstehen, und sog. Älteste, Presbyter, wir würden heute sagen Priester und Diakone, die ein Leitungsamt in den jungen Gemeinden ausgeübt haben.

An diesem mangelnden Bewusstsein ist die katholische Kirche Schuld, die seit dem frühen Mittelalter die Unterscheidung zwischen den Amtsträgern und den einfachen Gläubigen überaus stark betont hat. Die Kirche wurde zunehmend zu einer Klerikerkirche, die vom Leitungs- und Lehramt aus betrachtet wurde. Die sog. Laien wurden auf die Funktion des Hörens und Gehorchens festgelegt. In der Liturgie waren sie stumme Zuschauer und Zuhörer, alles war auf den zelebrierenden Priester ausgerichtet. Er war der Träger des Gottesdienstes. Äußeres Zeichen für die Unterscheidung zwischen Priestern und einfachen Gläubigen war der Lettner im Hoch- und Spätmittelalter, der Klerikerchor und Laienschaft trennte. Die Anrede der Amtsinhaber ließ deren herausgehobene Stellung in der Kirche erkennen: So wurde der Bischof mit Hochwürdigster Herr oder Exzellenz angeredet, und der Priester mit Hochwürden. Ich kann mich noch daran erinnern, wie wir bei der Vorbereitung auf die Priesterweihe angehalten wurden, den Brief an den Bischof zu adressieren. Die Anrede sollte lauten: An seine Exzellenz, den Hochwürdigsten Herrn Bischof … Noch im Kirchlichen Rechtsbuch von 1917 wurde der einfache Gläubige als Nichtkleriker definiert. Also vom Kleriker her wurde er auf seine Rolle in der Kirche festgelegt. Diese Entwicklung hat Jahrhunderte lang funktioniert bis zum II. Vatikanischen Konzil. Dieses beendete die Vorherrschaft der hochwürdigsten und hochwürdigen Herren. Es entdeckte die einzigartige Würde des sog. Laien, die ihm auf Grund von Taufe und Firmung zukommt. Jetzt war er ein lebendiges Glied der Kirche, ausgestattet mit besonderen Gnadengaben, die unerlässlich sind für den Aufbau des Leibes Christi. Die Konzilsväter unterstrichen die Bedeutung des Glaubenssinnes des Volkes Gottes, das auch in Glaubensfragen eine eigene Kompetenz besitzt und daher auch befragt werden müsste. Hat doch das gläubige Volk in einer schweren Glaubenskrise der Kirche, als viele Bischöfe einem häretischen Priester folgten, der die Gottessohnschaft Jesu leugnete, an der Lehre der Apostel treu festgehalten.

Diese neue Wertschätzung des allgemeinen Priestertums der Gläubigen im Unterschied zum besonderen Priestertum vom Bischof und Priester auf dem Konzil verdankt sich dem ökumenischen Gespräch zwischen katholischen und protestantischen Theologen. Martin Luther wollte den Anstoß zu einer umfassenden Reform der Kirche geben. Er hat die Gleichheit aller Getauften betont, die, wie er sagte, „aus der Taufe gekrochen sind". Sie wurde zum Strukturprinzip der reformatorischen Gemeinden. Sie entscheiden über die Anstellung eines Pfarrers, sie bestimmen, wer zur Verkündigung des Evangeliums geeignet ist. Damit hat er die bis dahin geltende Unterscheidung zwischen dem allgemeinen und besonderen Priestertum aufgehoben mit zum Teil fatalen Folgen. Denn nun fehlte ein Leitungs- und Lehramt in der Kirche. Da zu seiner Zeit kein katholischer Bischof bereit war, zum Protestantismus überzutreten, übergab er dem weltlichen Landesherrn die Oberaufsicht über die protestantischen Gemeinden. Das nennen wir das „landesherrliche Kirchenregiment". Dieses hat in Deutschland bis zur Abdankung des letzten Kaisers nach dem Ersten Weltkrieg angehalten. In den skandinavischen Ländern dauerte diese Regelung sogar bis zum Anfang des dritten Jahrtausends. In Schweden beispielsweise berief das Parlament den Bischof und bestimmte, welche Gesangsbücher eingeführt werden sollten. Damit begab sich die lutherische Kirche in die Gefangenschaft des weltlichen Herrschers. Dabei war sie doch angetreten, die Trennung von Staat und Kirche durchzuführen. Die heute so viel gepriesene Freiheit des evangelischen Christen führt oft dazu, dass der einzelne protestantische Christ sein eigenes Lehramt ausübt. Er wählt aus und bestimmt, was er glauben möchte, zumal er die für den Glauben verbindlichen Bekenntnisschriften nicht kennt.

Allerdings müssen wir vor der eigenen Tür kehren, die schönen Ausführungen des letzten Konzils zur Würde der Laien harrt immer noch der Verwirklichung. Der Klerikalismus ist noch lange nicht bei uns ausgestorben. Wir brauchen doch nur einen Blick über die östlichen Grenzen zu werfen. In Polen herrschen Bischöfe und Pfarrer weiterhin autoritär. Hochwürden gehört noch nicht überall der Vergangenheit an. Auch Papst Franziskus beklagt den Klerikalismus in unserer Kirche. Und er muss es wissen.

Unsere Aufgabe wird darin bestehen, die Konzilsbeschlüsse über die Rolle der Laien in der Kirche mit Leben zu erfüllen. Wir brauchen kein drittes Vatikanisches Konzil, wie es einige fordern. Denn wir alle sind Geistliche, auch die Nichtgeweihten. Sie müssen sich nur dessen bewusst werden und auf ihren Rechten bestehen.

Das Bittgebet

Viele Menschen haben den Glauben an Gott verloren; denn sie haben in Notsituationen den Himmel beschworen, aber vergeblich, Gott schwieg. Er erhörte nicht ihre inständigen Bitten. Wir werden aber doch in der Bibel immer wieder aufgefordert: „Bittet und es wird euch gegeben, sucht und ihr werdet finden; klopft an und es wird euch geöffnet!" (Mt 7,7) Schon Kinder beginnen, an Gott zu zweifeln, weil er ihre Bitten nicht erhört. So zum Beispiel, wenn sie um die Gesundheit ihres Meerschweinchen gebetet haben, das dennoch gestorben ist. Warum, so fragen sie, werden meine Bitten nicht erhört? Was nützt dann all unser Beten und Bitten, wenn wir ins Leere hinein beten? Ist Gott doch nicht so lieb und so allmächtig, wie es die Eltern in gutem Glauben den Kindern erzählt haben?

„Herr, lehre uns beten" (Lk 11,1), so bitten die Jünger den Herrn. Und Jesus hat die Jünger eindrucksvoll ins Gebetsleben eingeführt. Er hat ihnen das Modell für rechtes Beten, das Vater unser, gelehrt, ein kurzes, aber inhaltsreiches Gebet. Er beginnt mit dem Blick auf Gott: Vater unser, geheiligt werde dein Name, dein Reich komme, dein Wille geschehe wie im Himmel so auf Erden. Hier geht es zunächst überhaupt nicht um die Wünsche der Menschen, um ihr Wohlergehen, sondern Gott und sein Reich stehen im Mittelpunkt. Und die zentrale Aussage lautet: Dein Wille geschehe! Wenn wir in unserem Gebet Gott unseren Wunschzettel vorlegen, dann kreisen unsere Bitten oft einseitig um uns und um unsere Mitmenschen. Und wir erwarten, dass Gott eins zu eins unseren Wunschzettel abarbeitet, bis kein Wunsch mehr unerfüllt bleibt. Was heißt überhaupt: Dein Wille geschehe? Die französische Mystikerin Simone Weil, die von Haus aus Jüdin war, aber den Weg zum Glauben an Jesus Christus gefunden hat, schreibt: „Man kann niemals wissen, dass Gott dieses oder jenes befiehlt. Die Absicht, dem Willen Gottes zu gehorchen, rettet, was man auch tue wenn man Gottes Willen unendlich über sich stelle, und sie verdammt, was man auch tue, wenn man sein eigenes Herz Gott nennt." Und sie fährt fort: Man müsse „jedes Begehren, alle Meinungen in sich zum Schweigen bringen und dann mit Leib von ganzer Seele und ohne Worte denken: Dein Wille geschehe." Und Jesus stirbt nach dem Lukasevangelium am Kreuz mit den Worten: „Vater, in deine Hände lege ich meinen Geist" (Lk 23,46).

Immer wieder sind wir in der Gefahr, dass wir mit unseren ichsüchtigen Wünschen über Gott verfügen, ihn vor den Karren unserer eigenen Wünsche spannen wollen. Was aber Gottes Wille ist, bleibt für uns verborgen, wie ja sein ganzes Wesen letztlich unergründlich ist. Daher war es anmaßend von Papst Urban II., der den Kreuzzug gegen die Türken proklamierte und diesen mit den Worten rechtfertigte: „Gott will es!" Woher wusste er das, hatte er ein geheimes, ihm allein zugetragenes Wissen?

Gott bleibt für uns ein großes Geheimnis, und je mehr wir uns in dieses Geheimnis vertiefen, desto größer wird unser Nichtwissen. Ein großer Theologe der Frühzeit hat dazu gesagt. „Eigenartig. Je näher eine Theologie Gott kommt, desto stiller wird sie. Aber über das Wesen Gottes, über die Namen Gottes, über das, was Gott nun wirklich ist, jenseits der Bilder, mit denen wir von ihm reden, da werden die Worte spärlich und knapp."

Und dieses Nichtwissen befällt uns, wenn wir uns bittend und flehentlich an ihn wenden, wenn wir hoffen, von ihm erhört zu werden. Es fällt uns schwer, uns in all unseren Bitten ganz dem Willen Gottes anheimzugeben, im Stillen hoffen wir immer noch, wir könnten auf ihn Einfluss nehmen. Das ist ja so menschlich und naheliegend.

Die Größe unseres Geistes erweist sich darin, dass wir uns dem unergründlichen Geheimnis Gottes anheimgeben, dass wir es aufgeben, es ergründen zu können. Hier verstummen all unsere so worthaltigen Gebete, hier umgibt uns tiefstes Schweigen.

Am Wallfahrtsort Altötting gibt es die Muttergotteskapelle, wo viele Wallfahrer ihren Dank für Gebetserhörungen in einem sog. Votivbild zum Ausdruck gebracht haben. Ein Bild unter den vielen anderen hat bei einem Besuch in Altötting meine besondere Aufmerksamkeit erregt. Es passte nicht in das vertraute Schema beim Dank für die Erhörung der Gebete. Die Inschrift lautete: „Ich danke Dir, Gott, dass du mich *nicht* erhört hast; denn dadurch habe ich beten gelernt." Erstaunlich, zu welcher Reife dieser betende Mensch gelangt war. Er war nach Altötting wie so viele andere in der Hoffnung gepilgert, dass Gott seine Bitten erhören werde. Am Ende aber musste er einsehen, dass Gott größer ist als wir Menschen mit unseren begrenzten Wunschlisten, dass wir über Gott nicht verfügen können. Manchmal kann es für uns heilsamer sein, wenn unsere Wünsche nicht in Erfüllung gehen, wenn wir nicht erhört werden. Das erkennen wir erst im späteren Rückblick. Dann kann das uns nachdenklich stimmen, und wir sind gezwungen, unser Wünschen und Begehren aufzugeben und es Gott zu überlassen, wie er uns er erhört. Er weiß am besten, was gut für uns ist. Diese Haltung setzt aber ein großes Gottvertrauen voraus. Dieses ist die Seele unserer Gebete. Ohne Vertrauen in die unbegreifliche Fügung Gottes geht unser Beten ins Leere. Beten ist „sprechender Glaube" (O.H. Pesch), ist Vertrauen in den unbegreiflichen Gott.

Beten wir daher täglich, auch wenn es uns schwerfallen mag, mit voller Überzeugung: „Dein Wille geschehe!"

Verfolgte Christen

Gegenwärtig tobt eine Christenverfolgung ungeahnten Ausmaßes, sie ist die größte aller Zeiten und die Weltöffentlichkeit nimmt davon kaum Kenntnis. Im Gegenteil, sie verharmlost sie, um ja keine

Islamfeindlichkeit aufkommen zu lassen. Wir dürfen unsere Augen vor dem Ausmaß der Katastrophe nicht verschließen, sondern müssen die Öffentlichkeit darauf aufmerksam machen. Protestdemonstrationen wären noch hilfreicher. Der neu gewählte Österreichische Bundeskanzler, Sebastian Kurz, hat mehr Einsatz für verfolgte Christen angekündigt. Hoffentlich folgen dieser Ankündigung auch Taten.

80% der um ihres Glaubens willen Verfolgten sind Christen. Schätzungsweise rund 100 Millionen Christen werden weltweit verfolgt oder diskriminiert. Sie werden an der Ausübung ihres Glaubens gehindert. Ihnen wird der Zugang zu höheren Ämtern in der Gesellschaft und Politik verwehrt. Sie müssen in einigen Ländern einen Schutzzoll entrichten, weil sie zu den Ungläubigen bzw. zum „Volk des Buches" zählen. Die meisten Christenverfolgungen ereignen sich in Ländern, die von Muslimen dominiert werden. Dabei sind die Verantwortlichen in diesen Ländern in der Regel keine Islamisten, also keine radikalen Muslime. In einigen dieser Länder wie Afghanistan und Iran wird der Übertritt zum Christentum mit dem Tod bestraft und oft durch eigene Angehörige ausgeführt. Solche Konversionen ereignen sich in der Gegenwart immer häufiger, vor allem unter Flüchtlingen auf Grund der negativen Erfahrung mit der Herrschaft der Mullahs im eigenen Land. Allerdings bleiben zum Christentum konvertierte Muslime in Marokko unbehelligt.

Aber unser Bild von den verfolgten Christen wäre einseitig, wenn wir nicht erwähnen, dass auch in Indien Christen aufs härteste von radikalen Hinduisten verfolgt werden, die politisch an der Macht sind. Und in Nordkorea, wo ein Steinzeitkommunismus herrscht, werden die Christen auf brutale Weise verfolgt. Viele von ihnen sollen in Arbeitslagern umerzogen werden. Die kleine Minderheit kann nur im Untergrund ihren Glauben praktizieren.

Von Anfang an sind Christen um ihres Glaubens willen verfolgt worden, wir brauchen nur an den römischen Kaiser Nero zu denken. Er hat Christen in der Arena den wilden Tieren zum Fraß vorgeworfen und sich dabei ergötzt. Verfolgungen gehören zum Markenzeichen des Christen. Dies kann sich auch bei uns auf subtile Weise ereignen, so wenn in den Medien der christliche Glaube verhöhnt und verspottet wird. Das braucht uns nicht weiter zu verwundern, wenn wir bedenken, dass der Großteil der in den Medien Beschäftigten Atheisten oder Agnostiker sind.

Wir sollten angesichts dieser bedrückenden Situationen nicht Hass mit Gegenhass, Gewalt nicht mit Gegengewalt beantworten. Die Liebe verpflichtet uns, auch unsere Feinde zu lieben, ihnen den Dialog anzubieten und lieber den Tod auf uns zu nehmen, als Jesus Christus zu verraten. Der heilige Stephanus ist uns dafür ein Vorbild. Es ist ein ermutigendes Zeichen, dass die überwiegende Mehrzahl der verfolgten Christen dem Herrn die Treue hält und so eindrucksvoll bezeugt, dass er der Weg und die Wahrheit und das Leben ist.

Ein alter Spruch besagt. „Das Blut der Märtyrer ist der Same neuer Christen." Und dieser Satz hat sich in der Geschichte des Christentums immer wieder bestätigt. Beten wir für unsere verfolgten Glaubensschwestern und Glaubensbrüder und nehmen wir an ihrem Widerstand ein Beispiel für unser eigenes Glaubenszeugnis. Im 1. Petrusbrief werden die verfolgten Christen um ihrer Glaubenstreue seliggepriesen: „Wenn ihr wegen des Namens Christi beschimpft werdet, seid ihr seligzupreisen; denn der Geist der Herrlichkeit, der Geist Gottes, ruht auf euch" (1 Petr 4,14).

Das Unkraut im Weizen

Seit einiger Zeit taucht in unserem Sprachgebrauch ein neuer Begriff auf. Er lautet: Fundamentalismus. Fundamentalisten sind Vertreter einer Weltanschauung oder Religion, die auf die eigenen Fundamente zurückgreift. Sie machen diese zum alleinigen Maßstab ihrer Beurteilung anderer. So unterscheiden sie zwischen der wahren und falschen Lehre und bekämpfen all diejenigen, die ihrer Meinung nach nicht die wahre Lehre vertreten. Diese werden als Häretiker oder Abtrünnige denunziert. Man spricht ihnen den guten Willen ab und will sie mit fanatischen Methoden bekämpfen. Denken wir an die

Salafisten, die in den Fußgängerzonen größerer Städte Tische aufgebaut und kostenlos Koranexemplare verteilt haben. Inzwischen ist dies aber verboten worden. Damit wollten sie religiös Heimatlose und Sinnsuchende für ihren Glauben gewinnen. Die Salafisten scheuen im Vorderen Orient nicht von der Anwendung von Gewalt zurück, zwingen Andersgläubige zur Konversion, zu ihrer Auffassung vom Islam. Wenn diese dazu nicht bereit sind, werden sie vor die Alternative gestellt, entweder Übertritt oder Kopf ab.

Nun gibt es in allen Religionen Fundamentalisten, nicht nur im Islam, auch im Hinduismus und Buddhismus. Nicht zuletzt auch im Christentum. Es gibt sie in beiden großen Kirchen, auch in unseren Gemeinden.

Die Frage der Knechte des Gutsherrn im Gleichnis vom Unkraut unter dem Weizen (Mt 13,24-30): sollen wir das Unkraut herausreißen, bewegt auch heute die Fundamentalisten. Für sie gibt es nur Schwarz oder Weiß, Gutes oder Böses. Ein Beispiel: Bei der Frage, wer zur Taufe zugelassen werden kann, entscheiden sie rigoros, gleichfalls auch bei der Frage zur Zulassung zur Erstkommunion. Man darf doch die Perlen nicht vor die Säue werfen, argumentieren sie und schließen all diejenigen aus, die nicht hundertprozentig auf dem Boden des Glaubens stehen. Auf diese Weise wollen sie das Unkraut in dem Weizenfeld ausreißen. Aber Jesus widerspricht ihnen. Seine Devise ist eindeutig: Wachsen lassen, nicht vorschnell ausreißen.

Auch in unserem Herzen ist ja nicht nur Weizen, da ist auch Unkraut dazwischen. Das Eine kann man nicht lupenrein vom anderen trennen. Wer will da genau die Grenze ziehen? Denken wir nur an Petrus. Noch eben hat der Herr zu ihm gesagt. „Du bist Petrus der Fels, und auf diesen Felsen werde ich meine Kirche bauen" (Mt 16,18). Kurz darauf muss er aber zu ihm sagen: „Tritt hinter mich, du Satan! Ein Ärgernis bist du mir" (Mt 16,23). Er wollte nicht zugestehen, dass Jesus den Leidensweg beschreiten wollte. Daran kann man erkennen, dass die Unterscheidung nicht einfach ist. Jesus nimmt bei uns eine Menge Unkraut in Kauf, um das Samenkorn des Glaubens nicht zu vernichten. So wertvoll sind wir für ihn. Auch in unserer Kirche gibt es überall Zeichen der Hoffnung und des Neuaufbruchs, zugleich wächst auf dem Acker der Kirche eine große Menge Unkraut. Zum Beispiel sog. Taufscheinchristen, die bei der ersten Gelegenheit aus der Kirche austreten, wenn es sie in die nördliche Diaspora in Hamburg oder Berlin verschlägt.

Hören wir auf, über andere in der Gemeinde und in unserer Umgebung zu Gericht zu sitzen. Man nennt das heute Mobbing. Überlassen wir das Gott, der unsere Herzen kennt. Vertrauen wir auf die Langmut Gottes, der nicht dreinschlägt, sondern sich zurückhält, was wir manchmal nicht verstehen. Wir würden uns freuen, wenn er hier auf Erden für Ordnung sorgt. Aber Gott ist kein Himmelspolizist, der überall gleich eingreift, wo Menschen versagen. Versuchen wir, die guten Eigenschaften des anderen anzuerkennen, richten wir unser Augenmerk darauf und suchen bei ihm nicht nur seine Fehler und Unvollkommenheiten. Wir hoffen ja auch, dass der andere uns so beurteilt, dann ist schon jetzt auf Erden ein friedliches Zusammenleben der Menschen möglich, auch wenn das Böse nicht ausgerottet werden kann. Warum es das Böse gibt, bleibt ein Geheimnis. Viel Gedankenschweiß haben Philosophen und Theologen darauf verschwendet, ohne eine zufriedenstellende Antwort zu finden. Wir hoffen, dass am Ende Gott dieses Geheimnis lüften wird.

Von dem Philosophen und Naturwissenschaftler Blaise Pascal (1623-1662) stammt die nachdenkenswerte Aussage: „Es ist nicht auszudenken, was Gott aus den Bruchstücken unseres Lebens machen kann, wenn wir sie ihm ganz überlassen."

Das Kind – das große Geheimnis

Auf die Frage: „Wann haben Sie in Ihrem Leben einmal eine Erfahrung mit Gott gemacht?" antwortete eine angehende Religionslehrerin spontan: „In meinem Kind". Sie war vor kurzem glückliche Mutter geworden. Sie staunte über das neu geborene Leben, das ihr grundlos geschenkt worden war. Sie fühlte sich vom Geheimnis des Lebens angerührt. Dieses Neugeborgene weckte in ihr die Frage, wo ist der Ursprung dieses winzigen Lebens zu suchen, das ich in meinen Händen halte? Wem verdanke ich es? Wer das neue Leben nicht als Selbstverständlichkeit betrachtet, in ihm mehr als einen bloßen biologischen Vorgang erblickt, der steht vor dem Geheimnis des göttlichen Gebers, vor dem Geber aller Gaben. Die Heilige Schrift bezeichnet ihn als den „Liebhaber des Lebens".

Der Liedermacher Reinhard Mey hat das Geheimnis dieses Glückes in dem Lied: „Die erste Stunde" besungen:

„... Für einen Augenblick lang war
mir das Geheimnis offenbar,
warst du Antwort auf alle Fragen,
vom Sinn und Widersinn der Welt,
der Hoffnung, die uns aufrechthält,
trotz all der Müh'n, die wir ertragen.

Kein Dutzend Atemzüge alt
und hattest doch so viel Gewalt
und alle Macht über mein Leben,
solang schon deinen Platz darin,
und Du vermochtest ihm den Sinn
zu nehmen oder neu zu geben ...

da konnte ich die Welt versteh'n
dem Leben in die Karten seh'n
und war ein Teil der Schöpfungsstunde.
Einmal im Leben sah ich weit
hin über unsre Winzigkeit
in die endlose Weltenrunde."

Beim Anblick des neuen Lebens werden auf einmal Fragen wachgerufen, die man längst verdrängt und beiseitegeschoben hatte: die Frage nach dem Sinn des Lebens und damit auch nach Gott. In dem Roman „Ein Soldat aus dem Großen Krieg" aus dem Jahre 1991 von Mark Helprin sagt ein italienischer Soldat zu seinem Kameraden:

"Ich kannte Gott nicht, bis ich es sah. Es ist komisch, sobald du den Glauben verlierst, hast du Kinder, und das Leben ersteht aufs neue ... Wenn ich meinen Sohn hielt, als er noch ein Baby war, dann war Gott direkt dabei." Für den gläubigen Juden fängt mit jedem neugeborenen Kind die Geschichte der Menschheit an. In dem bekannten Gedicht „Stufen" von Hermann Hesse heißt es: „Und jedem Anfang wohnt ein Zauber inne, der uns beschützt, und der uns hilft zu leben."

Im Markusevangelium wird uns eine Szene aus dem Leben Jesu überliefert, in der er Kinder segnet (Mk 10,13-16). Zur damaligen Zeit war das etwas Außergewöhnliches; denn Kinder genossen in Israel kein großes Ansehen. Das zeigt sich auch in der Reaktion seiner Jünger, als man Kinder zu Jesus brachte. Sie wollten die Kinder nicht zu Jesus vorlassen. „Als Jesus das sah, wurde er unwillig und sagte zu ihnen: Lasst die Kinder zu mir kommen, hindert sie nicht daran! Denn solchen wie ihnen gehört das Reich Gottes" (Mk 10,14f.). Er stellt den Menschen das Kind vor Augen als Vorbild für den Eintritt in das Reich Gottes. Sie sind noch vertrauensselig und ansprechbar für seine Botschaft. Sie haben noch Fragen, die über das Hier und Jetzt hinausreichen. Sie sind kleine Philosophen und Theologen, die sich nicht mit vordergründigen Antworten zufriedengeben. Auf Grund dieser Erfahrung hat sich eine eigenständige Kindertheologie gebildet, die große Bedeutung für die religiöse Erziehung der Kinder gewonnen hat. Früher haben Eltern die bohrenden Fragen ihrer Kinder abgewehrt, sie waren in ihren Augen noch dumm und unerfahren. Inzwischen suchen sie das Gespräch mit ihren Kindern und lassen sich durch sie zu weiterführenden Fragen anregen.

Achten wir die Kinder, hüten und schützen wir sie, sie sind eines der größten Geschenke, die Gott uns machen kann. Sie können uns helfen, weiterzusehen und uns nicht mit dem Sichtbaren zufrieden zu geben, sondern nach dem „Mehr als alles" zu fragen.

Barmherzigkeit triumphiert über das Gericht

Am Ende eines Schuljahres beschleicht so manchen Schüler ein mulmiges Gefühl; denn mit dem letzten Schultag im Sommer ist auch die Zeugnisausgabe verbunden. Für viele ein gefürchtetes Ritual. Für so manchem schlägt da die Stunde der Wahrheit, und die ist nicht immer angenehm. So manchem hat es den Urlaub vermasselt.

Der Sänger Reinhard Mey besingt diese selbst erlittene Situation in einem Lied mit dem Titel „Zeugnistag" folgendermaßen:

„Ich denke, ich muss so 12 Jahre alt gewesen sein, und wieder einmal war es Zeugnistag.

Nur diesmal dacht ich, bricht das Schulhaus samt Dachgestühl ein, als meines weiß und hässlich vor mir lag.

Dabei war'n meine Hoffnungen keineswegs hochgeschraubt. Ich war ein fauler Hund und obendrein höchst eigenwillig, doch trotzdem hätte ich nie geglaubt, so ein totaler Versager zu sein."

Was macht der Schüler Reinhard Mey? Er fälscht die Unterschriften der Eltern, doch der Rektor deckt den Schwindel auf und lässt die Eltern des Schülers zu sich kommen. Das Gedicht geht weiter:

„Mein Vater nahm das Zeugnis in die Hand und sah mich an. Und sagte ruhig:

‚Was mich betrifft, so gibt es nicht die kleinste Spur eines Zweifels daran, das ist tatsächlich meine Unterschrift.' Auch meine Mutter sagte: ‚Ja, das sei ihr Namenszug. Gekritzelt zwar, doch müsse man versteh'n, dass sie vorher zwei goße schwere Einkaufstaschen trug.' Dann sagte sie: ‚Komm, Junge, lass uns geh'n.'"

Eine unerwartete Wendung nahm diese Betrugsaffäre. Statt das Kind zu bestrafen oder ihm eine gehörige Gardinenpredigt zu halten, nehmen die Eltern den Jungen mit nach Hause und sagen: „Junge, wir stehen die Sache gemeinsam durch."

Nicht alle Eltern würden so verfahren, viele würden ihrem Sohn gehörig die Leviten lesen und ihm eine deftige Strafe aufbrummen, so dass der Urlaub dahin ist. Diese Eltern haben aus dem Geist des Verzeihens und der Barmherzigkeit gehandelt. Auch Jesus ruft uns in dem Evangelium nach Matthäus (18,21-35) zum barmherzigen

Umgang mit unseren Schuldnern auf. Wir sollen nicht Gleiches mit Gleichem vergelten. Im jesuanischen Geiste hatten nach dem Zweiten Weltkrieg die polnischen Bischöfe gehandelt, als sie ihren deutschen Bischofskollegen die Hände zur Versöhnung entgegenstreckten. Und die deutschen Bischöfe haben dieses Versöhnungsangebot dankbar angenommen. Hier wurde nicht Schuld aufgerechnet und nicht nach Vergeltung gerufen. Hier wurde großherzig Vergebung gewährt. „Nicht bis zu siebenmal, sondern bis zu siebzigmal siebenmal" (Vers 22) sollen wir vergeben. Das fordert Jesus von uns. Diese Zahl ist ein Zeichen von Großzügigkeit und Bereitschaft zu grenzenloser Vergebung. Nicht Hass, sondern Erbarmen und Liebe sollen das letzte Wort behalten.

Dieses Verhalten sollten wir auch gegenüber den Staaten der sog. Dritten Welt einnehmen, die allesamt höchst verschuldet sind gegenüber der sog. Ersten Welt. Seit einigen Jahren diskutieren die Regierungen der Geberländer darüber, die mittlerweile aufgehäuften Schulden zu erlassen. Das Problem sind nämlich nicht mehr die Kredite, sondern die ungeheure Zinslast. Dafür gibt es ein Vorbild, das biblische Erlassjahr. Dort wurden die Israeliten aufgefordert, ein sog. Jobeljahr einzulegen. Alle 50 Jahre ist dieses Jobeljahr vorgesehen, in dem aus Not verpfändeter oder verkaufter Bodenbesitz an den ursprünglichen Eigner zurückfällt. Auch wurden in diesem Jahr israelitische Schuldsklaven in die Freiheit entlassen. Es ist im Jahr 2000 nicht gelungen, einen allgemeinen Schuldenerlass für die Drittländer zu erreichen. Dabei sollten wir uns dankbar erinnern, dass nach dem verlorenen Krieg uns geholfen wurde, so dass unser wirtschaftlicher Aufschwung möglich wurde. Denken wir nur an den Marshallplan. Unsere Schulden wurden uns erlassen. Nun sind wir an der Reihe, anderen die Schulden zu erlassen.

Das Lied von Reinhard Mey endet mit den Worten: „Nur eine Lektion hat sich in den Jahrn herausgesiebt ... Wie gut es tut, zu wissen, dass dir jemand Zuflucht gibt, ganz gleich, was du auch ausgefressen hast."

Das ist auch für uns als Jünger Jesu tröstlich zu wissen, dass Christus uns allzeit Zuflucht gewährt, er ist zu uns gekommen, um uns die

Barmherzigkeit Gottes nahezubringen. Wir dürfen darauf vertrauen, dass bei Gott die Barmherzigkeit über das Gericht triumphieren wird (vgl. Jak 2,13).

„Der Welt verhaftet sein und doch Nachbar der Ewigkeit"

Viele Menschen in unserem Land verdrängen den Gedanken an den Tod, weil er die Freude am Leben in Frage stellt. Sie wollen das Leben in vollen Zügen genießen. Und dabei ist der Gedanke an den Tod das größte Hindernis. Sie wollen Spaß am Leben haben und nicht trüben Gedanken nachgehen. Sie leben, als ob sie unsterblich wären, und da ist der Gedanke an den Tod der größte Widersacher. Wenn er dann aber eintritt, stehen sie hilflos vor ihm und geraten in Panik. Am besten man denkt nicht nach und lebt in den Tag hinein. Wie schnell aber das Leben enden kann, zeigt ein Taifun oder ein Orkantief, das Menschenleben fordert. Hier wird man an das bekannte Kirchenlied erinnert: „Mitten wir im Leben sind mit dem Tod umfangen" (GL 503). Und der umstrittene deutsche Philosoph Martin Heidegger spricht vom Menschsein als Sein zum Tod. Dürfen wir das alles ausblenden, nur um uns die Lust am Vergnügen nicht nehmen zu lassen? Dabei ist der Tod das einzig Sichere in unserem Leben. Keiner entgeht ihm.

Eine entgegengesetzte Haltung haben Christen immer wieder eingenommen und zur Weltflucht und Weltverneinung aufgerufen. Sie flohen in die Wüste, um der schnöden Welt zu entsagen oder traten in ein Kloster ein, um Abstand zur Welt zu gewinnen. Man redete diese Welt schlecht, um die andere, kommende Welt davon positiv abzuheben. Bis in unsere Tage lässt sich diese weltverneinende Stimmung verfolgen. Dazu brauchen sie nur einen Blick in die Neuausgabe des „Gotteslob" zu werfen. Als Beispiel diene der bekannte marianische Hymnus „Salve Regina", „Sei gegrüßt, o Königin" (GL 666,4), der besonders gerne bei Zusammenkünften von Priestern gesungen wird.

Darin heißt es: „Zu dir rufen wir verbannte Kinder Evas." Hier wird die Erde als Verbannungsort der Nachkommen Evas diffamiert, der es zu entfliehen gilt. „Zu dir seufzen wir trauernd und weinend in diesem Tal der Tränen." Hier wird die Erde als Tränental mit düsteren Farben gezeichnet, wo es keinen Grund zur Freude gibt. „Wohlan denn, unsere Fürsprecherin, wende deine barmherzigen Augen uns zu und nach diesem Elend zeige uns Jesus, die gebenedeite Frucht deines Leibes." In dunklen Farben wird hier das Erdenleben geschildert und keiner erhebt dagegen Einspruch, auch nicht die vielen Priester, die gemeinsam ihr Erdenleben beklagen.

Dürfen wir als Christen so von unserem irdischen Leben sprechen, befinden wir uns wirklich in einem Jammertal, müssen wir täglich unser Elend beklagen, gibt es keinen Sonnenschein, der es ein wenig erhellt? Schließlich ist diese Welt ein Werk des Schöpfergottes, der ihr das Prädikat gut bis sehr gut verliehen hat. Wir sollten dafür dankbar sein, dass er uns als seinen Vertretern seine Schöpfung anvertraut hat, damit wir sie hegen und pflegen. Wir dürfen uns der Freude hingeben und müssen nicht mit einem schlechten Gewissen die angenehmen Seiten des Lebens genießen. Wir dürfen uns erfreuen am kostbaren französischen Rotwein, wir dürfen uns mit unserem Lieblingsfußballverein über den gelungenen Sieg freuen. Hat nicht auch der Karneval seinen berechtigten Platz in unserem Leben? Wir dürfen mit Wohlgefallen die Schönheit der Schöpfung betrachten, die aus den Händen des Schöpfergottes hervorgegangen ist. Ja, wir dürfen Freude am Leben haben. Dazu rufen uns die alttestamentlichen Psalmen auf. Ist doch Gott ein Freund des Lebens!

Gleichwohl wissen wir aber auch, dass nicht alles auf Erden vollkommen ist und Anlass zum Jubeln gibt, es enthält auch Schattenseiten. Wir geben uns nicht der trügerischen Hoffnung hin, wir seien unsterblich; denn, wie es im 1. Korintherbrief heißt: „die Gestalt dieser Welt vergeht" (1 Kor 7,31). Alles, was uns umgibt, ist zur Vergänglichkeit bestimmt, hat keine Dauer. Alles, was unser Herz mit Freude erfüllt, ist mit dem Siegel der Hinfälligkeit behaftet. Wir können nichts von alldem mitnehmen, woran unser Herz hängt. Mit einer Ausnahme, und das sind die Werke der Liebe, die bleibende

Bedeutung haben. Denn die Liebe ist stärker als der Tod. So sind wir aufgerufen, abschiedlich zu leben, unser Herz nicht an vergängliche Güter zu hängen. Denn unsere wahre Heimat ist der Himmel, das ist unsere Bestimmung. Wir dürfen diese Welt nicht verachten und madig machen, aber wir wissen auch, dass all das, was uns mit Freude erfüllt, nicht das Letzte ist. Verwechseln wir nicht das Vorletzte mit dem Letzten, dieses ist das Ziel unserer irdischen Pilgerschaft.

Der Theologe Romano Guardini hat diesen Spagat zwischen Weltzugewandtheit und Jenseitshoffnung auf die prägnante Formel gebracht: „Der Welt verhaftet sein und doch Nachbar der Ewigkeit."

Authentischer Lebensstil

Im Johannesevangelium wird uns zu Beginn von der Begegnung zweier Jünger des Täufers mit Jesus erzählt. Johannes verweist sie auf Jesus von Nazaret, der gerade vorübergeht. Er bezeichnet ihn als „das Lamm Gottes". Sie fragen ihn: „Meister, wo wohnst du?" Diese Frage zielt nicht vordergründig auf seine Wohnungseinrichtung, sondern zielt tiefer, sie wollen seine Lebensumstände, seinen Freundeskreis kennenlernen. Jesus antwortet: „Kommt und seht!" (Joh 1,35-42). Was sie hier zu Gesicht bekommen haben, muss sie zutiefst überzeugt haben, so dass sie, wie es in der Schrift heißt, den ganzen Tag bei ihm blieben. Er konnte ihnen keine komfortabel eingerichtete Wohnung vorzeigen; denn er hatte nichts, wo er sein Haupt betten konnte. Er war auf seine Anhänger angewiesen, die ihm Unterkunft und Essen gewährten. Er konnte auf kein großes Hab und Gut hinweisen. Dafür pflegte er den Umgang mit den Armen und Elenden und sammelte begeisterungsfähige Frauen und Männer um sich. Dieser Lebensentwurf musste sie so sehr überzeugt haben, dass sie anderen davon berichteten und diese zu Jesus führten, wie Andreas seinen Bruder Simon mit dem Hinweis: „Wir haben den Messias gefunden." Jesus hat sie weniger durch große Worte, sondern durch seine Persönlichkeit und seine Lebensumstände überzeugen können. Künftig folgten sie ihm auf seiner Wanderung, die am Kreuzeshügel endete.

Der heilige Paulus fordert uns im zweiten Kapitel des Philipperbriefes auf: „Seid untereinander so gesinnt, wie es dem Leben in Christus Jesus entspricht" (Phil 2,1). Er hat mit seiner Menschwerdung auf all seine göttlichen Privilegien verzichtet, wollte nicht Gott gleich erscheinen. Er erniedrigte sich und nahm den letzten Platz ein. Ja, er war bereit, von den Menschen verachtet zu werden. Wer sein Jünger sein will, wer ihm nachfolgen will, muss auch diese Selbsterniedrigung auf sich nehmen. Daran können die Menschen erkennen, ob wir wie er leben und wirken wollen, oder ob es uns um ein großes Ansehen bei den Menschen geht.

Unser gegenwärtiger Papst ist gerade darum bemüht, diesen Lebensstil in unserer Zeit in den Mittelpunkt zu rücken. Er verzichtet in seinem Auftreten auf allen Prunk und auf weltliches Machtgehabe. Vielmehr sucht er die Nähe der Menschen, besonders der Kleinen und Verachteten. Diesen Lebensstil hatte er schon als Erzbischof von Buenos Aires gepflegt. Er zog aus der erzbischöflichen Residenz aus und wohnte in einem kleinen Appartement. Er kochte selbst und verzichtete auf ein Dienstauto zugunsten öffentlicher Verkehrsmittel. Als er zum Konklave zur Wahl des Nachfolgers des zurückgetretenen Papstes Benedikt XVI. von der römischen Kurie eine Einladung erhielt, war dieser Einladung ein Flugbillett Erster Klasse nach Rom und zurück beigelegt. Er schickte es zurück und bat um ein Billett in der billigsten Flugklasse. In Rom stieg er nicht wie viele seiner Amtskollegen in einem teuren Hotel ab, sondern in einem einfachen Pilgerhospiz. Er weigert sich, im Apostolischen Palast zu wohnen, statt dessen bewohnt er drei Zimmer im Gästehaus Marta, macht dort sein Bett selbst und reinigt auch sein Appartement. Bei den Audienzen sucht er den hautnahen Kontakt zu den Menschen zum großen Entsetzen des Sicherheitspersonals. So versucht er, mit gutem Beispiel voranzugehen. Das ist sicher gewöhnungsbedürftig; denn bisher waren wir ein anderes Auftreten eines Papstes gewohnt. Es findet aber den Beifall der meisten Gläubigen und auch andersgläubiger Menschen. Es geht ihm um die Glaubwürdigkeit einer Kirche, die eine dienende und arme

Kirche sein will. Sein Verhalten findet nicht überall Zustimmung. In traditionalistischen Kreisen ist man entsetzt über diese Darstellung des Petrusamtes in der Gegenwart, sie erblicken darin einen Verrat an der langen Papsttradition. So hatten die meisten Papstwähler sich nicht den Nachfolger des heiligen Petrus vorgestellt. Ostentativ hat der vom Papst in den Ruhestand verabschiedete ehemalige Kardinalstaatssekretär Bertone, ein Salesianerpater, seine Wohnung im Vatikan kostenaufwendig renovieren lassen. Gewissermaßen war das ein Gegenentwurf zu Papst Franziskus. Wir müssten noch viel Druck auf Bischöfe und Kardinäle ausüben, damit dieser Stil sich auf allen Ebenen der Kirche durchsetzt. In der gegenwärtigen tiefen Identitätskrise der Kirche können wir nur Glaubwürdigkeit erlangen, wenn wir authentisch leben, wenn unser Lebensstil mit dem übereinstimmt, was wir in Worten und Schriften verkünden. Christus kam nicht, um sich bedienen zu lassen, sondern um zu dienen. Christusnachfolge heißt: den Menschen dienen, ihnen zugewandt sein und ihr Leben teilen.

Be-gabungen

Ein jeder von uns ist talentiert, verfügt über bestimmte Talente, die ihm mit auf den Weg gegeben sind. Und mögen diese noch so unscheinbar sein. Dabei können diese Talente auf den verschiedensten Gebieten liegen. Wenn sie sich einmal fragen, was kann ich besonders gut, wodurch zeichne ich mich aus, dann wird ihnen bestimmt eine besondere Fähigkeit einfallen. Es fragt sich nur, was haben Sie aus dieser besonderen Begabung gemacht? Habe ich sie ganz für mich behalten, wie der Diener im Evangelium von den Talenten nach Matthäus (Mt 25,14-30)? Er hatte mit ihnen nicht gearbeitet und so vermehrt, hatte sie nicht in den Dienst anderer gestellt. Dieses Evangelium stellt an einen jeden von uns die Frage: Welches ist das mir verliehene Geschenk der Begabung und was habe ich damit gemacht? Habe ich es in den Dienst anderer gestellt oder nur für mich persönlichen Nutzen daraus gezogen?

Der Apostel Paulus spricht von sog. Geistesgaben, die Gottes Geist einem jeden verliehen hat, damit er sie für den Aufbau der Gemeinde und des Reiches Gottes einsetzt. Sie sollen also dem Wohl der Gemeinschaft der Glaubenden und der Ehre Gottes dienen. Wenn in unseren Gemeinden beispielsweise zu Wahlen zum Kirchenausschuss aufgerufen wird, dann geht es bei der Wahl um Frauen und Männer, die eine besondere Begabung im Umgang mit Vermögen besitzen, und diese in den Dienst der Pfarrgemeinde stellen wollen. In der gegenwärtigen prekären Situation der Pfarrgemeinden und angesichts des Priestermangels kommt es darauf an, dass wir die verschiedenen Begabungen entdecken, die zum Wohl der Gemeinde beitragen können. So brauchen die Gemeinden Katecheten, Gottesdiensthelfer, Trauerbegleiter, Wortverkünder, Sänger und Sängerinnen, Organisationstalente und caritativ eingestellte Mitglieder, die das Gemeindeleben mitgestalten helfen. Die Aufgabe des Leitungsteams einer Gemeinde besteht darin, solche Begabungen aufzuspüren und sie um Mitarbeit zu bitten. Das Ehrenamt ist in unserer Gesellschaft hoch angesehen, und es gibt auch genügend Männer und Frauen, die zu diesem Dienst bereit sind, wenn er zeitlich begrenzt ist. Auch die Pfarrgemeinden leben von diesem Engagement vieler ihrer Mitglieder. Auf diese Weise können sie mit dem ihnen verliehenen Pfund wuchern und es nutzen.

Wie oft passiert es, dass wir neidisch auf andere blicken, weilt sie auf einem Gebiet erfolgreich sind, weil sie im Rampenlicht der Öffentlichkeit stehen und von allen bewundert werden? Wir gönnen ihnen den Erfolg nicht. Wenn wir anfangen, uns mit anderen zu vergleichen, haben wir schon verloren. Wir sehen dann nur noch den anderen, scheinbar Mehrbegabten und beachten dabei unsere eigenen Stärken nicht. Dieser Neid und diese Eifersucht wirken wir Gift, sie vergiften unser eigenes Leben.

Von dem Rabbi Susja wird folgende Geschichte erzählt:

Kurz vor seinem Tod soll er gesagt haben: „In der kommenden Welt wird man mich nicht fragen: Warum bist du nicht Mose gewesen? Man wird mich vielmehr fragen: Warum bist du nicht Susja gewesen? Warum hast du nicht das Maß erfüllt, das Gott dir ganz persönlich gesetzt hat? Warum bist du nicht der gewesen, der du eigentlich hättest werden sollen?" Diese ernste Frage wird heute auch an uns gerichtet: Warum bist du nicht der gewesen, der du eigentlich hättest sein sollen? Unsere Gedanken kreisen heute um die uns verliehenen Begabungen. Im Wort steckt schon der Begriff der Gabe. All unsere besonderen Fähigkeiten sind eine Gabe, sind uns geschenkt von dem, welcher der Geber aller Gaben ist, von Gott unserem Schöpfer. Das vergessen wir allzu leicht, wir betrachten das alles als selbstverständlich. Wir haben das Staunen und das Danken verlernt. In diesem Gottesdienst wollen wir einmal ganz gezielt Gott danken für das, was er uns in die Wiege gelegt und anvertraut hat. Denn letztlich stammt alles von ihm, und wir sind nur armselige Bettler.

„O Seligkeit, getauft zu sein"

Wenn ein Christ versucht, seinen Glauben authentisch zu leben und damit die Aufmerksamkeit seiner Umwelt auf sich zieht, kann es geschehen, dass er gefragt wird. „Warum tust du das eigentlich?" Dann müsste er antworten: „Weil ich getauft bin!" Die Taufe ist das Eingangstor zum Christsein, das entscheidende Ereignis in unserem Leben, auch wenn uns das oft gar nicht bewusst ist. In der Taufe ereignet sich das Gleiche wie bei der Taufe Jesu am Jordan durch Johannes den Täufer. Auch für uns öffnet sich der Himmel, das heißt Gott tritt aus seiner Verborgenheit hervor und kommt in unsere Nähe. Auch uns werden die gleichen Worte zugesprochen wie damals zu Jesus: „Du bist mein geliebter Sohn, meine geliebte Tochter, an dir habe ich Gefallen gefunden."

In der Taufe sagt Gott unwiderruflich Ja zu uns, und dies ohne Vorbedingungen, er nimmt uns an, so wie wir sind, mit all unseren Schwächen und Unvollkommenheiten, weil er uns liebt, weil er eine Sehnsucht nach dem Menschen hat. Wir werden dadurch seine Söhne und Töchter. Gott zeigt sich uns hier als unser Vater, ja, wir dürfen auch sagen, als unsere Mutter. Der nur 30 Tage residierende Papst Johannes Paul I. sagte bei einer Mittwochsaudienz zum Erstaunen seiner Zuhörer: „Gott ist Vater und Mutter zugleich." Damit wollte er nicht Gott eine Geschlechtsbestimmung zuschreiben; denn Gott steht über jeglicher geschlechtlichen Zuordnung. Aber er wollte damit aufzeigen, dass Gott nicht nur männliche, sondern auch weibliche Züge trägt. Ein Blick in das Erste und Neue Testament kann uns leicht davon überzeugen. Gott liebt uns wie eine Mutter und wie ein Vater. Wir dürfen seine Söhne und Töchter sein. Eigentlich eine erstaunliche Aussage, die uns aber schon so vertraut ist, dass wir darüber gar nicht mehr nachdenken, wir betrachten sie als selbstverständlich; denn wir haben sie gewissermaßen mit der Muttermilch in uns aufgenommen. Wenn wir aber einmal unseren Blick über den Tellerrand hinausgehen lassen, zum Beispiel zu den Muslimen, dann kann uns das Ungeheuerliche und Einmalige dieser Aussage bewusst werden. Ein frommer Muslim würde es nie wagen, so vertraut von Gott zu reden. Allah thront für ihn weit weg in einem unerreichbaren Jenseits, er greift auch nicht direkt in die Geschichte ein, sondern lenkt nur über ein Buch, den Koran, das Leben und Geschick der Menschen auf Erden. Es gibt eine Vielzahl von Namen für ihn, 99 sollen es sein, aber in dieser Aufzählung taucht der Name Vater für Gott nicht auf. Das wäre in seinen Augen eine zu große Vermenschlichung Gottes, daher wird er auch nicht Mensch, sondern bleibt uns schlechthin entzogen.

Eine gebildete pakistanische Frau aus höchsten Kreisen wurde von ihrem Ehemann, einem Diplomaten, verstoßen und lebte seitdem vereinsamt im elterlichen Haus zu Füßen des Himalaya. Vergeblich suchte sie im Islam Trost und Halt. Sie erblickte in Allahs Vorherbestimmung, dass sie künftig als Verstoßene ein einsames Leben führen sollte, keinen Sinn. Sie begab sich auf die Suche nach der Wahrheit und stieß dabei auf Christen, die ihr dabei weiterhalfen. Zu diesen zählte eine indische Nonne, eine Ärztin im Hospital. Sie sagte zu ihr: „Sprechen Sie mit ihm wie mit einem Vater." Dieser Gedanke bewegte ihre Seele auf seltsame Weise. In ihrer Schilderung von ihrer Bekehrung zum Christentum schreibt sie: „Kein Moslem, das wusste ich bestimmt, stellt sich Gott als Vater vor. Seit meiner Kindheit hatte man mir eingeschärft, dass der sicherste Weg, Allah kennenzulernen, darin bestand, fünf Mal täglich zu beten, den Koran zu lesen und darüber nachzusinnen. War es nicht lächerlich, geradezu eine Sünde, Gott auf meine Ebene herabzuziehen?" Sie begann, in der Bibel zu lesen, was für einen Moslem verboten ist. Wer mit einer Bibel im Gepäck am Flughafen von Saudi-Arabien erwischt wird, muss das Buch abgeben. Es landet im Reißwolf. Sie war tief beeindruckt, wie hier von Gott, dem Vater, gesprochen wurde. Sie hatte die Wahrheit über Gott gefunden, lauten die letzten Worte in ihrem Buch.

Dieses Bekehrungserlebnis kann uns die Augen dafür öffnen, welch ungehobenen Schatz wir mit uns tragen, ohne es zu wissen. Uns kann bewusst werden, zu welcher Würde uns Jesus Christus erhoben hat. Wir dürfen Gott gegenübertreten als seine Töchter und Söhne. Das kommt auch schon in unserer äußeren Haltung beim Gottesdienst zum Ausdruck. Während der Muslim sich vor Gott auf den Boden niederwirft und sich als sein Sklave und Knecht versteht, darf der Christ aufrecht vor ihm stehen, so zum Beispiel beim Hören des Evangeliums, beim Hochgebet und beim Kommunionempfang. Bis zum siebten Jahrhundert empfingen die Christen die Hostie stehend. Dies schließt nicht aus, dass wir auch vor der Krippe knien, uns klein machen, um Gott anzubeten. Wie ein Sohn gegenüber seinem Vater sollen wir Gott Ehrfurcht erweisen. Beide Haltungen sind legitim und widersprechen sich nicht. Der Unterschied zwischen Schöpfer und Geschöpf wird nicht aufgehoben. So bleibt immer eine gewisse Distanz, die es zu wahren gilt. Aber wir haben keinen Grund, vor Gott Angst zu haben. Wir dürfen uns ihm anvertrauen, im Wissen um seine Nähe. Wir dürfen uns in ihm geborgen wissen, wie ein Kind auf dem Schoß seiner Mutter. Denn er hat Wohlgefallen am Menschen.

Christ, erkenne deine Würde, sei eingedenk, dass du Tochter und Sohn des Allerhöchsten bist. Wenn wir beim Betreten des Gotteshauses uns mit Weihwasser benetzen, dann sollten wir uns immer wieder an das große Geschenk der Taufe erinnern, sollten unser Taufgelübde erneuern. Wir sind aufgerufen, unsere Taufe im Alltag zu leben. Sie ist das größte Geschenk, das Gott uns machen konnte. Daher dürfen wir singen: „O Seligkeit, getauft zu sein, in Christus neu geboren …

Wer kann ermessen, welche Gnad mir Gott, der Herr, erwiesen hat. Mein Leben soll es danken" (Gl 847,1).

Das Wichtigste im Leben eines Christen

Der Schriftsteller Hans Magnus Enzensberger hat seinen Mitstreitern auf dem Weg zu einer von ihnen erhofften sozialistischen Gesellschaft ins Stammbuch geschrieben:
„Bei unseren Debatten, Genossen,
kommt es mir manchmal so vor,
als hätten wir etwas vergessen.
Es ist nicht der Feind.
Es ist nicht die Linie.
Es ist nicht das Ziel.
Es steht nicht im Kurzen Lehrgang.
Wenn wir es nie gewusst hätten,
gäbe es keinen Kampf.
Frag mich nicht, was es ist.
Ich weiß nicht, wie es heißt.
Ich weiß nur noch,
dass es das Wichtigste ist,
was wir vergessen haben."

Was ist das Wichtigste in unserem Leben, das wir vergessen haben. Was ist für Sie das Wichtigste in Ihrem Leben, woran hängt Ihr Herz mit allen Fasern? Vermutlich werden Sie auf unterschiedliche Weise diese entscheidende Frage beantworten. Man hört heute oft, das Wichtigste im Leben sei die Gesundheit. Daher investieren so viele in Fitnessprogramme, besuchen Fitnessstudios, die wie Pilze aus der Erde hervorschießen, und viele Menschen an sich ziehen. Vor allem achten sie auf eine gesunde Ernährung. Für viele ist es heute angesichts des islamistischen Terrors die äußere Sicherheit. So könnte ich noch viele andere Prioritäten aufzählen, die von Ihnen vermutlich angestrebt werden.

Im Gleichnis vom königlichen Hochzeitsmahl (Mt 22,1-14) bringen die Eingeladenen eine Reihe von Entschuldigungsgründen vor. Sie alle zeigen, dass sie keine Ahnung haben, was das eigentlich Wichtigste in ihrem Leben ist. Ein Vater einer Firmbewerberin schrieb an den für die Firmung verantwortlichen Pfarrer: „Bei dem Wochenendpensum meiner Tochter steht der Firmunterricht an letzter Stelle." Ähnlich denken heute viele Christen, die vielleicht noch getauft sind, aber ihre Taufe nicht mehr leben. Für sie ist der Glaube belanglos geworden, sie entnehmen ihm keine Richtschnur für ihr Handeln. Bei einer von der gewerkschaftsnahen Hans-Böckler-Stiftung vorgenommenen Befragung stellte sich heraus, dass nur für ein Drittel der Befragten religiöse Haltungen wichtig waren. 2006 waren es noch mehr als die Hälfte. So schnell schreitet die Säkularisierung in unserem Lande voran.

Welchen Stellenwert nimmt das Wort Gottes und die Mitfeier der Eucharistie im Leben der meisten Christen ein? Welchen Stellenwert haben sie in Ihrem Leben? Für 90 Prozent der Katholiken ist es nicht mehr das Wichtigste in ihrem Leben; denn sonst würden sie am Sonntag nicht dem Gottesdienst fernbleiben. Nur 6 Prozent der Christen lesen noch regelmäßig im Buch der Bücher, der Heiligen Schrift. Bei den Muslimen ist der Anteil der Gläubigen, die regelmäßig im Koran lesen, bedeutend höher.

Ernst Barlach hat eine Figur „Lesender Klosterschüler" geschnitzt. Man sieht einen Jungen auf einer Bank, auf der er seine Hände stützt. Auf seinen Knien liegt die offene Bibel. Der Schüler hat sich ganz in den heiligen Text vertieft. Nichts um ihn herum nimmt ihn gefangen, nichts kann ihn stören. Er bedenkt, ob Gott ihn anspricht und zu sich einlädt. Der Klosterschüler sucht nach dem, worauf es im Letzten ankommt, was für ihn das Wichtigste im Leben ist.

Die Heilige Schrift und die Feier der Eucharistie bezeichnen das Wichtigste im Leben eines Christen. Hier erhalten wir einen Vorgeschmack von dem uns verheißenen himmlischen Hochzeitsmahl, das uns bei Gott erwartet. Dann wird er uns ein Mahl bereiten, uns an seinen Tisch einladen. Er wird mit uns Festmahl halten, ein Fest der

Freude, das kein Leid und keinen Tod mehr duldet.

Die ersten Christen wussten noch, was in ihren Augen das Wichtigste im Leben war. Sie versammelten sich in aller Frühe vor der Arbeit in den unterirdischen Grabkammern von Rom, in den Katakomben, um hier gemeinsam Mahl zu halten. Sie wussten, dass hier der Herr mitten unter ihnen ist. Dabei war es ihnen unter Kaiser Nero unter Todesandrohung verboten, sich im Geheimen zur Eucharistie zu versammeln. Als sie dabei entdeckt wurden, verhaftete man sie und führte sie vor den Richter. Dieser fragte sie: „Sie wissen doch, dass ein heimlicher Gottesdienst mit der Todesstrafe geahndet wird." Ihre Antwort kann uns beschämen und muss uns nachdenklich stimmen: „Wir können ohne die Eucharistie nicht leben!" Können Sie ohne die Eucharistie leben, die ja immer auch die Wortverkündigung miteinschließt?

Die doppelte Treue

Im Philipperbrief gewährt uns Paulus einen Einblick in sein Inneres als Gläubiger. Er drückt seinen Wunsch aus, zu sterben, um bei Christus zu sein, bei ihm, dem er zu seinen Lebzeiten nicht persönlich begegnet ist. „Denn für mich ist Christus das Leben und Sterben Gewinn ... Ich habe das Verlangen, aufzubrechen und bei Christus zu sein" (Phil 1,21-23). So eng fühlt er sich ihm verbunden, dass er ganz bei ihm sein, in ihm aufgehen möchte. Wir nennen das „Christusmystik". Das Wort myein, das in Mystik steckt, meint: den Mund und die Augen verschließen, sich von der äußeren Welt und den Sinneseindrücken abwenden und in das eigene Innere einkehren, wo Gott auf uns wartet. Mystik meint nichts anderes als das in Gott Eingewurzeltsein, das Verbundensein mit dem dreifaltig einen Gott. Und dies ist nicht ein Privileg besonders religiös begabter Menschen, sondern jedem Getauften möglich. Eine mystische Kirche bzw. Gemeinde wäre demnach eine Gemeinschaft von Menschen, die nicht um sich kreist, sondern deren Lebensmitte und Kraftzentrum der geheimnisvolle Gott, der

Christliche Existenz

in Jesus von Nazaret uns unendlich nahe gekommen ist. So gesehen, müsste Gott die Nummer Eins, die Mitte unseres christlichen Lebens sein. An ihm müsste unser Herz hängen, er müsste der Schatz im Acker sein, so wertvoll, dass wir bereit sind, alles dafür hinzugeben. Eine Probe aufs Exempel lässt leicht erkennen, ob wirklich Gott der archimedische Punkt in unserem Leben ist. Welche Form des Gebetes bevorzugen wir? Das Dank-, Bitt- oder Klagegebet? Oder betrachten wir die Anbetung Gottes, wo es nur um ihn und nicht mehr um uns geht, als die vornehmlichste Gebetsform? Alfred Delp, der wegen seines Widerstandes gegen das Unrechtsregime des Nationalsozialismus 1945 von den Nazis hingerichtet worden ist, hat seinem Patenkind ins Stammbuch geschrieben: „Das war der Sinn, den ich meinem Leben setzte, besser, der ihm gesetzt wurde, die Rühmung und Anbetung Gottes vermehren." Können wir das auch von uns behaupten? Haben wir den Sinn für die Rühmung und den Lobpreis Gottes verloren? Kreisen wir als einzelne und als Gemeinde nicht noch viel zu sehr um uns selbst, gehen wir noch zu sehr in unseren alltäglichen Sorgen auf? Hat bei uns nicht gegenwärtig die Diakonie Vorrang vor dem gefeierten Gottesdienst? Verdrängt die Liebe zum Nächsten die Liebe zu Gott? Dagegen fordert uns die Kirche in einem Gebet dazu auf, Gott in allem und über alles zu fürchten und zu lieben.

Auf der anderen Seite droht aber auch die Gefahr, dass man vor der Welt flieht und sich in ein kirchliches und religiöses Getto zurückzieht, um sich nicht die Hände schmutzig zu machen. Papst Franziskus bezeichnet das als „die aseptische Kirche". Dieser Gefahr erliegen auch heute viele Gemeinden, die nur um sich und ihre kleinen Anliegen kreisen, die sich selbst genug sind, die Welt aber sich selbst überlassen. Edith Stein, die vom Judentum zum Katholizismus übergetreten ist, bekennt: „In der Zeit unmittelbar vor und noch eine ganze Weile nach meiner Konversion habe ich gemeint, ein religiöses Leben führen heiße, alles Irdische aufgeben und nur im Gedanken an göttliche Dinge leben. Allmählich habe ich aber einsehen gelernt, dass in dieser Welt anderes von uns verlangt wird und dass selbst im beschaulichsten Leben die Verbindung mit der Welt nicht durchschnitten werden darf. Ich glaube sogar: Je tiefer jemand in Gott hineingezogen wird, desto mehr muss er auch in diesem Sinn ‚aus sich herausgehen', das heißt: in die Welt hinein, um das göttliche Leben in sie hineinzutragen." Schon im Neuen Testament begegnet uns die Gefahr der Weltflucht in der Gestalt des Petrus, der auf dem Berg Tabor drei Hütten bauen wollte, um nicht wieder ins Tal zurückzukehren. Aber der Herr verwehrt es ihm. Und den galiläischen Männern wird bei der Himmelfahrt des Herrn vom Engel Gottes zugerufen: „Was steht ihr da und blickt zum Himmel auf?" Statt sehnsüchtig dem scheidenden Herrn nachzuschauen und nachzutrauern, sollten sie nach Jerusalem gehen und dort als Missionare Christi in der Welt tätig zu werden. Unser gegenwärtiger Papst schärft uns dies auch eindringlich ein. Er fragt. „Wo ist der Ort, an dem man Jesus am häufigsten antreffen kann? Auf der Straße. Es könnte scheinen, er sei ein Obdachloser, weil er immer auf der Straße anzutreffen war. Wer nicht aus sich herausgeht, wird statt Mittler zu sein, allmählich ein Zwischenhändler, ein Verwalter." Eine doppelte Treue wird von uns verlangt. Die Treue zu Gott und zum Menschen. Ein leuchtendes Beispiel dieser doppelten Treue tritt uns in der Gestalt der kleinen Brüder und Schwestern Jesu entgegen. Sie leben in sozialen Brennpunkten und gehen dort einem Kräfte zehrenden einfachen Beruf tagsüber nach. Am Abend versammeln sie sich in ihrer bescheidenen Unterkunft und verbringen eine Stunde vor dem Allerheiligsten. Hier beten sie den Herrn an, der gekommen ist, um sich der Armen und Schwachen in Liebe anzunehmen. Wir können hier von einer Mystik der offenen Augen und Ohren sprechen, die sich nicht der Not der Menschen verschließt, sondern ihnen nachgeht und helfend unter die Arme greift.

Auch von uns wird diese doppelte Treue als Einzelner und als Gemeinde verlangt.

Christliche Existenz

Der Kraftquell der Stille

Wenn Sie wie im Märchen einen Wunsch äußern dürften, welchen Wunsch würden Sie wählen? Viele Zeitgenossen würden heute die Gesundheit wählen; denn diese ist heute die neue Religion, der sich alle unterordnen. Was tun wir nicht alles, um gesund, fit zu bleiben? Andere würden ein intaktes Familienleben erwähnen, oder Freunde, auf die man sich verlassen kann. Andere wünschen sich einen gesicherten Arbeitsplatz und keinen Zeitvertrag, wie er heue leider weit verbreitet ist. Umso erstaunter werden wir sein, wenn wir hören, was der mächtige König Salomo von Gott erbittet. Er wünscht sich kein langes Leben, wie es in Israel üblich war, auch keinen Reichtum, über den er ja schon verfügte, auch nicht den Tod seiner Feinde. Vielmehr bittet er: „Verleih daher deinem Knecht ein hörendes Herz, damit er dein Volk zu regieren und das Gute vom Bösen zu unterscheiden versteht" (1 Kön 3,9). Er bittet um Weisheit und Einsicht. In seiner berühmten Rede vor dem Deutschen Bundestag am 22. 09. 2011 hat der inzwischen zurückgetretene Papst Benedikt XVI. mehrmals diese Bitte um ein hörendes Herz zitiert „als die Fähigkeit, Gut und Böse zu unterscheiden und so wahres Recht zu setzen, der Gerechtigkeit zu dienen und dem Frieden." Während wir heute das Herz ausschließlich dem Gefühl zuordnen, sind in der Bibel Herz und Verstand eng miteinander verbunden. Das Herz ist der Sitz der Vernunft, des Überlegens. Antoine de Saint-Exupéry spricht im „Kleinen Prinz" den bekannten Satz aus, der immer wieder zitiert wird: „Nur mit dem Herzen sieht man gut", und wir können ergänzen: vernimmt man Gottes leise Stimme. Wir sprechen heute von einer emotionalen Intelligenz.

Aber diese Stimme hat es heute schwer, sich vernehmbar zu machen, weil der Lärm alles andere zudeckt. Er bringt alle anderen Stimmen zum Verstummen. Was wird uns nicht alles mit Hilfe der modernen Medien vermittelt? Wie soll da Gottes leise Stimme hörbar erklingen? Denn Gottes Stimme ist leise und es bedarf eines gesammelten Zuhörens, wenn wir sie vernehmen wollen. Wenn um uns alles verstummt ist, können wir Gottes Wort vernehmen. Daher sagt der große Mystiker Meister Eckhart: „Nur in der Stille spricht Gott

Der Kraftquell der Stille

das ewige Wort in der Seele." Das ist ein Kontrastprogramm zu unserer heutigen Zeit, wo alles vom Lärm übertönt wird. Die Menschen können die Stille nicht mehr aushalten. Selbst auf der Straße bewegen sie sich mit Stöpseln in den Ohren, um sich mit Musik einlullen zu lassen. Sie fliehen förmlich die Stille, die sie beunruhigt. Sie setzen sich einer Dauerberieselung aus. Aber auch im Innern dringen viele Stimmen auf uns ein und lenken uns ab. Wir müssen daher all unserer Gedanken und Willensregungen ledig werden, damit Gott die Stille ausfüllen kann. Das gilt auch für das Gebet, dessen höchste Form die Anbetung ist. Hier sind wir ganz auf Gott ausgerichtet, alle anderen Stimmen sind verstummt.

Ältere Menschen werfen der Liturgiereform vor, dass sie die Stille in der Messe zunichte gemacht habe, so dass wir dauernd mit Worten und Gesängen konfrontiert würden. Sie verlangen zu Recht nach „Oasen der Stille" im Gottesdienst. Diese bieten sich nach der Lesung, nach der Wortverkündigung und nach dem Kommunionempfang an. Sie sehnen sich nach der früheren stillen Messe an Werktagen zurück. Das ist aber auch keine Lösung des Problems, da der Gottesdienst ein Gemeinschaftswerk ist.

Als der Pfarrer von Ars eines frühen Morgens seine Kirche betrat, fiel sein Blick auf einen alten Mann, der in der Bank andächtig kniete und ständig zum Altar schaute. Als der Pfarrer zu Mittag wieder in seine Kirche eintrat, bot sich ihm dasselbe Bild des betenden Mannes dar. Er ging auf ihn zu und fragte ihn: „Guter Mann, was machen sie den ganzen Tag hier?" Und er bekam zur Antwort „Ich schaue ihn an, und er schaut mich an." Das was ein Beispiel für ein „hörendes Herz", das ganz auf Gott ausgerichtet ist, der uns in der Stille begegnen will. Üben auch wir uns ein in die betrachtende Stille, in der all unsere Wünsche und unser Begehren verstummen und nur noch Platz für den größeren Gott ist.

Die Liebe ist stärker als der Tod

Wenn Liebende durch den Tod getrennt werden, dann haben sie oft den Eindruck, der Verstorbene sei in Wirklichkeit gar nicht tot, er lebe auf eine andere Weise weiter fort. Die Bande seien durch den Tod nicht endgültig zerschnitten. Sie fühlen sich dem Verstorbenen weiterhin verbunden. Das geht so weit, dass die auf Erden Lebenden mit dem Toten sprechen; denn sie sind davon überzeugt, dass er ihnen weiterhin nahe ist. Der französische Philosoph Gabriel Marcel hat einmal gesagt: „Lieben heißt – zum anderen sagen: Du wirst nicht untergehen." Auch er stellt eine Verbindung zwischen Liebe und Leben über den Tod hinaus fest. Für ihn erweist sich am Ende die Liebe als stärker denn der Tod. Im alttestamentlichen Hohelied heißt es: „Leg mich wie ein Siegel auf dein Herz, wie ein Siegel an deinem Arm.! Stark wie der Tod ist die Liebe, die Leidenschaft ist hart wie die Unterwelt ... Auch mächtige Wasser können die Liebe nicht löschen; auch Ströme schwemmen sie nicht weg." (Hl 8,6f.) Auch hier erweist sich die Liebe dem Tod überlegen. Der Mensch ist geschaffen für die Liebe, für die Hingabe an seine Schwestern und Brüder. Diese Hingabe endet aber nicht im Nichts, sondern bei dem, der die Liebe schlechthin ist, bei Gott. In seine Hände übergibt er am Ende sein Leben in der Hoffnung, dass es in Gott aufgehoben ist.

Am Leben und Sterben Jesu können wir diesen engen, ja unlösbaren Zusammenhang zwischen Liebe und Entmachtung des Todes ablesen. Sein ganzes Leben stand im Zeichen der Hingabe an den Willen des Vaters und an die Menschen, wir sprechen von der Pro-existenz Jesu. Mit seinem Vater im Himmel war er so innig verbunden, dass er ihn Abba, lieber Vater, genannt hat. Zugleich war er auch ganz für andere da. Er hat sich für andere hingegeben und diese Hingabe am Kreuz zur Vollendung gebracht. Seine Liebe führt in den Tod, auch hier zeigt sich, dass Liebe und Tod zusammen gehören. Diese sich selbst hingebende Liebe erreicht ihr Ziel, kommt zur Erfüllung bei dem, welcher der Gott der Liebe ist. In einem bekannten Kirchenlied heißt es von Jesus Christus: „Das Weizenkorn muss sterben, sonst bleibt es ja allein, der eine lebt vom andern, für sich kann keiner sein. Geheimnis des Glaubens: im Tod ist das Leben." (GL 620,1) Aber auch wir sollen uns hier angesprochen fühlen: „Als Brot für viele Menschen hat uns der Herr erwählt, wir leben füreinander, und nur die Liebe zählt." (GL 620,4) Wer sich hingibt, geht im Tod nicht unter, sondern gerade im Tod kommt seine Liebe ganz zur Erfüllung, seine Liebe vollendet sich im Leben bei und mit Gott und mit all denen, die bei Gott leben. Diese Erfahrung können wir schon hier auf Erden anfänglich machen. Sie kommt in den Worten des Johannes zum Ausdruck: „Wir wissen, dass wir aus dem Tod in das Leben hinübergegangen sind, weil wir die Brüder lieben. Wer nicht liebt, bleibt im Tod." (1 Joh 3,14) Allerdings ist unsere Liebe noch bruchstückhaft und unvollkommen, sie reift erst mit Gottes Hilfe in der Vollendung ganz aus. Weil wir zur Liebe erschaffen sind, richtet sich unser Blick auf ein Leben nach dem Tod, auf die Auferstehung. Die Liebe ist stärker als der Tod, das ist eine Umschreibung des Geheimnisses der Auferstehung, das wir Ostern feiern.

Jeder Mensch ist ein Würdenträger

Der französische Biologe und Nobelpreisträger Claude Lévi Strauß hat den Menschen einmal als Zigeuner am Rand des Universums und erwürfeltes Zufallsprodukt der Evolution bezeichnet. Er unterscheide sich im Wesentlichen nicht vom Tier. Nur ist es eigentümlich, dass noch kein Tier den Nobelpreis erhalten hat, das müsste ihm doch auch aufgefallen sein. Wenig Hochachtung vor dem Menschen haben die Ideologien des 20. Jahrhunderts wie Kommunismus und Nationalsozialismus empfunden, die Hekatomben von Menschen hingeschlachtet haben. Sie haben andere Menschen als Untermenschen betrachtet und umgebracht, weil sie nicht reinrassige Arier oder Anhänger der kommunistischen Ideologie waren. Das gleiche gilt auch für die islamistischen Terroristen, die bedenkenlos Frauen und Kinder ermorden, nur weil sie nicht dem eigenen „Glauben" angehören und daher als Ungläubige verachtet werden.

Ganz anders das Menschenbild, das uns aus der Heiligen Schrift entgegentritt. Schon auf der ersten Seite des Ersten Testamentes wird der Mensch als Ebenbild Gottes bezeichnet. Ihn hat er als seinen Stellvertreter über die nichtmenschliche Schöpfung eingesetzt. Im Psalm 8 heißt es vom Menschen: „Was ist der Mensch, dass du seiner gedenkst, des Menschen Kind, dass du dich seiner annimmst? Du hast ihn nur wenig geringer gemacht als Gott, du hast ihn gekrönt mit Pracht und Herrlichkeit" (Ps 8,5f.). Diese Aussagen bilden u.a. die Basis für die allgemeinen Menschenrechte, die auch in unserem Grundgesetz beschworen werden. Dort ist von der unantastbaren Würde des einzelnen die Rede.

Das Neue Testament geht noch weiter: Im Prolog des Johannesevangeliums heißt es. „Allen aber, die ihn aufnahmen, gab er Macht, Kinder Gottes zu werden" (Joh 1,12). Und im Epheserbrief heißt es: „Er hat uns aus Liebe im Voraus dazu bestimmt, seine Söhne zu werden" (Eph 1,3). An einer anderen Stelle werden wir nicht mehr Knechte, sondern Freunde Gottes genannt. Dieses Menschenbild wird nur verständlich auf dem Hintergrund des christlichen Gottesbildes. In Jesus Christus offenbart sich Gott als unser aller Vater, der von Ewigkeit her uns erwählt und mit seiner väterlichen Liebe umfangen hat. Wenn Muslime zum ersten Mal dem Christentum begegnen, sind sie fasziniert von der Vorstellung, Gott sei unser aller Vater. Wir dürfen ihn wie kleine Kinder ihren Vater Papa nennen. Das ist für einen gläubigen Muslim undenkbar. Der Gläubige ist für sie ein Knecht Allahs, aber kein Freund, noch weniger sein Sohn.

Diese Rede von der einzigartigen Würde des Menschen, in dessen Nähe sich Gott begeben hat, kann nicht ohne Konsequenzen für unseren Umgang mit anderen Menschen sein. Wir sind gehalten, in jedem Menschen ohne Ansehen seiner Herkunft, Religion und Einkommen einen Würdenträger zu erblicken. Selbst noch der größte Verbrecher hört nicht auf, Gottes Ebenbild zu sein, mag er auch dieses Bild entstellt haben. Menschliches Leben ist vom ersten Beginn bei der Empfängnis bis zum letzten Atemzug zu achten und zu schützen. Eine vorauszusehende Behinderung ist kein Grund, dem Embryo das Lebensrecht abzusprechen. Wir dürfen auch nicht in der letzten Lebensphase von uns aus entscheiden, wann das Recht auf Leben aufhört und die Geräte einfach abschalten. Die Hospizbewegung versucht dagegen, den sterbenden Menschen ein menschenwürdiges Sterben zu ermöglichen und maßt sich nicht an, Herr über Leben und Tod zu spielen. Sie verdankt ihre Entstehung gläubigen Christen.

Zwei Beispiele mögen zeigen, wie Menschen, die auf der Schattenseite der Gesellschaft leben müssen, als Würdenträger behandelt werden können:

1. In den 60er Jahren des vorigen Jahrhunderts entschlossen sich italienische Gymnasiasten den Kindern von Romas, Sintis und von Migranten, die keine Schule besuchen konnten, Nachhilfeunterricht zu erteilen. Bald weiteten sie ihre Tätigkeit auf die Unterstützung von Hungernden aus: Daraus entwickelte sich die Laiengemeinschaft von Sant'Egidio, die vor allem durch ihre erfolgreiche Friedensvermittlung in Mozambique und anderswo bekannt geworden ist. In ihrem römischen Zentrum in Trastevere erhalten einige hundert Arme täglich mittags eine Mahlzeit. Sie werden aber nicht, wie in Klöstern üblich, mit Butterstullen oder einem Teller Suppe abgespeist, Vielmehr nehmen sie an gedeckten Tischen Platz. Dort werden sie von ehrenamtlichen Helfern bedient. Das Mahl besteht aus einem Drei-Gänge-Menü: aus einer Vorspeise, einem Hauptgericht und einem Nachtisch. Auf diese Weise möchte man seine Ehrfurcht vor den Armen zum Ausdruck bringen, die Ebenbilder Gottes, seine geliebten Kinder sind. Diese Menschen müssen nicht den Eindruck gewinnen, sie seien Menschen zweiter Klasse, deren man sich erbarmt.

2. Auch wir können in dieser Haltung den Armen und Bedürftigen entgegentreten. Wenn einer von ihnen auf der Straße oder vor einer Kirche sitzt und um eine milde Gabe bittet, dann können wir uns zu ihm herabneigen, ihn ansehen, ihm unsere Gabe freundlich überreichen und ihm einen guten Tag wünschen. Dadurch fühlt er sich geehrt und angenommen, man ist ihm auf Augenhöhe begegnet. Er ist einer von uns und kein bloßer Sozialhilfeempfänger mehr.

Erblicken wir in jedem Menschen das Bild Gottes, der in Jesus Christus uns gezeigt, hat, wie sehr er um uns Menschen besorgt ist, wie sehr er uns liebt. Er hat eine einzigartige Würde, die wir ihm nicht nehmen dürfen. Möge jeder Mensch in unseren Augen ein Würdenträger sein!

Das Schöne als Vorschein der göttlichen Herrlichkeit

Im Mittelalter haben Theologen Gott nicht nur die Einheit, die Wahrheit und das Gute zugesprochen. Auch die Schönheit bzw. die Herrlichkeit waren für sie ein Wesensmerkmal Gottes. Im Laufe der Zeit ist das aber leider in Vergessenheit geraten. Erst in der Gegenwart findet die Schönheit als eine „Spur der Engel" wieder neue Beachtung innerhalb der Theologie. Hier wirkt sich der Einfluss der zeitgenössischen Philosophie aus, welche die Ästhetik, also die Lehre vom Schönen, wieder in den Mittelpunkt ihres Denkens gerückt hat. Dabei droht hier aber auch die Gefahr, dass die Kunst zum einzigen Ort der Offenbarung der Wahrheit erklärt wird. Schon Fr. Schiller hatte gesagt: „Alle Menschen, die zur Schönheit gekommen sind, werden auch erfahren, dass dahinter die Wahrheit steht." So erhält die Schönheit den Charakter einer Brückenfunktion, sie ist der Vorschein der göttlichen Herrlichkeit. Viele empfinden beim Hören der Musik, dass sich die Dissonanzen der Welt lösen und wir uns im Einklang mit dem Universum befinden. Der reformierte Theologe Karl Barth aus der Schweiz vertrat die Ansicht, im Himmel würde Musik von Mozart gespielt; denn in der Musik des großen Österreichers würden himmlische Melodien erklingen, sie seien ein göttliches Geschenk. Sie vermitteln uns einen Vorgeschmack künftigen himmlischen Lebens. Ein großer, vor einiger Zeit verstorbener österreichischer Dirigent (Nikolaus Harnoncourt) erblickte in der Musik die Nabelschnur, die uns mit der Transzendenz, mit der Welt Gottes, verbindet. Und von Rumi, einem persischen Mystiker des 12. Jahrhunderts, stammt der Ausspruch: „Die Musik ist das Knarren der Pforten des Paradieses." Johann Sebastian Bach hat alle seine musikalischen Schöpfungen Gott gewidmet, zur höheren Ehre Gottes hat er komponiert. Das hat er auch in seinen Partituren deutlich zum Ausdruck gebracht. Gleiches kann man auch von Anton Bruckner sagen, der eine Sinfonie dem lieben Gott ausdrücklich gewidmet hat.

Heute droht allerdings die Gefahr, dass die Musik zum Religionsersatz wird, dass sie an die Stelle des Glaubens gesetzt wird. Wir nennen das eine Kunstreligion, der zum Beispiel Richard Wagner zeitweilig huldigte. Bekannt ist der Ausspruch von Ludwig van Beethoven: „Musik ist höhere Offenbarung denn alle Philosophie und Religion." Hier wird das Schöne nicht mehr durchsichtig auf die göttliche Wahrheit, sie verliert ihre Brückenfunktion.

Was hier von der Musik gesagt worden ist, gilt auch für andere Kunstformen, für die Poesie, die bildende Kunst. Auch sie können den Menschen in seinem Innern anrühren und über sich hinausweisen. Dies gilt zum Beispiel für die Gedichte „der dunklen Nacht der Seele", die der Karmelit Johannes vom Kreuz, ein Weggenosse der heiligen Teresa von Avila, verfasst hat. Sie zählen zu den Meisterwerken spanischer Literatur. Ein französischer Bischof hat darauf hingewiesen: „Wenn manche in späteren Jahren den Glauben entdecken, dann selten im sozialen Engagement. Sie spüren ihn im Medium von Musik, Kunst und Literatur." Die heilige Edith Stein hat den letzten entscheidenden Anstoß für ihren Weg zum Glauben durch die Lektüre der Autobiographie der heiligen Teresa von Avila erhalten.

So sollten wir dem Schönen in unserem Glaubensleben mehr Beachtung schenken. Ein vornehmliches Anwendungsfeld könnte der Gottesdienst sein, der auch eine ästhetische Funktion ausübt. Dies muss schon in den Gesten des zelebrierenden Priesters zum Ausdruck kommen und im Gesang des Kirchenchores. Die Innenausstattung des Gottesdienstraumes muss ästhetischen Ansprüchen genügen. Hier muss noch viel Sensibilität für das Schöne bei den Verantwortlichen in der Liturgie geweckt werden. Das gehört auch zu der immer wieder eingeforderten liturgischen Bildung, die immer noch bei uns im Argen liegt. Viele moderne Kirchbauten in Beton werden nicht den ästhetischen Ansprüchen gerecht; aber es gibt auch positive Beispiele. Ich denke dabei an die Kirche von Ronchamp des Schweizer Architekten Le Corbusier in den Vogesen.

Öffnen wir unsere Sinne für das Schöne; denn der Sinn des Ganzen erschließt sich uns über die Sinne, worauf schon die Sprache hinweist. Das Schöne als Abglanz der göttlichen Herrlichkeit kann für uns ein Weg zu Gott sein, der schön ist.

Die Wüste als Ort der Gottesnähe

Im Lukasevangelium lesen wir von Johannes, dem Täufer: „Da erging in der Wüste das Wort Gottes an Johannes, den Sohn des Zacharias" (Lk 3,2). Die Wüste bezeichnet in der Bibel mehr als einen geographischen Ort, sondern einen Raum besonderer geistlicher Erfahrung, wozu die geographische Wüste die besten Bedingungen bereithält. Immer wieder begegnet uns vor allem im Ersten Testament die Wüste, die für Israel schicksalsbestimmend gewesen ist. So erwartet Israel am Ende das Kommen des Messias aus der Wüste. Das Leben der Erzväter Abraham, Isaak und Jakob spielte sich im Raum der Wüste ab, sie waren Halbnomaden, die in der Wüste mit ihrer Herde umherzogen. In der Wüste, am Berg Horeb, machte Mose die fundamentale Erfahrung, dass Gott für sein Volk da sein werde (Ex 3,14). Am Berg Sinai empfing Mose die beiden Gesetzestafeln mit den 10 Weisungen. 40 Tage und Nächte währte die Wüstenwanderung des Mosestammes auf dem Weg in das Gelobte Land. Diese Wüstenzeit wird von Israel als Jugendzeit oder Brautzeit Jahwes verstanden, in der es Jahwe treu blieb, hier erfuhr das Volk Jahwes Erbarmen und Liebe. Die Wüstenzeit war aber auch eine Zeit des Murrens und der Versuchung, von Jahwe abzufallen.

Jesus zieht sich vor seinem Auftreten als Wanderprediger in die Wüste zurück, wo er sich 40 Tage und Nächte aufhält und den Versuchungen des Satans widerstand. Immer wieder heißt es von ihm, dass er die Wüste aufsuchte, um in der Einsamkeit innige Zwiesprache mit seinem Vater zu halten.

Später im dritten bis fünften Jahrhundert nach Christus haben sich Menschen, die sog. Wüstenväter, in die ägyptische Wüste zurückgezogen und lebten dort als Einzelne oder in Gruppen. Hier wollten sie Gott erfahren, indem sie sich in die Heilige Schrift vertieften, beteten und arbeiteten.

Im 20 Jahrhundert wurde die Wüste neu als Raum geistlicher Erfahrung entdeckt durch den Franzosen Charles de Foucauld. Dieser war ein Spross einer der reichsten adligen Familien Frankreichs. Mit 17 Jahren verabschiedete er sich von seinem angestammten katholischen Glauben und führte ein Leben in Saus und Braus. Wegen seines ausschweifenden Lebensstiles wurde er aus einem Jesuitengymnasium in Paris entlassen. Ebenfalls musste er aus demselben Grund den militärischen Dienst quittieren. Rückblickend bekannte er: „Mit 17 Jahren war ich durch und durch egoistisch und gottlos. Ich begehrte das Böse. Ich hatte weder Gott noch die Menschen im Blick. Ich kreiste nur noch um mich selbst." Bei einer Studienreise durch Marokko beobachtete er die Muslime, wie sie andächtig in der Moschee knieten und ihre Gebete verrichteten. Das war der erste Anstoß für seine Bekehrung. Sie wurde entscheidend durch einen Priester herbeigeführt, der in den Salons der vornehmen Gesellschaft in Paris verkehrte. Dieser führte ihn zum Glauben zurück und blieb bis an sein Lebensende sein geistlicher Vater. Ihm vertraute er sich ganz an. Von nun an fühlte sich Charles ganz zu Gott hingezogen, ging täglich zur heiligen Messe und kommunizierte. Er kommentierte seine Bekehrung mit den Worten: „Sobald ich glaubte, dass es Gott gibt, verstand ich auch, dass ich nichts anderes tun kann, als nur ihm zu leben." Er weihte sein ganzes künftiges Leben Gott. Wie radikal seine Bekehrung war, zeigt sein Entschluss, in die Wüste Nordafrikas zu gehen, um das Leben der muslimischen Tuaregs nahe der Grenze Marokkos zu teilen. Es handelt sich bei ihnen um einen nomadischen Berberstamm in der Sahara. Seit seinem Marokkoaufenthalt hat ihn die Wüste nicht mehr losgelassen. So bekennt er einem Freund: „Die Wüste hat für mich etwas zutiefst Beglückendes, es ist so beseligend und so heilsam, in der Einsamkeit zu verweilen im Angesicht der ewigen Dinge. Man fühlt, wie die Wahrheit allmählich immer mehr in uns einströmt." Hier in der Einsamkeit der unendlichen Wüste will er Menschen für Jesus Christus gewinnen. Er wollte sie durch seine

Lebensweise überzeugen, dass in Jesus Christus das Heil ist. Seine Überzeugung lautete: „Es gehört zu deiner Berufung, das Evangelium von den Dächern zu rufen, nicht durch das Wort, sondern durch dein Leben." Dabei verzichtete er auf eine ausdrückliche Verkündigung. Er hat nie einen Tuareg zum christlichen Glauben bekehren können. Sein Leben bei den Tuaregs endete aber tragisch: Er wurde auf Grund eines Irrtums ermordet. Seinen nackten Leichnam verscharrte man neben seiner Hütte, ehe man ihn in einem für ihn errichteten Grabmal in der Oase El Golead beigesetzt hat.

Später haben 13 000 Frauen und Männer im Geistes dieses Einsiedlers sich entschlossen, in der „Wüste" mitten unter den Armen und Notleidenden zu leben und allein durch ihr Leben Zeugnis von Jesus Christus, dem Heil der Welt, abzulegen. Sie nennen sich „die Kleinen Brüder und Schwestern Jesu", die an sozialen Brennpunkten ihren Lebensunterhalt selbst verdienen und in ihren freien Stunden den Herrn im Allerheiligsten Sakrament verehren. Für sie ist die Stadt die moderne Wüste, wo sie die Nähe Gottes besonders erfahren. Sie wollen das Leben der Ärmsten teilen und verzichten auf eine direkte Verkündigung des Evangeliums. Allein durch ihr Lebenszeugnis wollen sie den Blick der Menschen auf den Erlöser lenken. So lebt sein Werk weiter in diesen gottgeweihten Menschen. Sie sind die modernen Apostel. Er selbst ist 2005 selig gesprochen worden.

Im Gefolge des französischen Seligen haben sich die sog. Wüstentage bei uns eingebürgert. Das sind Tage, da ein Christ sich zurückzieht, den Lärm und die Hektik des Alltags hinter sich lässt und sein eigenes Leben im Angesicht Gottes überdenkt. Dazu braucht er sich nicht in sprichwörtliche Wüsten zu begeben, er kann auch inmitten der städtischen Welt Oasen der Stille aufsuchen und intensiver sein geistliches Leben betrachten. Er kann zur Besinnung und Umkehr gelangen und so Gottes Nähe als beglückend erfahren.

„Ein Tag ohne Lachen ist ein verlorener Tag"

Haben Sie heute schon einmal gelacht? Wenn nicht, dann wird es höchste Zeit; denn Lachen ist gesund, das beweist die medizinische Forschung. Ihr zufolge wird das Lachen als Unterstützung der Therapie angewandt. Das kommt auch in der volkstümlichen Redewendung zum Ausdruck: „Lachen ist gesund." Man kann mit Hilfe des Lachens den Heilungsprozess mancher Krankheiten fördern. Die Herzinfarktgefahr wird durch häufiges Lachen halbiert. Von Charlie Chaplin stammt die Aussage: „Ein Tag ohne Lachen ist ein verlorener Tag." Lachen gehört zum Menschen, ja das unterscheidet ihn vom Tier, auch wenn bei Ratten Kichertöne herausgefunden wurden, die für das menschliche Gehör nicht wahrnehmbar sind. Im Unterschied zum Tier hat jeder Mensch die Fähigkeit zum Lachen. Menschheitsgeschichtlich geht es der Entwicklung von Sprache voraus. Lachen hat aber auch eine heilende Wirkung. Das kommt in der nachfolgenden Geschichte zum Ausdruck: „Ein Ire verstarb und wartete am Tor des Himmels in einer langen Reihe. Dort hörte er, wie der Herr zu einem sagte: ‚Ich hatte Hunger, und du hast mir zu essen gegeben. Gut so. Geh ins Paradies.' Zu einem anderen sagte er: ‚Ich hatte Durst, und du hast mir zu trinken gegeben. Geh ins Paradies.' Als schließlich der Ire an der Reihe war, überfiel ihn Angst; denn er hatte weder Kranke noch Gefangene besucht. Als er schließlich vor seinem göttlichen Richter stand, schaute dieser ihn mit Augen voller Güte an und sagte: ‚Deine Lebensbilanz sieht recht mager aus. Doch da gibt es etwas, das nicht zu übersehen ist. Wenn ich abends in der Kneipe traurig war, enttäuscht oder niedergeschlagen saß, und du mich sahst, dann bist du zu mir gekommen und hast mir Witze erzählt. So brachtest du mich zum Lachen und machtest mir Mut. Gut so! Geh ins Paradies."
(Quelle: Papst Johannes Paul I.)

Aber darf man in der Kirche lachen? Einige Fromme würden diese Frage verneinen. Dagegen spricht aber die mittelalterliche Praxis des sog. Osterlachens. Der Pfarrer musste am Ostermorgen so lange predigen, bis die Gemeinde in ein Lachen ausbrach. Dadurch sollte der Teufel vertrieben werden. Ein Beispiel: Während der Pfarrer über die Emmausjünger predigte, erblickte er auf dem Orgelboden einen Mann, der sich genüsslich dem Kirchenschlaf hingab. Auf einmal rief der Prediger aus: „Es brennt, es brennt", woraufhin der Schläfer aufwachte und rief: „Wo?" Darauf antwortete der Prediger ganz lakonisch: „In den Herzen der Jünger." Ach so, antwortete der Schläfer und gab sich wieder dem Kirchenschlaf hin.

Wie aber steht es um die Freude und das Lachen der deutschen Katholiken? Eine Allensbacher Untersuchung aus dem Jahre 1970 ergab, dass Menschen, die der Kirche nahestehen, weniger glücklich aussehen. Und Papst Franziskus weist in seinem Apostolischen Schreiben „Freude des Evangeliums" darauf hin: „Es gibt Christen, deren Lebensart erscheint wie eine Fastenzeit ohne Ende." Kirche und Lebensfreude erscheinen danach als ein Gegensatz. Dabei ruft uns der heilige Apostel Paulus eindringlich auf: „Freut euch im Herrn, zu jeder Zeit! Noch einmal sage ich: Freut Euch! Eure Güte werde allen Menschen bekannt. Der Herr ist nahe" (Phil 4,4). Wir Christen haben Grund zur Freude; denn Jesus Christus ist der Quell unserer Freude.

Nun legt sich aber der Einwand nahe: Wie kann man lachen und sich von Herzen freuen, wenn man auf so viel Leid und Elend in der Welt trifft. Die Zeitungen und das Fernsehen sind voll davon. Und auch in der Kirche stimmt so vieles uns nicht fröhlich. Wir brauchen doch nur an die Missbrauchsfälle zu denken oder an den Widerstand der Traditionalisten gegen den notwendigen Reformkurs des gegenwärtigen Papstes. Sicher dürfen wir unser Auge nicht vor den Schattenseiten des Lebens verschließen und in eine unbedachte fragwürdige Hallelujastimmung verfallen. Wir müssen dem Dunklen und Bösen ins Angesicht schauen und dürfen auch dafür Gott anklagen. Aber das unterscheidet uns von den Nichtgläubigen: Ein Christ versinkt nicht im Meer des Leidens, er kapituliert nicht vor den Abgründen im Menschen, er setzt dem sein Trotzdem entgegen, weil er sich gehalten weiß von einem Größeren, der uns nicht fallen lässt. Trotz des Leides und des Bösen in der Welt, trotz des Absurden, das in der Welt tagtäglich geschieht, hält der Christ sein Ja durch. Sein Ja zu einem tieferen Sinn des Lebens, für das Gott in Jesus Christus garantiert. Das kommt auch in der Definition des Humors zum Ausdruck: „Humor ist, wenn man trotzdem lacht."

Thomas Morus, der Schatzkanzler unter Heinrich VIII. gewesen war, und von diesem wegen seiner Treue zum Papst zum Tode verurteilt wurde, hatte sich seinen Humor bis zum Tod bewahrt. Er bat den Henker bei seiner Hinrichtung, er möge beim Zuschlagen mit dem Beil auf seinen Bart achten, denn dieser habe nicht Hochverrat begangen. Von ihm stammt auch ein Gebet um Humor, das mit den Worten beginnt: „Schenke mir eine gute Verdauung." Geben wir also ungeachtet all der Widrigkeiten in unserem Leben der Freude Raum und bewahren wir uns den Humor.

Der Himmel der Tiere

Wenn Kinder ihre Eltern fragen: „Kommt mein Wauwie oder mein Meerschweinchen in den Himmel?" dann reagieren diese oft ratlos. Sie gehen davon aus, dass Tiere keine Seele haben, dass sie nichts empfinden, wenn man sie schlägt. Ja, in ihren Augen sind Tiere minderwertig gegenüber dem Menschen, der „die Krone der Schöpfung" ist. Er habe den Auftrag erhalten, die Erde sich untertan zu machen. Entsprechend werden auch heute noch Tiere behandelt. Wir brauchen doch nur an die moderne Massentierhaltung zu denken oder an das Spektakel der Abschlachtung von Stieren in den Stierkampfarenen Spaniens, an dem sich viele ergötzen. Das Töten von Millionen von Tieren wird als „Marktstützungsaktion" bezeichnet, zum Beispiel von 1,2 Millionen von Rindern. Dadurch solle der Markt bereinigt werden. Schon der junge Albert Schweitzer, der spätere Urwalddoktor von Lambarene in Afrika, erinnert sich in seinen Kindheitserinnerungen: „Solange ich zurückblicken kann, habe ich unter dem vielen Elend, das ich in der Welt sah, gelitten, insbesondere litt ich darunter, dass die armen Tiere so viel Schmerz und Not auszustehen haben … Der Anblick eines hinkenden Pferdes, das ein Mann hinter sich herzog, während ein anderer mit einem Stecken auf es einschlug – es wurde nach Kolmar ins Schlachthaus getrieben – hat mich wochenlang verfolgt. Ganz unfassbar erschien mir, dass ich in meinem Abendgebet nur für Menschen beten sollte. Darum betete ich heimlich ein von mir verfasstes Zusatzgebet. Es lautete: ‚Lieber Gott. Schütze und segne alles, was atmet, bewahre es vor allem Übel, und lass es ruhig schlafen.'" Der durch das Fernsehen bekannte Popularphilosoph Richard David Precht hat 2016 ein Buch veröffentlicht mit dem bezeichnenden Titel: „Tiere denken. Vom Recht der Tiere und den Grenzen des Menschen." Darin fordert er eine Neubegründung der Tierethik.

Wenn wir einen Blick in die Heilige Schrift werfen, dann lesen wir im Ersten Schöpfungsbericht: „Dann sprach Gott: Die Erde bringe Lebewesen aller Art hervor, von Vieh, von Kriechtieren und von Wildtieren der Erde nach ihrer Art. Und so geschah es. Gott machte die Wildtiere der Erde nach ihrer Art, das Vieh nach seiner Art und alle Kriechtiere auf dem Erdboden nach ihrer Art. Gott sah, dass es gut war" (Gen 1,24f.). So erhalten auch die nichtmenschlichen Kreaturen das Gütesiegel des Schöpfers. Sie werden auch in den Sabbatfrieden mit eingeschlossen: „Der siebte Tag ist ein Ruhetag, dem Herrn, deinem Gott geweiht. An ihm darfst du keine Arbeit tun: du und dein Sohn und deine Tochter, dein Sklave und dein Vieh und dein Fremder in deinen Toren" (Ex 20,10). Denken wir an diese Weisung des Herrn, wenn wir die Arbeitsruhe am Sonn- und Feiertag einfordern, oder beschränken wir sie nur auf den Menschen?

Tiere sind Mitgeschöpfe und verdienen eine entsprechende ehrfürchtige Behandlung von Seiten des Menschen. Der heilige Franziskus ist uns darin ein Vorbild. Der Legende zufolge soll er den Vögeln gepredigt und den Wolf von Gubbio gezähmt haben. Für ihn waren die Tiere Geschöpfe Gottes, ihnen hatte er auch den Lebensodem eingehaucht. Daher verdienen sie auch unsere Zuwendung und Achtung.

Allerdings müssen wir uns heute vor Übertreibungen hüten, wie sie von Seiten der Tierschützer gelegentlich vertreten werden. Einige von ihnen gehen so weit, dass sie einige Tiere, z.B. die höheren Menschenaffen, den Menschen gleichstellen wollen. Sie fordern für sie ebenfalls Menschenrechte oder Grundrechte, man möchte ihnen sogar den Vollstatus des Bürgers zusprechen. Sie sollen volle Mitglieder auf der Grundlage der Gleichheit werden. Ihre Anliegen sollen beispielsweise im Bundestag durch Vermittlung von Ombudsleuten vertreten werden. Hier werden die grundlegenden Unterschiede zwischen Mensch und Tier übersehen, indem man sie gleich betrachtet. Tier und Mensch unterscheiden sich durch das Reflexionsvermögen des Menschen, der sich selbst gegenüberstellen, der sich mit den Augen eines anderen betrachten kann, der nach vorne offen ist und das heißt auf Hoffnung hin lebt. Gleichwohl besitzen die Tiere eine Seele, sie sind leidempfindlich und können sich auch sozial verhalten und füreinander sorgen. Die Aufforderung der Bibel: „Unterwerft euch die Erde" (Gen 1,28) ist kein Freibrief für einen rücksichtslosen Umgang mit Tieren. Wir sollen als Gottes Stellvertreter die Erde hegen und pflegen, und dies gilt auch für die Tiere.

Wenn ich Sie fragen würde, ist Jesus Christus auch für die Tiere Mensch geworden und für sie am Kreuz gestorben?, dann werden sie vermutlich diese Frage verneinen. Haben wir doch gelernt, dass er um unseres Heiles willen Mensch geworden ist und dass er uns am Kreuz erlöst hat. Von Tieren ist in diesem Zusammenhang nicht die Rede, die bleiben hier vom Heilswerk Christi ausgeschlossen. Sie bleiben unerlöst. Dagegen steht bei Paulus im Römerbrief ein geheimnisvoller Satz, der lautet. „Denn wir wissen, dass die gesamte Schöpfung bis zum heutigen Tag seufzt und in Geburtswehen liegt... Auch wir seufzen in unserem Herzen und warten darauf, dass wir mit der Erlösung unseres Leibes als Söhne offenbar werden" (Röm 8,22f). Mit diesen Worten wird unmissverständlich gesagt, dass auch die Tiere zur Vollendung bei Gott bestimmt sind, dass auch sie noch auf die Erlösung warten. So sind wir gemeinsam mit den Tieren auf dem Weg zur vollendeten Gemeinschaft bei Gott. Entsprechend müsste unser Verhalten zu den Tieren sich gestalten, die Mitgeschöpfe sind und eine ewige Bestimmung haben wie wir.

Die Umkehr der Werte

Vor längerer Zeit erschien ein Buch mit dem Titel „Jesus in schlechter Gesellschaft". Welch eigentümlicher Titel, mögen Sie denken. Was damit gemeint war, wird deutlich, wenn wir einmal hinschauen, mit wem Jesus sich abgab, wer seine bevorzugten Gesprächspartner und Tischgenossen waren. Es waren nicht die Reichen, Mächtigen und Einflussreichen, nicht die Klugen und Weisen. Die hielten sich in Jerusalem und im Tempel bzw. bei Hof auf. Es waren vielmehr die Kleinen, Armen und Bedürftigen. In den Augen der Mächtigen und Angesehenen war das die schlechte Gesellschaft. Das hatte man damals Jesus vorgeworfen, das machte ihn in ihren Augen suspekt. In diesem Sinne, in der Nachfolge Jesu, fordert uns Papst Franziskus auf, an die Ränder der Gesellschaft zu gehen und uns diesen Menschen zuzuwenden, die nicht im Rampenlicht der Öffentlichkeit stehen, und nicht in den Medien. Wir sollen vor allem die Orte aufsuchen, wo diese einfachen, benachteiligten Menschen leben: die Armenquartiere, die Gefängnisse und Krankenhäuser. Bei der Ernennung von Kardinälen werden von ihm die Geistlichen ausgezeichnet, die sich mit den Kleinen und Armen solidarisieren und nicht die Bischöfe von großen Diözesen, die bisher mit dem Purpur bedacht wurden und oft in einer eigenen Welt leben, fernab vom normalen Leben. Dem Papst steht eine „verbeulte Kirche" vor Augen, die bereit ist, sich schmutzig zu machen und nicht mit den Mächtigen und Reichen sympathisiert.

Warum wählt Jesus gerade diesen Personenkreis aus, warum stellt er sich gegen den damals herrschenden Trend der Gesellschaft? Die Antwort können wir dem Märchen von den „drei Federn" entnehmen, wo wir auf eine ähnliche Konstellation stoßen. Hier ist die Rede von drei Söhnen, die ein König hatte. Zwei von ihnen waren in den Augen der Menschen klug und gescheit, aber der dritte sprach wenig und hieß daher der „Dümmling". Im Laufe der Geschichte änderte sich aber die Wahrnehmung; denn es zeigte sich, dass die ehemals Hochgelobten sich plötzlich wie Angsthasen und Versager erwiesen. Dagegen bestand der „Dümmling" die entscheidende Probe des Lebens. Am Ende stellte sich heraus, dass der jüngste Sohn des Königs alles andere als dumm war. In Wirklichkeit war er der wahrhaft Kluge. Dabei geht es nicht um viel Wissen und Können, sondern um die Wahrnehmung des Herzens, um die Fähigkeit, sich in einen anderen Menschen hineinzuversetzen. Wer ein mitfühlendes Herz hat, wer lernbegierig ist und sich nicht anmaßt, alles zu können und zu wissen, von keinem abhängig zu sein. Wer noch staunen und sich begeistern kann, der ist in Wahrheit klug und weise. Aus diesem Grunde hat Jesus auch die Kinder zu sich gerufen und in ihre Mitte gestellt; denn ihrer ist das Himmelreich. Wer nicht wird wie ein Kind, hat er einmal gesagt, kann nicht sein Leben bei Gott vollenden. Daher der Jubelruf Jesu: „Ich preise dich, Vater, Herr des Himmels und der Erde, weil du das vor den Weisen und Klugen verborgen und es den Unmündigen offenbart hast" (Mt 11,25). Wer hörbereit ist, wer bereit ist, die Schönheit der Natur und die innere Schönheit der Menschen wahrzunehmen, wer sich beschenken lässt und sich auf Hilfe angewiesen weiß, den spricht Jesus selig. So kann Paulus im 1. Korintherbrief sagen: „Das Törichte in der Welt hat Gott erwählt, um die Weisen zuschanden zu machen, und das Schwache in der Welt hat Gott erwählt um das Starke zuschanden zu machen" (1 Kor 1,27). So warnt Jesus uns, alles von der Leistung und von unserem Erfolg abhängig zu machen. Wir sollen nicht pausenlos tätig sein, wir dürfen uns auch einmal zurücklehnen, um aufatmen zu können. Wir dürfen von Zeit zu Zeit, besonders in der Urlaubszeit, die Seele baumeln lassen. Öffnen wir unsere leeren Hände und Herzen, damit sie von Gott gefüllt werden. Dazu bedarf es einer gewissen Bescheidenheit.

„Protest gegen den Tod"

Im Lukasevangelium wird von der Totenerweckung des Jünglings von Naim erzählt (Lk 7,11-17). Er war der einzige Sohn einer Witwe in Israel. Beim Hören dieser Totenerweckungserzählung rührt sich sogleich beim neuzeitlichen Menschen die Frage nach der Tatsächlichkeit des berichteten Geschehens. Hat sich die Totenerweckung wirklich im Leben Jesu ereignet? Vieles spricht dagegen, zumindest können wir kein historisches Ereignis im Leben Jesu dafür benennen. Aber darauf kommt es dem Evangelisten auch gar nicht an. Vielmehr will er mit dieser Erzählung, die kein Tatsachenbericht ist, das Leben und Handeln Jesu veranschaulichen. Der bekannte Liedermacher Wolf Biermann, der sich nicht als gläubig versteht, bezeichnet die Geschichte von der Auferstehung eines jungen Mannes in Naim, dessen Namen wir nicht kennen, als „Protest gegen den Tod". Solche Geschichten sind seiner Ansicht nach gedacht als Ermutigung gegen tödliche Mächte in unserem Leben. Geht es doch in dieser Geschichte nicht nur um den leiblichen Tod, sondern auch um den sozialen Tod. Die Witwe hatte nicht nur ihren Mann, den Ernährer der Familie, verloren, sondern auch den einzigen Sohn. Er garantierte dafür, dass seine Mutter im Alter nicht dem Elend überlassen blieb. Dafür musste der Sohn aufkommen, andernfalls wäre sie auf Bettelei angewiesen gewesen. Kein staatliches Organ kümmerte sich um sie. So war der Tod des Sohnes für sie ein doppelter Tod, wer kam nun für ihren Lebensunterhalt auf? Ihre letzte Hoffnung war mit dem Sohn gestorben.

Dem Zug des Todes begegnet im Evangelium nach Lukas der Zug des Lebens in Jesus und seinen Jüngern. Jesus hat Mitleid mit der trauernden Witwe und sagt zu ihr: „Weine nicht!" Er befiehlt dem Toten: „Steh auf!" Mit diesem Befehl demonstriert er seine Macht, die weit über menschliche Möglichkeiten hinausgeht. Nur Gott vermag, Totes in Leben zu verwandeln; denn er ist ein Freund des Lebens. Durch seine Auferstehung hat er den Tod endgültig entmachtet, die weit über alles menschliche Verstehen hinausgeht. Eine Hoffnung, die auch vor dem Tod nicht Halt macht, sondern diesen in seine Schranken verweist. Darin liegt das Mehr christlichen Glaubens, er verweist uns auf die Unendlichkeit göttlichen Lebens, er erfüllt unser Herz mit einer unbesiegbaren Hoffnung, die uns auch angesichts des Todes nicht zuschanden werden lässt.

Aber gerade diese Hoffnung auf Unsterblichkeit schwindet immer mehr in den Herzen der Zeitgenossen, auch vieler getaufter Christen, die das Unwahrscheinliche einfach nicht glauben können. Sie geben

sich mit der kurzen Zeitspanne des irdischen Lebens zufrieden. Sie leben, als ob sie unsterblich wären. Hier tritt an die Stelle der Hoffnung die Verzweiflung, das mangelnde Vertrauen. Das kommt in einem Gedicht zum Ausdruck, das Jugendliche auf die sog. Jugendweihe vorbereiten soll. Es verbreitet alles andere als Hoffnung und Zuversicht:
„Ich habe keinen Gott. Für alle Taten, die ich begehe,
muss ich Täter sein.
Kein Weltrichter wartet, mich zu strafen –
für jeden Irrtum steh ich selber ein.
Ich habe keinen Vater, der mich tröstet.
Es gibt kein Wort, das unumstößlich ist.
Mich stützt kein Glaube. Keine weise Fügung
besitzt ein Maß, das meinen Nutzen misst.
Ich denke selbst, ich habe keine Rettung
vor meinen Zweifeln, wenn die Furcht mich schreckt.

Ich habe die Grenzen meiner Höhn und Tiefen
in meinen eigenen Träumen abgesteckt."

Mit diesen Gedanken werden hier junge Menschen in das vor ihnen liegende Leben entlassen, ohne Hoffnung und ohne Trost sind sie ganz auf sich allein gestellt.

Woher sollen sie die Kraft nehmen, in Zeiten der Trauer und des Leids nicht zu verzweifeln? Was ermutigt sie, ihr Leben in die Hand zu nehmen? Ihnen wird kein Halt vermittelt, der sie trägt. Wie wollen diese jungen Menschen im Angesicht des Todes bestehen, der sie mit Angst und Schrecken erfüllt. Da hilft nur eines, den Tod mit Schweigen zu belegen und ihn zum Tabu zu erklären. Nur nicht an ihn denken, er könnte uns ja die Freude am Leben verderben. Aber der Tod bleibt das einzig Verlässliche auf Erden, er holt uns alle ein. Und da entscheidet sich die Tragfähigkeit unseres Lebensentwurfes. Halten wir ihm stand oder versuchen wir, ihm zu entfliehen? Der Christ kann ihm ins Angesicht schauen, was nicht heißt, dass nicht auch er Angst vor dem Sterben hat. Für den heiligen Franz ist er „der Bruder Tod", ein Vertrauter seines Lebens.

Der Dichter Rainer Maria Rilke hat einmal das Hoffnungspotential des Glaubens mit den Worten umschrieben: „Wir alle fallen, und diese Hand da fällt, und doch ist einer, der all dies Fallen unendlich sanft in seinen Händen hält." Lassen wir uns in seine liebenden Hände fallen, vertrauen wir uns ihm an, der den Tod besiegt und uns zuruft: „Ich lebe und auch ihr werdet leben!"

Taborstunden

In letzter Zeit werden in Büchern und Zeitschriften Berichte von sog. Nahtoderlebnissen veröffentlicht. Darin schildern Menschen, die nach dem Urteil ihrer Ärzte klinisch tot waren, aber wieder ins Leben zurückgekehrt sind, was sie in dieser Zeit erlebt haben. So berichtet ein 25-jähriger Amerikaner, der vom Blitz getroffen war und von den Ärzten als klinisch tot erklärt wurde: „Ich blicke nach vorne zum Krankenwagen an eine Stelle über meinem Leichnam. Dort bildete sich ein Tunnel, der auf mich zukam. Ich blickte vorwärts in die Dunkelheit. Dort war ein Licht, das Licht wurde heller, bis es die Dunkelheit überstrahlte. Dies war das hellste Licht, das ich jemals gesehen hatte, und doch tat es meinen Augen überhaupt nicht weh. Im Nebel tauchte eine silberne Gestalt wie aus einem Nebel auf. Als ich dieses Wesen anblickte, hatte ich die Empfindung, dass niemand mich mehr lieben könnte." Soweit dieser Erfahrungsbericht. Andere klinisch Tote berichten von ähnlichen Lichterscheinungen. Viele von ihnen wollten nicht wieder zurück ins irdische Dasein, sie wollten für immer diesen Zustand genießen. Nun darf man diese Erlebnisse nicht als Beweis dafür anführen, dass es ein Leben nach dem Tode gibt. Denn alle, die von diesen Erlebnissen berichtet haben, sind ins irdische Dasein zurückgekehrt, weil sie noch nicht die Todesschwelle überschritten hatten. Keiner von ihnen konnte daher einen Blick in das Jenseits des Todes werfen. Aber sie haben eine andere Einstellung zum Sterben und zum Tod gewonnen, den sie jetzt als willkommen erachten.

Im Evangelium von der Verklärung Jesu (Mt 17,1-9) begegnen uns ähnliche Erfahrungen der Jünger, die Jesus mit auf den Berg Tabor genommen hatte. Es waren Petrus, Jakobus und Johannes. Es heißt dort: „Und er wurde vor ihnen verwandelt, sein Gesicht leuchtete wie die Sonne und seine Kleider wurden weiß wie das Licht." Auch hier haben die Apostel eine Licht-erscheinung. Dazu kommen noch die Worte aus der Wolke: „Dieser ist mein geliebter Sohn, an dem ich Wohlgefallen gefunden habe, auf ihn sollt ihr hören." Mit Bildern wie Wolke, Licht und weißes Gewand wird hier die besondere Welt Gottes ausgedrückt. Matthäus will uns sagen, dass bei der Verklärung Jesu die himmlische Welt in die irdische eingebrochen ist. Mit Jesus ist das Reich Gottes zu uns gekommen. Mag noch so viel Leid Jesus bevorstehen, nichts kann ihn aufhalten, seinen Weg bis ans Ende zu gehen. Er weiß sich in Gott, seinem Vater, geborgen und aufgehoben. Ob den Jüngern die Augen des Glaubens aufgegangen sind, können wir nicht sagen, vieles spricht dagegen. Zum Beispiel ihr Verhalten bei der Verhaftung Jesu und ihre Abwesenheit beim Kreuzestod. Viele Jahre später erinnert sich Petrus in seinem zweiten Brief an das damalige Ereignis (2 Petr 1,17-19). Es hat ihn bestärkt in seinem Glauben und befähigt, als Apostel die Frohbotschaft zu verkünden und für Jesus Christus in den Tod zu gehen. Die Erinnerung an das Erlebnis auf dem Berg Tabor gab ihm Halt in seinem Leben und Sterben.

Wir nennen solche Erlebnisse, die sich uns tief eingeprägt haben, weil wir in diesem Augenblick das Aufleuchten der göttlichen Herrlichkeit im Antlitz Jesu erfahren haben: Taborerlebnisse. Diese können verschiedener Art sein, sie können an einem beeindruckenden Gotteserlebnis festgemacht werden oder sich beim Lesen der Heiligen Schrift oder bei der Lektüre eines geistlichen Buches einstellen.

Dazu zwei Beispiele:
Der 18-jährige Franzose Paul Claudel betritt am Nachmittag des Ostersonntags die Kathedrale von Notre Dame in Paris und nimmt an der Ostervesper teil. Er lehnt sich an die Säule und wird auf einmal von der Schönheit des Knabengesangs und der österlichen Liturgie ergriffen und ist bis ins Innerste erschüttert. Er war zwar katholisch getauft, aber seine Familie praktizierte nicht mehr den katholischen

Glauben, so wuchs er religiös indifferent auf. Auf einmal wurden an diesem Nachmittag die verschütteten Fundamente seines Glaubens wieder freigelegt und er entdeckte die Schönheit des Glaubens. Später wurde aus ihm einer der berühmtesten Dichter und Schriftsteller Frankreichs. Seine Theaterstücke werden heute noch auf unseren Bühnen aufgeführt, vor allem sein Hauptwerk: „Der seidene Schuh". Ihm wurde während des Gottesdienstes Gottes Schönheit und Herrlichkeit offenbart; denn das Schöne ist der Abglanz der göttlichen Wahrheit. Seit diesem Widerfahrnis hat er in seinen Schriften und Theaterstücken die Schönheit des katholischen Glaubens beschrieben und sich für ihn eingesetzt.

Ein anderes „Taborerlebnis": Der französische Journalist, André Frossard, Kolumnist von „Le Figaro", begleitet eines Tages einen Freund durch die Straßen von Paris. Sie kommen an einer Kirche vorbei. Der Freund, ein gläubiger Katholik, bittet ihn, etwas zu warten, er wollte in der Kirche ein Gebet sprechen. Frossard war dagegen Atheist und wartete vor der Kirche. Er hatte noch nie eine Kirche betreten. Als ihm die Zeit zu lang wurde, betrat auch er die Kirche, neugierig, was der Freund dort zu suchen hatte. Auf einmal überfällt ihn, den Ungläubigen, wie aus heiterem Himmel die Erkenntnis: „Gott existiert! Ich bin ihm begegnet." Sein Unglaube muss einem tiefen Glauben weichen, der ihm künftig Halt in seinem Leben verleiht, und für den er in aller Öffentlichkeit in einem Buch Zeugnis abgelegt hat. Dieses „Taborerlebnis" hat sein Leben total verändert.

Uns allen können solche besonderen Erlebnisse zuteilwerden. Bewahren wir sie; denn sie können gewissermaßen eine Notration in dürren Zeiten des Glaubens sein, wenn der Horizont unseres Lebens sich verdunkelt hat, wenn wir mit dem Nichts konfrontiert werden. Dann sollten wir uns an dieses kostbare Erlebnis erinnern. Vergraben wir diesen wertvollen Schatz nicht, er ist gewissermaßen unsere eiserne Ration in Zeiten der Glaubensnot. Er schenkt uns Kraft zum Durchhalten und stärkt unser Vertrauen in den, der in Jesus Christus einer von uns geworden ist. Er ist, wie in der Taborszene erfahrbar wurde, der geliebte Sohn, an dem der göttliche Vater sein Wohlgefallen hat.

Der Christ und der Humor

Der große Kritiker des Christentums, Friedrich Nietzsche, der einem evangelischen Pfarrhaus entstammte, hat uns Christen ins Stammbuch geschrieben: „Erlöster müssten die Erlösten aussehen!" Viele westliche Christen laufen in der Tat mit einem Trauergesicht herum. An ihm kann man nicht ablesen, dass sie Erlöste sind und Grund zur Freude haben. Wenn Bewohner der sog. Dritten Welt Europa einen Besuch abstatten, dann sind sie verwundert, wie wenig Freude unsere Gottesdienste ausstrahlen. Sie gleichen oft eher einem Trauergottesdienst. Das sind sie von zu Hause nicht gewohnt Ich konnte mich selbst davon überzeugen, wie anders bei diesen Menschen zu Hause Gottesdienste gefeiert werden. Einmal hatte ich in Nordkamerun in einem Bergdorf vertretungsweise einen Gottesdienst auf Französisch übernommen. Gleich zu Beginn wurde ich mit Tamtam und jubelnden Gesängen in den Gottesdienst eingeführt. Und auch während des Gottesdienstes erschall immer wieder Jubelgesang. Am Ende wurde ich wie zu Beginn von der Menschenmenge mit Tamtam und jubelnden Gesängen hinausbegleitet. Hier spürte man förmlich, wie angemessen eine solche Freudenstimmung im Gottesdienst ist.

Hat Jesus gelacht? Die Evangelisten berichten nicht von einem lachenden Jesus. Und der griechische Kirchenlehrer Johannes Chrysostomus hat diese Frage verneint. Das hatte zur Folge, dass in der frühchristlichen Kirche das Lachen als unchristlich galt. Auch findet sich unter den Heiligen kaum einer, dem ein ausgesprochener Sinn für Humor nachgesagt werden kann. Aber es gibt davon eine rühmliche Ausnahme, es ist der Italiener Philipp Neri, der in Rom im 16. Jahrhundert gelebt hat. Goethe, wahrhaft kein Freund der Katholiken, hat ihn zu seinem Lieblingsheiligen erkoren. In seinen Augen war er ein „humoristischer Heiliger". Auf der einen Seite war er ein tieffrommer Mann, er verbrachte oft die Nächte in den Kirchen, wo er stundenlang vor dem Allerheiligsten betete. Das ist aber nur die eine Seite des Heiligen. Er konnte auch Witze über den Papst und die Kardinäle machen. Mehrmals musste er sich deswegen auch vor der Inquisition rechtfertigen. Eine Anekdote aus dem Leben des Heiligen

Christliche Existenz

kann diesen Charakterzug deutlich machen: Eine adlige Dame hatte die Gewohnheit, nach der Kommunion die Kirche zu verlassen. Der Heilige trug daraufhin zwei Ministranten auf, der Davoneilenden mit brennenden Kerzen zu folgen. Die Dame fragte nach dem Grund dieser außergewöhnlichen Begleitung. Philipp erklärte ihr: „Principessa haben gerade den Leib des Herrn empfangen. Noch ist er nicht vergangen. Zu den Vorschriften der Kirche gehört: Das allerheiligste Sakrament muss mit Kerzen begleitet werden, wenn man es über die Straße trägt. Deshalb schickte ich die Kerzenträger nach." Ob die adlige Dame fortan das Ende der Messe abgewartet hat, ist nicht überliefert worden. Hoffen wir es.

Wenn auch Jesus nicht gelacht haben soll, die Urkunden unseres christlichen Glaubens sind Erzählungen aus dem Leben Jesu, die den Titel Evangelien tragen, zu Deutsch: Frohbotschaft. Die Erzählungen aus dem Leben Jesu geben Anlass zur Freude.

Was aber verstehen wir unter der Freude? Sie ist nicht zu verwechseln mit der Fröhlichkeit, die auf einer gelungenen Party oder während des Karnevals sich einstellt. Die Fröhlichkeit ist sehr oberflächlich und von vorübergehender Art, sie gerät bald in Vergessenheit. Demgegenüber erwächst die Freude aus der Tiefe des Herzens. Sie ist eine emotionale Grundstimmung, die unser ganzes Leben beeinflusst und kann von dauerhafter Wirkung sein. Ihr Gegenüber sind nicht das Leid und die Trauer, sondern die Verzweiflung und Resignation. Freude und Leid vertragen sich paradoxer Weise durchaus, sie schließen sich zumindest nicht aus. Von den Aposteln wird berichtet, dass sie voll Freude vom Hohen Rat der Juden weggingen, weil sie gewürdigt waren, für Christus Schmach zu erleiden. Von einer Amerikanerin wurde mir berichtet, sie war Mutter von neun Kindern, dass sie große Freude ausstrahlte, obwohl sie von den Ärzten ein Todesurteil erhalten hatte. Sie war an unheilbarem Krebs erkrankt und ist an dessen Folgen gestorben. Wir sehen, beides schließt sich nicht aus, dies gilt aber nicht für die Fröhlichkeit, die uns angesichts von Leid und Tod sogleich verlässt.

Paulus hat uns auch den Grund unserer christlichen Freude genannt: „Freut euch im Herrn, zu jeder Zeit! Noch einmal sage ich euch: Freut euch! ... Der Herr ist nahe" (Phil 4,4f.). Und diese Worte hat er im Gefängnis geschrieben. Diese Nähe Gottes zu uns Menschen feiern wir zu Weihnachten; denn Gott ist in Jesus Christus einer von uns geworden, ist uns durch ihn auf einmalige Weise nahegekommen, wie wir selbst uns nicht nahekommen können. Zugleich richtet sich unser Blick auf den kommenden Herrn, der im Advent besonders in unserem Fokus steht. So haben wir Christen besonderen Grund zur Freude, er muss unser Erkennungszeichen sein. Dadurch müssen wir uns von den Nichtchristen unterscheiden. Freude will aber anderen mitgeteilt werden, so wollen wir andere mit unserer auf Christus ausgerichteten Freude anstecken. Daher werden wir am Ende der Messe mit den Worten entlassen: „Gehet hin in Freude und in Frieden." Wir sollen Friedensstifter und Freudenboten im Advent und darüber hinaus sein.

Geistliche Berufungen

Seit 50 Jahren begeht die Kirche den Welttag der geistlichen Berufungen. Sie nimmt dabei Bezug auf den Evangeliumsabschnitt vom guten Hirten im Johannesevangelium (Joh 10,12), der ganz für seine Herde da ist und dem verlorenen Schaf nachgeht und es zurückholt. In erster Linie denken wir an diesem Tag, wenn auch nicht ausschließlich, an die Priester, die als gute Hirten für die ihnen Anvertrauten wirken. Dabei wird uns schmerzhaft bewusst, wie groß der Priestermangel ist, der eine ordentliche Seelsorge nicht mehr ermöglicht. So finden Hausbesuche durch einen Priester schon lange nicht mehr statt. In einigen Diözesen kann in einem Jahr keine Priesterweihe gespendet werden. Ein Bistum ohne eigene Priester signalisiert eine ernste Krise des kirchlichen Lebens. Aber dieser Priestermangel ist kein typisch deutsches Phänomen, die Situation in Frankreich zum Beispiel stellt sich noch viel dramatischer dar. Überall dort, wo mit dem Priestertum kein sozialer Aufstieg verbunden ist wie in Afrika, und das Bevölkerungswachstum zurückgeht, gehen die Zahlen der Priesterweihen drastisch zurück. Ein Bistum ohne Priester hat zur Folge, dass keine Eucharistie gefeiert, kein Bußsakrament und keine Krankensalbung mehr gespendet werden können. Kirche ist aber nur da, wo die heilige Eucharistie gefeiert wird. Die Eucharistie macht die Kirche zur Kirche, ist eine Aussage, die schon im Mittelalter unter Theologen weit verbreitet war.

Wie können wir nun dieser Herausforderung begegnen? Zunächst müssen wir dem Auftrag des Herrn nachkommen. Beten wir, dass genügend Arbeiter in seinem Weinberg wirken können. Dies geschieht in vielen Gemeinden seit Jahrzehnten, aber wir beten vergeblich, wie die bestürzenden Zahlen unterstreichen. Wichtig ist für Priesterberufungen, dass die Kandidaten in einem Umfeld aufwachsen, das für diesen Berufswunsch günstig ist. Und das ist oft nicht mehr der Fall, auch in unseren Familien und Gemeinden wird die Berufung zum Priester oft skeptisch wenn nicht gar ablehnend betrachtet. Wir müssen daher Abschied von dem auslaufenden Modell des Pflichtzölibats nehmen, nicht vom Zölibat, der einen kirchlichen Reichtum darstellt, auf den wir nicht verzichten sollten. Bislang gehörte zu den Zulassungsbedingungen in der römisch-katholischen Kirche zum Priestertum die Bereitschaft, ganz auf Ehe und Familie zu verzichten, um ungeteilt sich den priesterlichen Aufgaben widmen zu können. Daher muss die Kirche neue Zugangswege zum Priestertum eröffnen, die auch die Möglichkeit von verheirateten Priestern vorsieht. Dies ist bereits bei den mit Rom verbundenen Ostkirchen der Fall. Dort muss der Weihekandidat vor der Diakonatsweihe sich entscheiden für den zölibatären oder nichtzölibatären Weg. Die Folge ist, dass die sog. Unierten über keinen Priestermangel klagen. Unser Papst steht diesen Überlegungen aufgeschlossen gegenüber, er wartet darauf, dass nationale Bischofskonferenzen mit der Bitte um neue Zugangswege zum Priestertum an ihn herantreten. Bedrängen wir unsere Bischöfe, dass sie sich an Rom wenden mit der Bitte, verheiratete Männer zu Priestern zu weihen, die sich in Beruf und Kirche bewährt haben und die über eine solide theologische Ausbildung verfügen. Zu denken wäre hier an Diakone, Pastoralreferenten und Religionslehrer wie auch an theologische Hochschullehrer. Der emeritierte Bischof Erwin Kräutler aus dem Amazonasgebiet in Brasilien ist bereits in dieser Angelegenheit beim Papst vorstellig geworden. Er stieß dort auf ein positives Echo.

Aber auch die Orden verzeichnen einen drastischen Rückgang der Berufungen, obwohl dies von Orden zu Orden verschieden ist. Im vergangenen Jahr mussten zwei altehrwürdige Benediktinerklöster ihre Pforten schließen, in Siegburg und die Zisterzienser in Himmerod. Und in Damme (Südoldenburg) haben die Benediktiner von Münsterschwarzach ihr Priorat aufgegeben, weil sie in den 50 Jahren ihrer Tätigkeit dort keinen einzigen, wie erhofft, zum Eintritt ins Kloster gewinnen konnten. Die Situation in den weiblichen Orden ist noch bedrückender, manche Orden und Kongregationen bestehen nur noch aus älteren Schwestern, sie sind gewissermaßen ein Altersheim geworden.

Die Berufung zu einem geistlichen Beruf ist kein Privileg für Priester und Diakone, sie betrifft eigentlich jeden Getauften und Gefirmten. In der Taufe wurden wir mit Chrisam gesalbt, dazu hat der Priester oder Diakon gesagt: „Du wirst nun mit dem heiligen Chrisam gesalbt, denn du bist Glied des Volkes Gottes und gehörst für immer Christus an, der gesalbt ist zum Priester, König und Prophet in Ewigkeit." Der Ruf des Herrn in seine Nachfolge ergeht an jeden Getauften und Gefirmten. Wir sollen ihn beantworten durch unsere Bereitschaft, das Evangelium vom Leben weiterzugeben, andere mit Christus bekannt zu machen. Dazu bieten sich Gelegenheiten in der Familie, am Arbeitsplatz, in der Freizeit und in der Politik an. Dazu sind wir mit Gnadengaben ausgerüstet, das sind Fähigkeiten, die wir zur Auferbauung des Volkes Gottes, der Kirche, einsetzen sollen. Auch Schwestern die hinter Klostermauern leben, können diesen Dienst verrichten, indem sie wie die kleine Theresia vom Kinde Jesu mit Missionaren in Asien Briefkontakt gepflegt hat. Wenn ein Muslim in Afrika eine Handelsmission eröffnet, dann geht er dorthin nicht nur als Kaufmann, sondern auch als Missionar. Er wirbt zugleich für seinen Glauben. Und dieser Missionsbereitschaft verdankt der Islam seine rasante Ausbreitung in Afrika. Damit sind allerdings auch unselige Tätigkeiten wie die der Islamisten von Boko Haram verbunden, die das Land mit Schrecken überziehen. Frage sich ein jeder von uns, welche Gnadengaben hat mir Gott geschenkt, mit denen ich seinem Ruf folgen kann, um seinen Namen bekannt zu machen? So ist der Weltgebetstag für geistliche Berufungen eine Einladung an uns alle, über unsere eigene Berufung nachzudenken. Beten wir miteinander, dass weltweit immer wieder Christen den Ruf Gottes vernehmen und ihm folgen.

„Wir sind alle Flüchtlinge"

Noch immer hält uns die Flüchtlingsproblematik in Atem, auch wenn ein wenig Ruhe an den Grenzen eingetreten ist. Gleichwohl bleibt das Problem mit der Integration der bei uns Gelandeten und des Familiennachzuges. Zugleich stehen wir staunend vor dem Phänomen, dass bis heute anhaltend viele Ehrenamtliche, sei es Junge oder Alte, sich für diese ihnen fremden Menschen selbstlos engagieren. Sie opfern nicht nur ihre freie Zeit, oft ihren eigenen Urlaub, sondern geben auch von dem ab, was sie nicht unbedingt nötig haben. Unter diesen freiwillig Helfenden nehmen Christen beider Konfessionen die vordersten Plätze ein. Sie praktizieren das, was ein Muslim einmal als zum Wesen des Christentums gehörig bezeichnet hat: die Barmherzigkeit. Unser Papst Franziskus hatte ja vor einigen Jahren ein außerordentliches Jahr der Barmherzigkeit einberufen. Es stand unter dem Leitwort „Barmherzigkeit ist der Name Gottes." Für ihn ist die Barmherzigkeit „das erste Attribut Gottes", und sie steht für ihn noch über der Gerechtigkeit. Er hat aber nicht nur mit schönen Worten ein Loblied auf die göttliche Barmherzigkeit angestimmt, sondern hat selbst durch symbolträchtige Handlungen dieser seiner Überzeugung Ausdruck verliehen. Ich erinnere an die beiden Reisen nach Lampedusa in Italien und auf die griechische Insel Lesbos. Immer hat er hier Flüchtlinge besucht, die gerade angekommen waren und auf die Gastfreundschaft der westlichen Welt warteten. Auf der letzten Reise hat er spontan drei muslimische Familien in seinem Flugzeug mit nach

Rom genommen und sie in die Obhut der Gemeinschaft Sant'Egidio gegeben. Eigentlich waren christliche Familien vorgesehen, aber zu dem Zeitpunkt waren ihre Papiere noch nicht fertig.

Was motiviert die vielen Christen, sich dieser Menschen selbstlos anzunehmen, sie gastfreundlich aufzunehmen? Für den christlichen Lebensvollzug ist das Gebot der Gottes – Nächsten- und Selbstliebe von fundamentaler Bedeutung. Wo es um menschliche Not geht, da spielen religiöse Unterschiede, ja, auch Feindschaften, keine Rolle, da wird jeder Notleidende zum Nächsten. Daher gehört auch zur christlichen Ethik die Feindesliebe, die im Augenblick der Not keinen Unterschied zwischen Freund und Feind macht. Im Kolosserbrief heißt es vom Getauften: „Belügt einander nicht; denn ihr habt den alten Menschen mit seinen Taten abgelegt und habt den neuen Menschen angezogen, der nach dem Bild seines Schöpfers erneuert wird ... Da gibt es nicht mehr Griechen und Juden, Beschnittene und Unbeschnittene, Barbaren, Skythen, Sklaven, Freie, sondern Christus ist alles und in allen" (Kol 3,9-11). Hier werden Grenzen niedergelegt, die vorher Menschen entzweit hatten. Hier zählt nur noch der Mensch, der kein Fall für eine Behörde ist, sondern der eine einzigartige Würde als Kind Gottes besitzt.

Es gibt aber noch eine zweite Motivschicht für dieses beispielsloses Verhalten von Christen angesichts unvorstellbarer Not und himmelschreiendem Elend. Diese wird auch im Kolosserbrief freigelegt, wo es heißt: „Strebt nach dem, was oben ist, wo Christus zur Rechten Gottes sitzt. Richtet euren Sinn auf das, was oben ist" (Kol 3,1f.). Bei seinem Besuch auf der Insel Lesbos hatte der Papst gesagt: „Wir sind alle Flüchtlinge." Diese Bemerkung ist bei diesem Besuch des Papstes ein wenig in den Hintergrund gerückt. Und doch enthält sie den Schlüssel zum Verständnis des christlichen Engagements zugunsten der Flüchtlinge. Der Christ ist hier auf Erden wie sein göttlicher Meister ein Fremder. Jesus sagte von sich selbst: „Ich war fremd und ihr habt mich aufgenommen"(Mt 25,36). Er hatte kein eigenes Dach über dem Kopf, hatte keine Stelle, wo er sein Haupt hinlegen konnte. Und diese Heimatlosigkeit verlangt er auch von seinen Jüngern und Jüngerinnen. Wir haben hier keine bleibende Statt, wir sind Pilger unterwegs zu unserer wahren Heimat, die im Himmel ist. Unser Ziel ist die endzeitliche Heimat bei Gott. Merkt man das uns an? Oder haben wir uns hier bequem eingerichtet und bleiben unbeweglich? Warum sind wir so wenig zum Aufbruch bereit?

Wer so sein befristetes Dasein als Unterwegssein versteht, der kann sich auch besser in die Situation der Fremden, der Flüchtlinge versetzen. Der fühlt sich ihnen nahe verbunden. Denn beide haben gemeinsam, dass sie noch unterwegs, noch nicht am Ziel angekommen sind. Sie sind aber hier auf Erden auf Gastfreundschaft angewiesen. So gehört die Gastfreundschaft zu den christlichen Liebeswerken. Gehen wir gemeinsam unserem Ziel entgegen. Denn unsere Heimat ist im Himmel, „wo Christus zur Rechten Gottes sitzt."

Vorbild oder Modell?

Haben Sie ein Vorbild, vielleicht einen Heiligen, zu dem Sie vertrauensvoll aufschauen? Im 1. Korintherbrief ruft uns Paulus zu: „Nehmt mich zum Vorbild, wie ich Christus zum Vorbild nehme" (1 Kor 11,1). Schon immer war das Vorbild ein beliebtes Erziehungsmittel, besonders in der religiösen Erziehung. Johannes Chrysostomos riet den Eltern, ihre Kinder auf die Namen bedeutender Vorbilder zu taufen. Jesus Christus sollte man nicht nur nachfolgen, sondern auch ihm gleich werden. Aber das Vorbild war auch nie ganz unumstritten. Schon Platon warnte vor schlechten Vorbildern. Vollends seit der Aufklärung steht das Vorbild im Mittelpunkt der Kritik. Immanuel Kant forderte: „Nicht anderer Menschen Verhalten, sondern das Gesetz muss uns zur Triebfeder werden." Der nationalsozialistische Führerkult mit einem Massenmörder an der Spitze hat der Vorbildorientierung vollends den Todesstoß versetzt, von dem es sich erst langsam erholt. In der 68er-Bewegung lehnte man vehement die blinde Nachahmung eines anderen Menschen ab, dessen Leben in höchsten Tönen dargestellt wurde. Durch die strikte Orientierung an einem anderen Menschen würde der notwendige Prozess der Autonomie und Selbstverwirklichung verhindert, lautete die Begründung. Man wollte nicht mehr das Abziehbild eines anderen Menschen werden, wie es heute in der Popkultur geschieht. Dort will man sein angebetetes Idol schon rein körperlich imitieren, angefangen vom Haarschnitt über die Kleidung bis zum Lebensstil.

In der Gegenwart nimmt man eine differenzierte Haltung zum Vorbild ein. Statt der bloßen Nachahmung des Vorbildes, das die eigene Freiheit einengt, spricht man lieber von Modellen. Mit einem Modell setzt man sich kritisch auseinander, von ihm übernimmt man nur Teilaspekte. Im Blick auf den heiligen Paulus würde das heißen: Wir können uns mit seiner leidenschaftlichen Christusmystik identifizieren, wenn er sagt: Nicht ich lebe, sondern Christus lebt in mir. Oder: Ich möchte heimgehen, um für immer mit Christus vereint zu sein. Dagegen weckt seine Einstellung zur Frau unseren Widerspruch. Er forderte von ihr, sie möge im Gottesdienst schweigen. Das war eine zeitbedingte Aussage; denn zur damaligen Zeit in Israel war die Frau mehr oder weniger eine Randgestalt, der man kaum Beachtung schenkte. Stellen Sie sich vor, bei uns würden im Gottesdienst (und im übrigen Gemeindeleben) Frauen keine Aufgaben übernehmen, wir wären allein auf Männer angewiesen, die heutzutage im Gottesdienst eine Minderheit darstellen. Dann hätten wir keine Frau als Lektorin, als Kommunionhelferin, als Mitglied des Kirchenchores oder auch als Wortgottesverkündigerin, geschweige denn als Gemeindeleiterin wie in Südamerika. Das gesamte Gemeindeleben würde zusammenbrechen. Die Frauen sind heute zum unverzichtbaren Bestandteil des Gemeindelebens geworden. Auf sie können wir nicht verzichten. Daher wird auch die Forderung nach Diakoninnen wie in der Frühzeit des Christentums immer lauter. Der gegenwärtige Papst hat darauf auch schon verhalten reagiert.

Wir können heute auf Modelle in unserem Glaubensleben nicht verzichten, aber wir dürfen sie nicht sklavisch nachahmen. Wir müssen uns mit ihnen kritisch und kreativ auseinandersetzen. Wir müssen sie in unser Leben übersetzen und so an ihnen Maß nehmen.

Wir selbst können aber auch für andere ein Modell des Christseins werden. Wir können anderen auf ihrem Glaubensweg behilflich sein, indem wir ihnen das Christsein glaubhaft vorleben. Ein Kirchenvater wurde einmal gefragt: Was machen Sie, damit ein Heide Christ wird? Er antwortete: Ganz einfach: Ich lasse ihn ein Jahr bei mir leben, dann wird er den Wunsch verspüren, auch Christ zu werden.

Haben wir auch dieses Vertrauen auf die Modellwirkung unseres christlichen Lebensstiles?

Aktives und beschauliches Leben

Im Mittelalter war das Denken und Trachten der Menschen ganz auf Gott ausgerichtet, keiner stellte seine Existenz in Frage. Menschen, die sich ganz der Anbetung Gottes und seiner Verherrlichung widmeten, also die Ordensleute, erfreuten sich hoher Wertschätzung. Man bezeichnete den Stand der Ordensleute als den Stand der Vollkommenheit. Dagegen zählte der Dienst in der Welt weniger. Ja, einige flohen aus der Welt, um sich ganz der Betrachtung der göttlichen Dinge zu widmen.

Das hat sich inzwischen fundamental geändert. Heute zählt in den Augen der meisten Menschen nur das, was Menschen zur Gestaltung der Welt beitragen, was sie schaffen und leisten, während der Gottesverehrung keine große Bedeutung beigemessen wird. Die katholische Kirche genießt noch ein gewisses Ansehen wegen ihres karitativen Engagements. Fragt man Jugendliche, ob die Kirche noch eine Zukunft habe, dann bejahen sie dies mit Verweis auf ihre weit gefasste soziale Tätigkeit. Dies gilt für beide großen christlichen Kirchen in unserem Land.

Der Evangelist Lukas hat uns eine Geschichte von den beiden Schwestern Marta und Maria überliefert (Lk 10,38-42). Hier geht es um das Verhältnis von einem gottgeweihten Leben und einem Leben, das sich der Welt zuwendet und in ihr handelnd tätig ist. Marta verkörpert den Typ des der Welt zugewandten Menschen. Maria dagegen nutzt die Gelegenheit, bei einem Besuch Jesu zu seinen Füßen zu sitzen und seinen Worten zu lauschen. Es erbost Marta, dass ihre

Schwester ihr nicht bei der Bewirtung des Gastes helfen will. Marta wendet sich daher an Jesus in der Hoffnung, dass er Maria auffordere, ihrer Schwester zu helfen. Aber diesen Wunsch erfüllt er ihr nicht. Im Gegenteil, er lobt Maria: „Maria hat den guten Teil gewählt, der wird ihr nicht genommen werden" (Lk 10,42).

Früher hat man daraus einen Gegensatz zwischen einem aktiven, der Welt zugewandten Leben und einem kontemplativen Leben, das in Gebet und Betrachtung verbracht wird, erblicken wollen. Aber das wird dem Text nicht gerecht. Nicht ohne Grund hat Lukas diesem Text die Geschichte vom barmherzigen Samariter (Lk 10,25-37) vorangestellt. Jesus will keineswegs die Gastfreundschaft und helfende Liebe abqualifizieren. Für ihn sind Gottes- und Nächstenliebe untrennbar miteinander verbunden. Frömmigkeit ohne die Praxis der Liebe ist für ihn undenkbar. Wir sprechen heute auch von der „Mystik der geöffneten Augen", also ein in Gott Eingewurzeltsein, das die Augen nicht vor der Not der Menschen verschließt. Auch die Männer und Frauen, die ein gottgeweihtes Leben gewählt haben, nehmen die Welt mit all ihren Sorgen und Nöten in ihr Gebet hinein und tragen sie vor Gottes Angesicht. Die kleine Theresia vom Kinde Jesu (1873-1897), auch eine Ordensfrau, ist die Patronin der Weltmission geworden, weil sie in ihrem Leben als Karmeliterin engen Kontakt mit Missionaren in Asien gepflegt und für sie gebetet hat. Man kann also auch hinter Klostermauern sich für die Welt draußen verantwortlich fühlen.

Andererseits gibt es aber auch eine Gefahr der sog. Weltmenschen, dass sie ganz in ihrer Geschäftigkeit aufgehen und alles andere für unwichtig und zweitrangig betrachten. Papst Pius XII. hat in diesem Zusammenhang von der „Häresie der Aktion" gesprochen. Sie besteht darin, dass man sich bei all seinem weltlichen Engagement keinen Raum mehr für Stille und Besinnung reserviert. Denn ohne zeitweilige Zurückgezogenheit berauben wir unserem Handeln das tragende Fundament. Das spüren heute auch stressgeplagte Manager, die sich eine Auszeit gönnen, um in einem Kloster zur Besinnung zu gelangen. Jesus hat sich immer wieder zurückgezogen, er brauchte für seine Tätigkeit als Wanderprediger und Heiler die stille Zwiesprache mit dem Vater. So gleichberechtigt auch Gottes- und Nächstenliebe sind, sie sind nicht gleichwertig. Die Gottesliebe steht an erster Stelle; denn wenn wir nicht in Gott eingewurzelt sind, fehlt unserem Handeln die Basis. So kann Jesus Maria loben, weil sie in dem Augenblick, wo Jesus bei ihnen zu Gast ist, das in diesem Augenblick Notwendige tut, auf Jesus zu hören und die Hände in den Schoß zu legen.

Manchmal kann man in Traueranzeigen lesen, das ganze Leben des Verstorbenen sei Arbeit gewesen. Der arme Mann, hat er denn nicht auch einmal verschnaufen und innehalten können, um nachzudenken, worin der Sinn seines Lebens bestand? So wichtig und sinnvoll die Arbeit ist, sie ist nicht der letzte Sinn unseres Lebens. Arbeit ist das halbe Leben, aber nicht das Ganze.

Jesus will nicht unsere Aktivitäten abqualifizieren und das beschauliche Leben verabsolutieren, wie man es im Mittelalter getan hat. Aber er setzt auch deutlich Prioritäten. Wenn Gott und unsere Beziehung zu ihm nicht die Mitte unseres Daseins bilden, dann verpuffen all unsere noch so gut gemeinten Aktivitäten. Wir brauchen immer wieder Zeiten der Stille und Einkehr, sonst verlieren wir uns im Getümmel der Welt. Auch uns ruft der Herr zu: „Kommt mit mir an einen einsamen Ort, wo wir allein sind, und ruht euch ein wenig aus!" (Mt 6,31).